创新创业基础与实践

主　编　夏体渊　郭　华
副主编　丁　宁　谭蔚沁
　　　　杨宇明　包　兴

中国林业出版社

内容提要

本书依循教育部《普通本科学校创业教育教学基本要求(试行)》,坚持“大道至简”的原则,用易于接受的思维方式将鲜活而又复杂的管理实践表达出来。考虑到教科书的使用者几乎没有实际经验,提示使用者每章学习的目标与重点内容。第一章至第三章是本书的理论指导部分,第四章至第七章将创新创业的管理活动按照流程以章的形式依次展开,即前一章的内容是管理流程中的前一个环节,后一章的内容则正好是下一个环节,从而有利于没有实践经验的使用者树立正确的理念和掌握间接的经验。从这个意义上来说,其对管理实践具有积极的指导意义。

本书以系统、专业、实用和创新为特色,做到内容系统、形式活泼、资料丰富和可操作性强,旨在一定程度上遏制“开店式”创业教育的蔓延。本书着眼于深化高校创新创业教育改革,提升“双创”教育质量,培养大学生的创新创业意识,增强大学生的创新创业精神和实践应用能力,适合高等院校从事“双创”教育、管理以及创新创业实践的读者朋友们。

图书在版编目(CIP)数据

创新创业基础与实践/夏体渊,郭华主编.—北京:中国林业出版社,2019.9(2023.2重印)

ISBN 978-7-5219-0218-1

Ⅰ.①创… Ⅱ.①夏… ②郭… Ⅲ.①大学生—创业—高等学校—教材 Ⅳ.①G647.38

中国版本图书馆CIP数据核字(2019)第177604号

中国林业出版社

策划编辑:王 虎
责任编辑:张 佳 陈 琳
电 话:(010)83143561

出版发行 中国林业出版社(100009 北京市西城区德内大街刘海胡同7号)
电话:(010)83143500
经 销 新华书店
印 刷 河北京平诚乾印刷有限公司
版 次 2019年8月第1版
印 次 2023年2月第5次印刷
开 本 787mm×1092mm 1/16
印 张 13.5
字 数 302千字
定 价 45.00元

本书编委会成员

主　编　夏体渊　郭　华

副主编　丁　宁　谭蔚沁　杨宇明　包　兴

编　委（不分先后顺序）

包　兴　鲍　鲲　陈艳芳　丁　宁
段　晶　黄永赛　谭蔚沁　杨宇明
夏体渊　王　宁　王京法　彭彰智
赵儒飞　唐佐芯　段志铭　叶伟翔
尹　君　陈泽斌　王定康　李贵平
杨　莺　杨建坤　赵柯焱

序

习近平总书记在十九大报告中提出了“加快建设创新型国家”“优先发展教育事业”等战略任务，创新创业已成为推动经济社会发展的新引擎，而这些都离不开大批高素质创新创业人才的培养。人才是创新的根基，是创新的核心要素，创新驱动实质上就是人才驱动。党和政府不断推进高等学校创新创业教育全面深化改革，为建设创新型国家提供源源不断的人才支撑。所以，创新创业教育的作用尤为关键。

创新创业教育正是顺应时代发展要求而出现的一种新的教育理念和人才培养模式。大学开展创新创业教育，教学资源的开发与建设是十分重要的，其中，教材是最为重要的知识载体。《创新创业基础与实践》是昆明学院积极响应党和政府“大众创业、万众创新”倡议、高度重视大学生创新创业教育的具体体现，也是在新形势下深化创新创业教育改革的成果。

本书旨在帮助大学生增强创新创业意识，培育创新品格，开发创新思维，提高创新与创业能力，激发创新创业活力。将创新创业教育理论与实践相结合，遵循人才成长规律，以社会需求为导向，着力推进素质教育，按照“学以致用、强化实践、提升质量”的思路，重构教育教学内容，培养有创新创业素质的应用型人才。

本书有以下特点：

一是系统地叙述了创新创业相关知识。本书涉及职业规划、创新思维、创意开发、创业团队、创业机会、商业模式、创业资源、创业融资、创业计划书撰写等内容，逻辑清晰，知识丰富。

二是关注创新思维、创意开发和创业的逻辑关系，帮助教师和学生树立正确的课程观，突出培养学生的创新思维和创意开发能力。

三是紧扣应用型本科院校的创新创业教育定位，解决好科学技术应用的“最后一公里”。既有系统的知识叙述，又整理、编写了大量的案例，努力使学生较为全面、深入、鲜活地理解创新创业。这些案例真实有趣，具有很强的参考性，大学生可以从中有所感悟并吸取经验和教训。

我很乐意将此书推荐给“双创”教育工作者和广大读者，期待大学高质量的创新创业教育能够源源不断地培养和输送创新创业的生力军！

黎素梅

2019年6月

前言

本书是普通高等学校开展创新创业教育的通识教材，依循教育部《普通本科学校创业教育教学基本要求（试行）》，坚持“大道至简”的原则，用易于接受的思维方式将鲜活而又复杂的管理实践表达出来。全方位、多视角透视创新创业的本质内涵，较为详细地介绍了相关概念及理论，帮助读者全面系统地树立科学的创新观和创业观，从而消除对创新创业的误解，增进理解和共识。考虑到教科书的使用者几乎没有实际经验，提示使用者每章学习的目标与重点内容。第一章至第三章是本书的理论指导部分，第四章至第七章将创新创业的管理活动按照流程依次展开，即前一章的内容是管理流程中的一个环节，后一章的内容则正好是下一个环节，从而有利于没有实践经验的使用者树立正确的理念和掌握间接的经验。从这个意义上来说，其对管理实践具有积极的指导意义。

本书以系统、专业、实用和创新为特色，做到内容系统、形式活泼、资料丰富和可操作性强。本书着眼于深化高校创新创业教育改革，提升“双创”教育质量，培养大学生创新创业意识，增强大学生创新创业精神和实践应用能力，在一定程度上遏制“开店式”创业教育的蔓延。本书适合高等院校从事“双创”教育、管理以及创新创业实践的读者朋友们。

本书由夏体渊、郭华任主编，丁宁、谭蔚沁、杨宇明、包兴任副主编。参加编写的人员分工情况如下：第一章由谭蔚沁、夏体渊编写；第二章由郭华、谭蔚沁、王宁编写；第三章由杨宇明、丁宁编写；第四章由陈艳芳、鲍鲲编写；第五章由王京法、彭彰智、赵儒飞编写；第六章由丁宁、段志铭、杨宇明编写；第七章由彭彰智、杨建坤、唐佐芯编写。

作者在编写过程中参考了许多文献，在此谨向这些文献的作者致以诚挚的谢意。

由于我们水平有限，书中难免有疏漏和不当之处，恳请同行专家和读者批评指正，以便再版时予以修改。

编　者

2019年6月

目 录

第一章 创新与创业

第一节 创新与创业概述

教学目标

(1)理解创新和创业的概念与特征。

(2)了解创新和创业的关系。

教学内容

(1)创新的内涵与特征。

(2)创新的类型。

(3)创业的含义与特征。

(4)创业的类型。

(5)创新和创业的关系。

青年是国家和民族的希望,创新是社会进步的灵魂,创业是推动经济社会发展、改善民生的重要途径。青年学生富有想象力和创造力,是创新创业的有生力量。希望广大青年学生把自己的人生追求同国家发展进步、人民伟大实践紧密结合起来,刻苦学习,脚踏实地,锐意进取,在创新创业中展示才华、服务社会。

——习近平

(摘自:致2013年全球创业周中国站活动组委会的贺信)

案例导读 除味器的发明

日本小企业家长尾的经营总是小打小闹,没有什么名牌产品,他的企业眼看就要倒闭。长尾开始开动脑筋,寻找解决办法。他想道:现在这么多人使用冰箱,能不能在这方面动动脑筋?他又想:那些大冰箱厂家开发的是大技术,赚取的是大钱,有没有他们不愿意做的小生意呢?

长尾想了很久,终于想到了,那就是冰箱里的异味,还没有引起大厂家足够的重视,而用户对此又不满意。于是他利用人们早已习惯的小技术——活性炭除味原理,做个小包放进去，起名“除味器”，问题就解决了。这一招吸引了几乎所有的冰箱厂家，长尾的危机自然也就解除了。

（资料来源：陈新达，桂舟. 大学生创新创业[M]. 北京：清华大学出版社，2018.）

创新是一个人在工作乃至事业上永葆生机和活力的源泉。具体而言，创新将决定个人的发展前途、事业高低和勇气谋略等。人们在创业的过程中会遇到各种各样的困难与风险，在解决这些问题的同时既增强了自己的综合能力，又使自己不断成熟，长尾正是在困境中发现了问题、解决了问题，最终才解除了危机。

什么是创新？什么是创业？创新与创业之间有何联系？理论是行动的指南，对于大学生来说，首先需要了解创新和创业的一些基本知识，以便培养自己的创新精神与创新能力。

强化创新引领作用，为发展注入强大动力。创新是引领发展的第一动力，必须摆在国家发展全局的核心位置，深入实施创新驱动发展战略。

——李克强《2016年政府工作报告》

一、创新

【阅读案例】

马云，站在创新的巅峰

马云，1964年出生于浙江省杭州市，父母是半文盲。马云英文很好，13岁起，骑自行车载着老外满杭州跑；自幼习武，喜欢打架，受伤缝过13针，挨过处分，被迫转学到杭州八中。18岁，当马云想上北大的时候，他经历了第一次高考落榜，数学只得了1分。失利后，跟表弟到一家酒店应聘服务生，结果表弟被录用，自己惨遭拒绝，老板给出的理由是马云又瘦又矮，长相不好。后来马云做过秘书、搬运工人。再后来，不得不通过父亲的关系，蹬三轮车送书。19岁，再次参加高考，再次落榜。20岁，第三次高考，勉强被杭州师范学院以专科生录取。因专业招生未满，被调配进入外语本科专业。

谁能预料到30年后，这样一个履历丝毫不起眼的人能够成为中国首富？2014年9月，阿里巴巴集团在美国上市，首日市值即达2314亿美元。目前阿里旗下拥有淘宝、一淘、天猫、聚划算等七大事业群，公司员工有2.5万人，全球的注册用户总量数以千万计。其中仅在淘宝网开店的公司数就达900万家，全年销售额占全国社会消费品零售总额的比重超过10%，年平均利润增长率超过50%。马云个人也获得了一系列的荣誉称号，包括全球100位“未来领袖”、美国《商业周刊》杂志“年度商业人物”、“全球30位最佳执行长官”……

马云成功的关键词就是“创新”。

1995年，互联网还未进入中国之时，马云因一次偶然去美国出差的机会，见识了互联网。从此，他便下决心要从事互联网创业，当时他的朋友们都向他“泼冷水”，因为“这玩意儿太先进，中国人不会买账的”。马云坚信自己的创新方向，创办的“中国黄页”是互联网上最早出现的以中国为主题的商业信息网站。

经历几次创业的成功与失败后，马云的创业思路逐渐成熟：用电子商务为中小企业服务。1999年春天，马云及其团队在杭州凑了50万元创办阿里巴巴，马云对仅有的18名员工说：“我们要建成世界上最大的电子商务公司，要进入全球网站排名的前十位。”

几个月后，阿里巴巴在互联网上出现了，效果立竿见影。一个青岛商人，每年从韩国进口一种设备，他坚信设备的产地就在中国，但始终无法找到。后来他偶然发现了阿里巴巴，就在上面发了一条求购信息，不料才几天就同该设备的中国厂家联系上了。令他更惊奇的是，该厂家竟然就在青岛！一传十、十传百，阿里巴巴网站在商业圈中声名鹊起。马云到世界各地演讲：“最终将改变全球几千万商人的生意方式，从而改变全球几十亿人的生活！”他在吸引到大量客户的同时也吸引了人才和风险投资。

这些年，阿里巴巴都在经历剧烈变化。成立中国供应商、推出诚信通、成立淘宝、成立支付宝、收购雅虎中国、分拆业务、筹备上市、在美国纳斯达克成功上市，几乎没有停歇，阿里巴巴员工从几十人发展到几千人，再到几万人。无论是淘宝网还是支付宝，无不在业内掀起一场场重大的变革。

阿里巴巴立足互联网，但不局限于互联网。如今，它更在改变人们的消费习惯和商业的营销模式。阿里金融利用自身积累的庞大客户群体，推出阿里信用贷款等微贷产品，如今阿里金融服务的小微企业已超过13万家。利用第三方支付平台支付宝发展起来的余额宝自2013年6月推出后，仅用200多天的时间就集中了4000多亿元的资金额度。由阿里领衔的网络金融，正掀起一场可能改变传统金融模式的革命。

（资料来源：赵俊亚，李明．大学生创新创业教育[M]．北京：清华大学出版社，2019.）

马云的创业史、阿里巴巴的成长史，说到底就是一部创新发展的历史。马云从一个只有几万元的创业者变成中国首富，这惊人的变化背后，创新成为关键秘诀。马云的蓝图是创新的蓝图，马云的模式是创新的模式，马云的传奇是创新的传奇。创新让马云战胜了一个又一个看似不可战胜的难题，创新让马云实现了一个又一个看似不可思议的梦想。马云的故事是个案例，却让人们看到了一个大世界、悟出了一个大道理：创新是发展的源泉，创新是发展的动力，依靠创新，机遇无限。全面建成小康社会，实现民族复兴的中国梦，必须善于创新，必须勇于创新，只有不断弘扬创新精神、推进创新举措，才能开创越来越广阔的发展前景。

（一）创新的内涵

1. 创新的概念

中文“创新”一词最早见于《魏书》：“革弊创新者，先皇之志也。”这里的“创新”是指制度方面的创新。古汉语中的“创新”主要是指制度方面的改革、变革。现代汉语中的

"创新"一词的词义较之古代汉语又有新的发展,1999年出版的《辞海》里的"创"指"始创之也",是首创、始创之义;"新"指初次出现,与旧相对。可见创新有三层含义:一是抛开旧的,创造新的;二是在现有基础上改进、更新;三是创造性、新意。

在英语里,创新是一个非常古老的词语,它是以新思维、新发明和新描述为特征的一种概念化过程,起源于拉丁语。原意有三层含义:更新、创造新的东西、改变。但是,创新成为一个理论术语,或者说创新理论的创立,是20世纪初的事情。

奥地利经济学家熊彼特(Joseph Alois Schumpeter)是创新理论的奠基人。熊彼特最早在1912年出版的德文版《经济发展理论》一书中首次从经济学角度系统地提出了创新理论。在书中,他运用创新理论解释了发展的概念,在熊彼特看来,一次创新可看成一项发明的应用,也可以把发明看成是最初的事件,而创新是最终的事件。熊彼特提出,创新是指把一种新的生产要素和生产条件的"新结合"引入生产系。它包括四种情况:引入一种新产品;引入一种新的生产方法;开辟一个新的市场;获得原材料或半成品的一种新的供应来源。熊彼特的创新概念包含的范围很广,如涉及技术性变化的创新及非技术性变化的组织创新,以后又在其他著作里加以应用和发展。1942年,"创新理论"体系最终完成。

自20世纪60年代起,管理学家们开始将创新引入管理领域。现代管理大师彼得·德鲁克(Peter F. Drucker)在《动荡年代的管理》一书中发展了创新理论。他认为,创新的含义是有系统地抛弃昨天,有系统地寻求创新机会;在市场薄弱的地方寻找机会,在新知识萌芽时期寻找机会,在市场的需求和短缺中寻找机会;创新是赋予资源以新的创造财富能力的行为;任何使现有资源的财富创造潜力发生改变的行为,都可以称为创新。

后来,许多研究者对创新进行了扩展性的定义,具有代表性的定义主要有以下五种:

(1)创新是开发一种新事物的过程。在这一过程中,不断地发掘潜在的需要,经历新事物相关技术的可行性验证,推广应用新事物产生的产品。创新之所以被描述为是一个创造性过程,是因为它产生了某种新的事物。

(2)创新是运用知识或相关信息创造和引进某种有用的新事物的过程。

(3)创新是指新事物本身,即被相关使用部门认定的一种新的思想、新的实践或新的创造物。

(4)创新是指包括知识创新、技术创新、观念创新等在内的一切弃旧图新的精神和行为。

(5)创新是指在前人的发现、发明的成果基础上,提出新的发现或发明成果,提出新的见解,开拓新的领域,解决新的问题,创造新的事物,或者能够在前人已有的成果基础上提出创造性的运用。

由此可见,创新概念的内涵很广,各种能提高资源配置效率的新活动都是创新,创新是人们为实现一定的目的,遵循事物发展的规律,对事物的整体或其中的某些部分进行变革,从而获得可以更新和发展的活动。这种更新与发展,可以是事物由一种形态转变为另一种形态,不完善形态转变为完善形态;可以是事物的内容与形式由于增加新的因素而得以丰富、充实、完善；也可以是事物结构内部构成因素的重新组合，这种新组合导致事物的结构更合理、功能更齐全、效率更高。创新过程是创造性劳动的过程，没有创造性就谈不上创新。

目前，对创新概念的理解一般有狭义和广义两个层次。狭义的创新概念立足于把技术和经济结合起来，即创新是一个从新思想的产生到产品设计、试制、生产、营销和市场化的一系列行动。随着人们对现代社会的科学、技术与经济发展、社会进步关系研究的深入，产生了对于创新概念的广义理解。

广义的创新概念力求将科学、技术、教育以及政治等与经济融合起来，即创新表现为不同参与者和机构（包括企业、政府、大学、科研机构等）之间交互作用的网络。在这个网络中，任何一个节点都可能成为创新行为实现的特定空间。创新行为因而可以表现在技术、制度或知识等不同的层面。

2. 创新的内涵

创新是人类对于实践范畴的扩展性发现、创造的结果，创新在人类历史上首先表现为个人行为，在近代科学发展起来后，创新在不同领域就不断成为一种集体性行为。但个人的独立实践对于前沿科学的发现及创新依然起到引领作用。创新的社会化推动社会生产力整体的进步。

（1）人类创造自我的行为就是以发现、创新的质变到重复、积累的量变。对自然及社会的发现是创新的前提条件。人类来自自然物质世界，以创新自我的物质形态为起源，对社会本身的发现与创造构成新的社会关系。在个人的发现及创新以各种信息系统传播形成社会化的大生产后就形成以普遍的人民主导的生产力体系。这个体系主要是重复新生产技术的生产过程，同时积累财富与实践。在某个时期后被一个新的劳动者发现新的领域及新的生产方式所超越，这是一个质变与量变交替发展的阶段。

（2）在经济领域，创新是劳动的一个重要的阶段性成果，是生产力发展的阶段性标志。它是社会经济发展的前置因素，是形成规模性效益的源泉。创新与积累劳动形成经济发展两大矛盾性劳动根源。创新的价值在于以新的生产方式重新配置生产要素形成新的生产、创造新形式的劳动成果或者更大规模的生产；在于创新成果社会化过程对于经济领域的路径选择或者创造新的路径。创新价值是从个别主体的垄断价值向社会再生产的普遍价值转化。

（3）创新行为的社会化与创新成果的社会化是相辅相成的。创新社会的形成依赖创新成果的有效社会化。创新成果的有效社会化同时也是创新劳动的社会价值的体现。它也创造了创新理念的社会化。从社会历史发展的过程看，创新社会化的根本是创新劳动行为的社会化。创新行为的社会化与分工的社会化结合在一起形成总体对于简单劳动的超越性发展。

（4）创新劳动的价值在于创新成果的分配过程，分配又看所有制。从社会关系的发展史来看，财富的流通过程就是形成社会各个主体间关系的直接路径。但社会财富的生产过程的生产分工才是分配最根本的决定通道，决定分工的竞争要素根本上取决于劳动者的劳动素质。所以一项创新的价值直接来源于财富的分配、流通，从根本上反映了劳动者本人的劳动素质。

(5)创新劳动的根本特征是创新劳动者自我,劳动者的劳动是对于自我的劳动素质的创造。人来自自然,却自我创造了自我的人格与生命的统一。人的内在矛盾要素都是人的自我创造,并处于有意识的连续发展中。人在一定实践范畴中,却无时不在超越已有的生命经历。

(6)社会创新是社会人对于社会关系的创新性发展。其对于社会关系的内在本质和范畴的发现及创新是对于人类自我解放的自觉实践的反映。只有人类自我自觉地进行自我解放才可能完成真正的社会创新,才可能形成整体的社会革命性创新。社会的革命性创新路径依赖的是生产力的解放,是劳动人民内在自我解放能力的提升,是劳动科技中劳动者素质及工具的整体进步。其最终表现为所有劳动者的社会化总体生产力的提升与劳动者作为人的存在的发展。

(二)创新的主要特征

评判一个事物是否具有创新性,可以看它是否具备创新的特征。

1. 目的性

创新活动一般都伴随一定的目的性,目的性越强烈,创新成功的可能性就越大,否则,也会因为缺乏动力阻碍创新的发展。目的性伴随创新过程的始终。

2. 变革性

不管是首次创新,还是继承创新,都具有一定的变革性,首次创新是第一次出现的新鲜事物,本身就蕴含着“变”;继承创新则通过不断变革补充,使事物不断完善,从而推动社会不断进步。

3. 新颖性

新颖性是指不断打破常规,创造出新的事物。这种“新”有两种内涵:一种是从未有过的事物;另一种是事物所具有的新功能。

4. 超前性

超前性有两层含义:一是新事物在旧事物基础上继承并发展;二是新事物彻底取代旧事物,在某种程度上代表了同类事物未来的发展方向。

【阅读案例】

小小创意让钥匙个性飞扬

——18岁中职生获全球青年创业精神奖

五颜六色的色彩,不同的造型,让千篇一律的钥匙焕发出了个性的风采。2010年4月中旬,这一有趣的创意获得了本年度由美国国家创业指导基金会(NFTE)主办的全球青年创业精神大奖。提出这一创意的是上海的一名普通中职生。从江苏泰州来上海求学的他没想到,自己有一天能飞到美国登上领奖台。

宿舍生涯激发创作灵感

18岁的许飞是上海市建筑工程学校2008级经济管理专业的学生。制作彩色个性钥匙的灵感源自许飞的住宿经历。

有一天晚自习后回到寝室，他发现查寝的老师手里拿着好几把一模一样的寝室钥匙，每把钥匙上虽然都标注着寝室号，但时间一长标注都已经模糊不清。老师一边找钥匙一边抱怨："怎么长得都一样，分也分不清楚。"在走廊里回荡的叮叮当当的钥匙碰撞声和老师的这句话，突然让许飞有了一个想法：有没有一种方法能够区别不同的钥匙，让它个性化呢？

他认为，现在的钥匙千篇一律，如果能开发一些个性化的钥匙，不仅能在功能上进行分类，而且还能为装修设计、文具开发等领域带来更大的商机。

在校园卖出500多把钥匙

许飞的想法得到了老师的认可。他跑遍了上海的大街小巷，最终找到了一家位于宝山区的小店，共同设计出了不同色彩、不同造型的图纸，并制作出几把个性钥匙。

一开始，个性钥匙是以色彩区分的，到后来有了不同的造型，再后来就是"你想要什么，我就为你定制什么"。两瓣心脏，拼在一起就是一个完整的心，这是许飞专门为情侣定制的"情侣系列"钥匙。KITTY猫、变形金刚等各种"卡通明星"造型的钥匙，刻有纪念日、姓名字母缩写、车牌号等的钥匙也可以做。只要顾客想到的，都能定做。

这种"独一无二"让"许飞牌"个性钥匙一出来就大受欢迎，"我开始就是为身边的同学做，没几个月就在全校卖出了500多把"。

抱着华尔街的金牛合影

在老师的推荐下，许飞带着这个还不太成熟的商业计划参加了在北京举办的一场创业比赛。谁知一举成功，评委们觉得，作为一个中职生，能结合自己的专业提出这样简单可行又有一定商机的创意，很不简单。

好消息接二连三，不久，刚从北京回来的许飞又得到了去美国参加创业展示的机会。在纽约，一把把富有创意的精致钥匙令许多国外的老师赞不绝口，甚至有人当场愿意出高价买下数十把特色钥匙。"我当时一下子觉得特别有信心。"这个18岁的男孩，从未想过自己会到美国，走上华尔街，会和全世界金融家瞩目的金牛合影。"我抱着金牛照了张相，觉得这就是我以后的梦想。"

梦想有一天能真正创业

许飞是江苏省泰州人，父母都在上海打工。初三那年，他放弃了升入高中的机会，决定到上海报考一所中职校。这个决定让许飞的父母非常生气。当儿子提着行李出现在他们面前时，父母甚至把他关在了门外，希望他能回去读高中。"我就是想到上海来和爸妈一起生活，并且想学点技艺早点出来工作。"许飞铁了心，最后父母也拗不过他。“当时报考学校时，正好看到学校的宣传册中有一张一个男生的照片，说他获得了一个什么创业大奖，我还感叹这个男生真牛。”一年后，他也报名参加了这个男生曾经参加的创业夏令营，谁知也获得了大奖。

现在，许飞与他找到的那家定制店一起合作。“我负责设计和校园推广，店家则负责生产，我们一起合作，先在校园里做。”对于未来，他想得很实在：“毕业后我还是会先工作，从事和建筑相关的职业，做好准备，总有一天，我会真正走上创业之路。”

（资料来源：罗赣权. 创新与创业[M]. 北京：中国人民大学出版社，2017.）

（三）创新的类型

【阅读案例】

故事1：亚马逊的诞生

1994年，30岁的杰夫·贝索斯（Jeff Bezos）惊讶地发现，尚未成熟的互联网的使用人数正在以每年高达2300%的速度暴增。正如你现在所看到的，一般人是使用网络，而杰夫·贝索斯却注意到了网络的使用。那时候的他正坐在曼哈顿一栋办公大楼的39层的一张计算机桌前对网络进行探索。这个发现让他很兴奋，他预感到了什么！他开始思考：既然有这样一种趋势，流连于网络的人越来越多，那么能否在网络空间中创造一些商机呢？他毅然辞了职——为了这个不成形的预感！但到底要在网络中做什么，卖什么东西，办一家什么样的公司，他对此还无清晰的思路。于是他就跑到大街上寻找灵感。终于，他在看到一家书店时，一个主意浮现在他的脑海：为什么不在网上开办一家书店呢？“亚马逊”网上书店就这样诞生了！他用南美洲的一条河流给他的书店取了名字。

杰夫·贝索斯毫无争议地率先开启了电子商务的大门，并且亚马逊用自身的超速成长，引领了世界商业模式的革命，亚马逊是个什么样子呢？咱们设想一下：现在有这样一家书店，有十几平方公里的面积，备有310万种以上的图书，可以接待500多万人次的顾客，这该是多大的书店啊！你要想浏览完它所有的书目，恐怕必须要开上汽车才行。这样的设想可能让你感到吃惊，因为如此大的书店根本无法在现实中实现，然而，互联网能做到这一切，这就是“亚马逊”网上书店。当然，亚马逊现在不仅仅卖书，它已经名副其实地成为一家“百货公司”。

故事2：当当网

1999年11月，当当网开通了。这也是一家从网络书店起家的电子商务公司，现在号称是全球最大的中文网上书店。它现在的商品除了图书，其他种类也非常繁多，怎么也有数十类吧。现在很多人都愿意从当当网购物，打折、货到付款、足不出户的网购便利吸引了这些人，而且等待的时间并不算长。

（资料来源：罗赣权. 创新与创业[M]. 北京：中国人民大学出版社，2017.）

亚马逊和当当网都很成功。但我们要思考的问题是:亚马逊网站作为第一个真正意义上开启了电子商务大门的商业模式,无疑可以称为创新,那么当当网则带有一定的借鉴性,它也可以被称为创新吗？如果也算,它们有什么区别呢？

1. 根据参照对象划分

按创新的参照对象不一样,我们可以把创新分为"首次创新"和"继承创新"两种类型。

(1)首次创新。首次创新是指相对于其他人来说,你是第一,是首创。"首创"是创新最为关键的一点,也是创新的"灵魂"。首次创新是最艰难的,因为在现实生活中没有任何借鉴,而能给人类社会发展带来质的飞跃的,往往是这些首次创新,比如爱因斯坦发现相对论、爱迪生发明电灯等。

(2)继承创新。继承创新是指在我们生活中这种事物已经存在,但是通过自己的努力可以使它更加完善或者具有之前所没有的功能,使其具有超前性。如苹果手机,在苹果手机发明之前,已经有手机了,但苹果手机凭借自己独特的功能优势,为用户提供了前所未有的体验,从而引领了一场智能手机的革命。可见,继承创新的作用不容忽视。

评判某一事物是否具有创新性,并不在于这一事物之前是否存在,而在于其是否具有新颖性、超越性,能否带来一定的功效。也许我们很难做出影响全人类的创新,但只要在前人基础上做出属于我们自己的东西,且具有一定的功效,就可以称之为创新,所以,人人都可以创新,即只要我们有新想法或新做法、新观念或新设计、新方法或新途径,这就是创新。

创新在时间和空间上都是无止境的。只要你善于观察,发挥想象力,掌握创新方法,有良好的创新思维,就有可能为社会进步做出贡献。

2. 根据属性划分

若按创新的属性划分,可以粗略地分为知识创新、技术创新、管理创新和方法创新四大类。

(1)知识创新。知识创新就是对现有知识的构成要素进行新的组合或分解,是在现有知识基础上的进步或发展,是在现有知识基础上的发明或创造。知识是人们在探索、利用或改造世界的实践中所获得的认识和经验的总和。人们一般将知识分为自然科学知识和社会科学知识两类。因此,知识创新也可以进一步划分为自然科学知识创新和社会科学知识创新。

第一,自然科学知识创新。自然科学是研究自然界的各种物质或现象的科学。自然科学主要包括物理学、化学、动物学、植物学、矿物学、生理学、数学等。自然科学知识是人们在探索或改造自然界的各种物质或现象的实践中获得的认识和经验的总和。换言之,自然科学知识是人们在探索或改造自然的实践中获得的对物理学、化学、动物学、植物学、矿物学、生理学、数学等方面的各种物质或现象的认识和经验的总和。

自然科学知识创新就是对现有自然科学知识构成要素进行新的组合或分解,是在现有自然科学知识基础上的进步或发展,是在现有自然科学知识基础上的发明或创造。

第二,社会科学知识创新。社会科学是研究各种社会现象的科学。社会科学主要包括哲学、法律学、管理学、历史学、文艺学、美学、伦理学等。社会科学知识是人们在探索或改造社会的各种现象的实践中获得的认识和经验的总和，是人们在探索或改造社会的各种现象的实践中获得的对哲学、法律学、管理学、历史学、文艺学、美学、伦理学等方面的各种现象的认识和经验的总和。

社会科学知识创新就是对现有社会科学知识构成要素进行新的组合或分解，是在现有社会科学知识基础上的进步或发展，是在现有社会科学知识基础上的发明或创造。

(2)技术创新。技术创新就是对现有技术构成要素进行新的组合或分解，是在现有技术基础上的进步或发展，是在现有技术基础上的发明或创造。一个国家或者地区的经济发展水平和社会进步程度取决于技术水平，同样一个企业的竞争能力也表现在技术创新能力上。

“技术”一词一般有两层含义：第一层含义是指人们在探索、利用和改造自然界与社会的各种物质或现象的过程中积累并在生产劳动或社会实践中体现的经验和知识。第二层含义是泛指各种操作技巧。技术一般可以分为自然科学技术和社会科学技术两大类。技术创新也可以进一步分为自然科学技术创新和社会科学技术创新。

第一，自然科学技术创新。自然科学技术是人们在探索、利用和改造自然界的各种物质或现象的过程中积累并在生产劳动中体现的经验、知识和操作技巧。具体地说，自然科学技术就是人们在探索、利用和改造自然界的各种物质或现象的过程中积累并在生产劳动中体现的物理学、化学、动物学、植物学、矿物学、生理学、数学等学科领域的经验、知识和各种操作技巧。

自然科学技术创新就是对现有自然科学技术构成要素进行新的组合或分解，是在现有自然科学技术基础上的进步或发展，是在现有自然科学技术基础上的发明或创造。自然科学技术创新包括物理学、化学、动物学、植物学、矿物学、生理学、数学等学科领域的技术的创新。

第二，社会科学技术创新。社会科学技术是人们在探索、利用和改造社会的各种现象的过程中积累并在社会实践中体现的经验、知识和操作技巧。也就是说，社会科学技术就是人们在探索、利用和改造社会的各种现象的过程中积累并在社会实践中体现的哲学、法律学、管理学、历史学、文艺学、美学、伦理学等学科领域的经验、知识和各种操作技巧。

社会科学技术创新就是对现有社会科学技术构成要素进行新的组合或分解，是在现有社会科学技术基础上的进步或发展，是在现有社会科学技术基础上的发明或创造。社会科学技术创新包括哲学、法律学、管理学、历史学、文艺学、美学、伦理学等学科领域的技术的创新。

【阅读案例】

沃尔玛的技术创新

沃尔玛在1985年启用Hughes Network Systems六频道人造卫星，老板通过录像带可以同时对所有员工讲话做培训，每一家分店都与阿肯色州总部相连，分店的销售业绩、顾客的停留时间、购买行为模式等信息统统汇集到总部。沃尔玛还是世界上第一家试用条形码即通用产品码(UPC)技术的折扣零售商。经试用，结果收银员效率提高了50%，故所有沃尔玛分店改用了条形码系统。

知识创新与技术创新作为人类创新活动的主要方面，互相之间存在复杂的交互作用。知识创新是技术创新的基础，技术创新是知识创新的应用与发展。

(3)管理创新。管理创新就是对现有管理构成要素进行新的组合或分解，是在现有管理基础上的进步或发展，是在现有管理基础上的发明或创造。

第一，行政管理创新。行政管理一般有两层含义：①行使国家权力的管理；②机关、企业、团体等内部的管理，但其管理的原理、规律和方法是相同的或相似的。因此，这里探讨的行政管理既包括行使国家权力的管理，又包括机关、企业、团体等内部的管理。行政管理创新是对现有行政管理构成要素进行新的组合或分解，是在现有行政管理基础上的进步或发展，是在现有行政管理基础上的发明或创造。行政管理创新既包括行使国家权力的管理创新，又包括机关、企业、团体等内部的管理创新。行政管理创新是行政管理知识创新、行政管理制度创新、行政管理技术创新和行政管理方法创新的总称。

第二，企业管理创新。企业管理是指从事生产、运输、贸易等经济活动部门(如工厂、矿山、铁路、贸易公司等)的管理。企业管理的共性是企业部门按照经济核算的原则，独立计算盈亏。企业管理创新是对现有企业管理构成要素进行新的组合或分解，是在现有企业管理基础上的进步或发展，是在现有企业管理基础上的发明或创造。企业管理创新是企业管理知识创新、企业管理制度创新、企业管理技术创新和企业管理方法创新的总称。

第三，事业管理创新。事业管理是指没有生产收入、由国家经费开支的部门(如学校、科研机构等)的管理。事业管理的共性是事业部门不进行经济核算。事业管理创新是对现有事业管理构成要素进行新的组合或分解，是在现有事业管理基础上的进步或发展，是在现有事业管理基础上的发明或创造。事业管理创新是事业管理知识创新、事业管理制度创新、事业管理技术创新和事业管理方法创新的总称。

第四，团体管理创新。团体管理是指对由有共同的目的、志趣的人所组成的集体的管理。团体管理一般都具有行政管理、企业管理和事业管理的综合特征。团体管理创新是对现有团体管理构成要素进行新的组合或分解，是在现有团体管理基础上的进步或发展，是在现有团体管理基础上的发明或创造。团体管理创新是团体管理知识创新、团体管理制度创新、团体管理技术创新和团体管理方法创新的总称。

第五，个人管理创新。个人管理主要是指对个人的管理，如家庭中的管理。个人管理具有灵活性和多样性的特征。个人管理创新就是对现有个人管理构成要素进行新的组合或分解，是在现有个人管理基础上的进步或发展，是在现有个人管理基础上的发明或创造。

(4)方法创新。方法是指人们在探索、利用或改造世界的实践中积累的观察问题、分析问题或解决问题的途径、程序或诀窍等。虽然人类已有的方法和未来的方法的种类是无穷无尽的，但是它们的本质却是相同的或相似的。

方法创新就是对现有方法构成要素进行新的组合或分解，是在现有方法基础上的进步或发展，是在现有方法基础上的发明或创造。方法创新就是人们观察问题、分析问题或解决问题的途径、程序或诀窍的创新的总称。方法创新是永无止境的，方法创新的种类也是无穷无尽的。

二、创业

【阅读案例】

河南澄通电子科技公司的创业团队

姜军，黄河水利职业技术学院信息工程系网络工程专业2006届毕业生。

2008年，姜军与大学同窗好友王天鹏、李涛，三个充满激情的年轻人，带着共同创业的梦想，一起组建了爱情密码情侣礼品店，短短1年时间，3个人凝心聚力、分工合作赚得了创业路上的第一桶金。

随着对事业和对人生价值的更高追求，2009年，三人共同成立了河南澄通电子科技公司，公司主营LED显示屏，包含销售、安装、调试、售后服务一系列工作。公司创立初期，三人明确目标和分工，姜军、王天鹏对做业务感兴趣。大学期间姜军曾任学生会主席、王天鹏曾任学生会办公主任，锻炼了与人沟通和交际的能力，负责开展业务和营销推广；而李涛更喜欢钻研技术，所以负责安装调试和售后服务。

创业是件艰难的事，但是大家都有共同的梦想，想出成绩、创业绩，彼此之间相互信任，所以累并快乐着，这种彼此的心理支持让他们更有动力。最初，没有实力打入市政项目中，三人就以最原始的办法开拓市场，那就是跑个体门店做一些小项目，天天大街小巷去推销，每天奔波几十千米甚至上百千米。每到一个城市先买一张地图，开始规划线路，先部署线路再按线路行动。付出就有回报，半年下来公司赚到了一部分利润，但为了更长远的发展，三人开始规划进一步分工，开始扩大团队招入一批新生力量。公司发展到今天，团队成员不断增多，分工更加明确，并建立起一套科学、规范、严谨的管理制度。

经过团队齐心协力，2010年，河南澄通电子科技公司的显示屏成功打入河南移动公司，单个项目就签了226万元的合同，这为公司进入市政项目奠定了基础。同年，渠道建设也取得了一定成果，在河南省18个地市建立了代理经销商，公司销售额突破1000万元。2015年，公司相关产品中标河南省政府及部分省级重要单位，年销售额突破4000万元。

（资料来源：赵俊亚，李明．大学生创新创业教育[M]．北京：清华大学出版社，2019.）

姜军和他的河南澄通电子科技公司是众多草根创业的典型。在“大众创业、万众创新”的时代，诞生底层创业者的概率越来越大，而且社会给予他们的支持和空间也越来越大，创业离人们并不遥远。

（一）创业的含义

《现代汉语成语词典》对“创业”有如下解释：所谓“创”一般是指创建、创新、创意；“业”是指学业、专业、就业、事业、家业、企业等。

《辞海》对“创业”的定义是：“创业，创立基业。”创立基业指开拓或创立个人、集体、国家的各项事业以及所取得的成就。从“创业”这个概念的用法来看，它主要强调三个方面:一是强调开端和初创的艰辛和困难;二是突出过程的开拓和创新;三是侧重于在前人的基础上有新的成就和贡献。

很多研究者在对于“创业”定义的归纳总结中都存在着不同的角度和范畴,总的来说,创业有狭义和广义之分。广义的创业概念,是指社会生活各个领域里的人们为开创新的事业所从事的社会实践活动。创业突出强调的是主体在能动性的社会实践中所体现的一种特定的精神、能力和行为方式。创业行为普遍存在于各种组织和各种经营活动中,其本质在于把握机会,创造性地整合资源、创新和快速行动。

例如,毛泽东领导中国共产党人长期奋斗开创的新中国建国大业,就是一个巨大的创业成功案例,其中蕴含丰富的创业之道,是中华民族乃至世界人民取之不尽、用之不竭的精神财富。新中国成立以来,我国各行各业发生的几乎所有成功创业,都与这种创业精神相关。大庆油田、红旗渠、两弹一星、大飞机、航空母舰、新型战斗机、神舟飞船、量子卫星的成功,海尔、联想、新东方、华为、阿里巴巴等品牌的创立,无一例外地继承和弘扬了毛泽东、中国共产党的创业之道。

狭义的创业是一个经济学的范畴,是指主体以创造价值和就业机会为目的,通过组建一定的企业组织形式,为社会提供产品服务的经济活动。狭义的创业概念包括两个相互关联的内涵:

(1)创业是人们的一种经济活动,它以创造财富或追求经济效益作为目的指向。这是狭义的创业作为一种经济活动区别于其他类型的创业实践活动的根本之所在。

(2)创业活动以创办企业为标志。创业的核心是创办企业,即通过创业者的努力,促使一个新的生产或服务性企业的诞生。创办企业是创业活动有别于其他经济行为最为直接的标志和特征。

创业的本质是一种以创造价值、成就事业为目的的实践。创业可以使创业者实现自己心中的梦想和自我价值。

通过上述分析,我们可以给“创业”下这样一个定义:创业是指发现某种信息、资源、机会或掌握某种技术,利用或借用相应的平台或载体,将其发现的信息、资源、机会或掌握的技术,以一定的方式转化、创造成更多的财富、价值,并实现某种追求或目标的过程,是以创业者的智力为核心来创造价值的活动集合。

大学生创业群体因为其身份不同而有着独特的含义。大学生自主创业是指一些有想法、有魄力的大学生,利用自己的知识、技术、才能和资源,以自筹资金、技术入股、寻求合作等方式,为自己在社会上求生存、谋发展开辟一条新的途径,创立新的社会经济单元。他们不是现有岗位的竞争者、填充者,而是为他们自己、为社会更多的人创造就业机会,并直接为社会创造价值做出贡献的开拓者。

大学生自主创业不仅要求大学生能够结合自身所学专业的特长,根据市场前景和社会需求创造出有竞争力的新技术、新产品和服务,而且要直接面向市场、面向社会,在为社会创造价值的同时,使自我价值得到不断体现。目前虽然自主创业成功的大学生比例还不高,与所学专业关系不大,但它代表一个方向、引领一个新的就业潮流。

(二)创业的特征

创业作为现代社会经济活动的一种基本方式,有着固有的一些特征,这些特征概括地说就是具有相对于其他经济活动而言更多的、更为显著的社会性、自主性和风险性。

(1)创业活动承载着重要的社会使命,具有不可替代的社会意义和价值。同时创业意识、创业机制和创业过程都具有广泛的社会性。

(2)创业是一项具有鲜明的社会性特征的实践活动。同时,创业也是充分体现创业者自主意识和能动精神的一种主体性行为。

(3)创业活动的风险性反映了一般经济活动所共有的特征,承担必然存在的风险,如财务、精神、社会风险等。

(4)能够获得报酬,如金钱、独立自主、个人满足。

创业是一种劳动方式,是一种"无中生有"的财富现象。创业过程充满了艰辛和挫折,而且还要坚持不懈地付出努力。渐进的成功也会给创业者带来无穷的欢乐与幸福。

(三)创业的类型

(1)从创业动机角度分,创业可分为机会型创业与就业型创业。

①机会型创业。机会型创业的出发点并非谋生,而是为了抓住、利用市场机遇。它以新市场、大市场为目标,因此能创造出新的需要或满足潜在的需求。机会型创业会带动新的产业发展,而不是加剧市场竞争。世界各国的创业活动以机会型创业为主,但中国的机会型创业数量较少。陈天桥的盛大网络创业是典型的机会型创业。

②就业型创业。就业型创业的目的在于谋生,为了谋生而自觉地或被迫地走上创业之路。一般而言,这类创业大多属于尾随型和模仿型,规模较小,项目多集中在服务业,并没有创造新需求,而是在现有的市场上寻找创业机会。由于创业动机仅仅是为了谋生,往往小富即安,极难做大做强。但也有"逼上梁山"的成功者,如广东七喜电脑公司的成长之路是最好的见证。

(2)按新企业建立的途径,创业可以划分为自主型创业和企业内创业。

①自主型创业。创业者个人或团队白手起家进行创业。

【阅读案例】

小天鹅变成"大天鹅"

廖长光、何永智是重庆小天鹅投资控股集团董事长。廖长光,有八年"上山下乡"经历的知青,回城在建设局当电工;何永智,出名的美丽,在鞋厂当设计师,擅长服装设计,为七姊妹中最靓丽者。廖长光因其在何家女婿中地位低微,境况难堪,发誓创业。1982年,以出卖住房所得3000元为本金在一个3张桌子、3口锅、不足16平方米的小店里起步。1988年11月,成立重庆小天鹅公司。2004年10月,小天鹅完善公司治理结构,调整投资控股集团组织架构,组建餐饮连锁业、宾馆酒店业、房地产业、食品加工业(物流配送业)四大子集团。

②企业内创业。企业内创业,是近年来国外兴起的一种新的管理方法,企业内创业是进入成熟期的企业为了获得持续的增长和长久的竞争优势,为了倡导创新并使其研发成果商品化,通过授权和资源保障等支持的企业内创业。一个企业在不断变化的环境中,只有不断创新,不断将创新的成果推向市场,不断推出新的产品和服务,才能跳出产品生命周期的怪圈,不断延伸企业的生命周期。

企业内创业是动态的，是通过二次创业、三次创业乃至连续不断地创业，企业的生命周期才能不断地在循环中延伸。

【阅读案例】

娃哈哈“三次创业”

“三次创业”目标的提出，是娃哈哈发展历程上的一个里程碑。

1987年，娃哈哈的前身——上城区校办企业经销部靠14万元借款起家，开始了艰辛的创业历程。靠卖棒冰、校簿，娃哈哈创始人用辛勤的汗水完成了最初的原始积累。第二年，娃哈哈成功开发出儿童营养液，“喝了娃哈哈，吃饭就是香”的广告语传遍大江南北，以确切的功效赢得消费者的青睐。

1991年，仅有100余人的娃哈哈兼并了国营老厂——杭州罐头厂，创造了“小鱼吃大鱼”的兼并奇迹，娃哈哈完成了由小变大的历史性转变。到1993年，娃哈哈年销售收入达7亿元。

7年时间完成了一次创业的历程。

1993年，娃哈哈踏上了“生产上规模、产品上档次、管理上水平”的二次创业征程。经过10年建设，初步完成全国销地产战略布局；1996年，娃哈哈与法国达能集团合资，从意大利、德国等引进了大量国际一流的生产线，实现了从原料进口到产品出口的全自动化操作；1998年，娃哈哈成功推出非常可乐，打破了洋可乐不可战胜的神话。自1998年以来，娃哈哈连续6年稳居中国饮料行业老大的地位，已成为全球第5大饮料生产厂家。

2003年，公司销售收入超百亿，为公司长达10年的“二次创业”征程画上了圆满的句号。

2003年，宗庆后又提出了营业规模3~5年过200亿元（娃哈哈在第4年，即2007年达到目标200亿元），5~10年达1000亿元的“三次创业”的宏伟目标。

截至2010年，娃哈哈集团实现营业收入549亿元，实现利税112亿元，集团销售产量、收入、利税等各项指标已连续12年位居中国饮料行业首位。

如今的娃哈哈集团，生产销售乳饮料、瓶装水、碳酸饮料、茶饮料、果汁饮料、罐头食品、医药保健品、休闲食品等八大类近300个品种的产品。在中国上规模百强民营企业中，娃哈哈收入位列第8位，利润位列第1位。

（3）按创业主体数量分类，创业可以分为个人创业和团体创业。

①个人创业。个人创业是指创业者独立创办自己的企业。个人独立创业已成为一种很平常的现象。独创企业的特点在于产权是创业者个人独有的，相对独立，而且产权清晰，企业利润归创业者独有。企业由创业者自由掌控，创业者按自己的思路来经营和发展自己的企业，无须迎合其他持股者的利益要求，也不必受其对企业经营的干扰。但是独创企业需要创业者面临独自承担风险、创业资金筹备比较困难、财务压力大和个人才能的限制等约束。

电子商务拓荒者——马云：1988年毕业于杭州师范学院英语专业，后任教杭州电子工业大学；1995年出访美国时首次接触到因特网，回国后创办了网站“中国的黄页”；

1997年加入中国外经贸部；1999年辞去公职，创办阿里巴巴网站；2003年创立独立的第三方电子支付平台；2005年和当时全球最大门户网站雅虎战略合作，兼并其在华所有资产；2007年8月推出了以网络广告为营收项目的营销平台“阿里妈妈”；2008年任杭州师范大学阿里巴巴商学院董事会董事长。

不仅要想，更要去做。阿里巴巴创立之初，马云的口头禅是“你们立刻、现在、马上去做！立刻！现在！马上！”马云有一个天才的头脑，恢宏的理想，但他更有将头脑的东西落实出来、执行出来、做出来的行动。企业不一定需要能力最强的人，但是一定要找到最适合这个岗位的人。在员工培训、管理层培训上投入金钱和精力，马云总能找到最合适的人才去最合适的职位，将阿里巴巴越做越大。

②团体创业。团体创业是指与他人共同创办企业。与独创企业相比，团体创业有以下几个优势：一是共担风险；二是融资难得到缓解；三是有利于优势互补，形成一定的团队优势。不利因素有：一是易产生利益冲突；二是易出现中途退场者；三是企业内部管理交易费用较高；四是对企业发展目标可能有分歧。

新东方的团队创业：新东方的核心人物俞敏洪，北京大学西语系毕业，1993年创办北京新东方学校，2003年成立新东方教育科技集团，现任新东方教育科技集团董事长兼总裁。核心人物王强，北京大学英语系文学学士，美国纽约州立大学计算机硕士，美语思维口语学习法创始人。1996年，王强先生从美国归来，加盟新东方创业团队，开办了新东方历史上第一个口语培训项目。此外，新东方创业团队的核心人员还有徐小平、包凡一、钱永强、周成刚、杜子华等。

2006年9月7日，新东方在纽约证券交易所成功上市，开创了中国民办教育发展的新模式，俞敏洪身价暴涨成为中国最富有的教师。报告显示，新东方2007财年第一季(2006年6月1日到8月31日)净营业收入为4.293亿元，同比增长31.4%；净利润为1.651亿元，同比增长100.8%。当时，新东方占有全国60%以上的出国英语培训市场。

取得如此惊人的成绩，新东方依赖的是团队创业的优势，正如他们自己说的：一个国际化、现代化的新东方的成功将不再依赖于几个“个人英雄”，而要依靠团队的智慧和力量，依靠正规的现代企业管理方法，依靠科学合理的制度流程，依靠创新进取的企业精神与文化。

(4)按创业的项目分类，可分为传统技能型创业、高新技术型创业和知识服务型创业。

①传统技能型创业。选择传统技能项目创业将具有永恒的生命力，因为使用传统技术、工艺的创业项目，如独特的技艺或配方都会拥有市场优势。尤其是在酿酒业、饮料业、中药业、工艺美术品业、服装与食品加工业、修理业等与人们日常生活紧密相关的行业中，独特的传统技能项目表现出了经久不衰的竞争力，许多现代技术都无法与之竞争。不仅中国如此，外国也如此。有不少传统的手工生产方式在发达国家至今尚保留着。

②高新技术型创业。高新技术产业的发展对全球经济有着重要的推动作用。高新技术创业企业的形成与发展是高新技术持续发展的必然结果。高新技术项目创业就是人们常说的知识经济项目、高科技项目，知识密集度高，带有前沿性、研究开发性质。

高新技术企业的标准有四条：一是知识密集、技术密集；二是大专及以上学历人员占职工的30%以上，且研究开发人员占10%；三是高新技术产品研究开发费用占总收入3%以上；四是技术性收入与高科技产品产值总和占企业总收入50%以上。

智力资本时代的代言人——比尔·盖茨有这样一个观点："每张书桌上会有电脑，每个家庭会有电脑。"而"每台电脑都用微软产品"则是他的梦想。在Windows操作系统大行其道的今天，他的这个梦想，离完全实现已经不远了。

回顾比尔·盖茨的创业之路我们不难发现，将目光瞄准高新技术产业，并不断创新是他取得成功的法宝。技术上，以开发BASIC语言软件为核心，与微型电脑发展同步，开发纸带BASIC语言到磁盘BASIC语言；随着内存的扩大，开发带有扩展功能的BASIC软件；随着Intel公司推出新8086微处理器，开发出8086 BASIC软件，确定了软件的技术优势。商务上，创造了软件专利转让的合同样板，成为以后不断兴起的软件贸易许可证的法律标准。他把软件从电脑的销售搭配品发展为一种独立商品。

比尔·盖茨是一位有创造力且意识超前的创业家，他很早就看出个人电脑时代的到来，并由此推出：操作系统和应用软件的重要度绝不会亚于硬件。他20岁开始领导微软；31岁成为有史以来最年轻的亿万富翁；37岁成为美国首富并获得国家科技奖章；39岁身价一举超越华尔街股市大亨沃伦·巴菲特而成为世界首富。比尔·盖茨是全美乃至全世界第一位"软件大王"，他第一次使软件成为可带来巨富的点金术，他创造了软件之辉煌。

③知识服务型创业。当今社会，信息量越来越大，知识更新越来越快。为了满足人们节省精力、提高效率的需求，各类知识性咨询服务机构会不断细化和增加，如律师事务所、会计事务所、管理咨询公司、广告公司等。

知识服务型创业是一种投资少、见效快的创业选择。

三、创新与创业的关系

【阅读案例】

女记者"逆袭"做摩拜单车　两年创办估值百亿公司

浙江姑娘胡玮炜造了"一台史无前例的单车"，正以上海为中心，逐渐改变上亿中国城市人群的生活方式。其使用方式非常简单：手机定位找车，APP支付解锁，骑上就走，到了就锁车走人。

胡玮炜正是摩拜单车的创始人、公司总裁。胡玮炜出生于浙江东阳，2004年，她毕业于浙江大学城市学院新闻系，随后便进入《每日经济新闻》经济部成为一名汽车记者。后来她北上进入北京的《新京报》，随后又跳槽到《商业价值》和极客公园做与汽车相关的报道，这一干就是10年。她把少女最美好的时光给了媒体，给了汽车。和其他大学生一样，胡玮炜参加工作也是从4位数的月薪干起，而传统媒体行业因为受到互联网和新媒体的冲击，她的收入一直没有质的飞越。于是，2014年，她辞职了。有一天，她和一些投资人在一起聊天，当时一个天使投资人说："哎，你有没有想过我们做共享单车呢？用手机扫码开锁的那种。"此话说出之后，遭到在场的人的反对，因为在中国几乎每个拥有自行车的人都有过自行车被偷的经历，“共享”肯定不可能！胡玮炜听了这句话后，有一种立刻被击中的感觉，她马上说：“我可以做这个。”机会就是这样，当很多人都觉得是机会的时候，那一定不是机会，而是危机；只有在被人看不懂、看不起、不想做、不敢做的时候，这才是机会。于是，胡玮炜成了摩拜单车的创始人，而提这个建议的人，成了她的天使投资人。

从2015年1月开始做这件事，到2017年春天，她和天使投资人把车铺到上海城区的大街小巷，只花了一年半时间。一开始遭遇的质疑很多。一名年轻的女记者，真能带着公司做到这件事情吗？怎么看都不靠谱吧？胡玮炜说：“我可能比较‘轴’，会主动排斥掉所有这些跟我说不靠谱的东西，你说做不到，我现在没办法证明，我最后会做出来给大家看。”她找过好几个人设计摩拜单车，因为一开始对这辆单车有太多想法。当时的目标是不需要人工干预——不会坏掉，不会爆胎，不会掉链子，而且还不能生锈。“街上太多公共自行车锈迹斑斑，为什么？都是用钢做的。但摩拜单车全部用全铝车身。”胡玮炜说。他们找到了国内最强的自行车生产企业，发现他们已经不太愿意创新了。他们说：“工业是有惰性的，造自行车100年不变都能赚钱，我为什么要去改变呢？他们没有那么大的动力去改变。”

2015年1月成立了摩拜科技公司，而之前，胡玮炜已完成了摩拜单车D轮融资，在这轮融资中她共获得2.15亿美元股权融资，约合人民币15亿元。这意味着，到2017年1月底，摩拜单车的估值已经超过100亿元！两年，仅仅只有两年，她一个“85后”的女子，就把一个企业从0做到了估值高达100亿元，实现从0位数暴增到11位数的“逆袭”。而实现这一目标的滴滴用了3年(2010—2013年)，阿里巴巴用了6年(1998—2004年)。

公开信息显示，自创办至今，摩拜已经拥有数十项专利技术。尤其是在共享单车智能锁扫码开锁、机动传动等关键技术领域，摩拜所拥有的专利数量占共享单车行业的90%以上。

满满的“黑科技”，让摩拜单车成了网红和“街红”。在早些时候的2017年美国SXSW科技展上，摩拜单车亮相会场，吸引了众多外国友人的浓烈兴趣，更有大量用户扫码骑行，成为奥斯汀街头一道独特的橙色风景。而在此前G20各国科技部长论坛上，摩拜单车因为全球首创的智能共享单车模式，获得来自美国、德国、日本、加拿大等多个国家嘉宾的一致点赞。摩拜单车不仅为城市居民的短途出行中提供了更便捷的交通工具，更倡导着健康、低碳的生活方式，也悄然推动着城市向自行车友好城市演进。

（资料来源：赵俊亚，李明．大学生创新创业教育[M]．北京：清华大学出版社，2019.）

共享单车是一项创新之举，目前，以摩拜等公司为代表的新模式新业态正不断涌现。崇尚创新，国家才有光明前景，社会才有蓬勃活力。创新发展是全民参与、全民推动的宏伟事业。倡导敢为人先、勇于冒尖的创新精神，使创新成为全社会的一种价值导向、一种生活方式、一种时代气息。我们要推动大众创业、万众创新，鼓励发展众创、众包、众扶、众筹空间，让每一个有创新意愿的人都有机会和空间，加速形成人人崇尚创新、人人希望创新、人人皆可创新的社会氛围。

（一）创新与创业的一致性

虽然“创业”与“创新”是两个不同的概念，但是这两个范畴之间却存在本质上的一致性：内涵上的相互包容和实践过程中的互动发展。第一个提出了创新概念的熊彼特认为，创新是生产要素和生产条件的一种从未有过的新组合，这种新组合能够使原来的成本曲线不断更新，由此会产生超额利润或潜在的超额利润。创新活动的这些本质内涵，体现着它与创业活动性质上的一致性和关联性。创新是创业的基础，而创业推动着创新。

创业和创新在本质上具有一致性，即都具有“开创”的性质，只不过，创新一般多指理论、思维方面的创造活动，是整个创造活动的第一阶段；创业是实际活动中的创造，是创新思维、理论和技法的应用与现实体现，属于创造活动的第二阶段，也是创新的终极目的。

总体上说，创新与创业都是开创有别于其他的、新颖的、能产生积极作用的做法或结果。创新精神或创新意识，作为一种意识形态，能够指导和作用于人的行动，即可以用创新精神或创新意识来推动创业行为的实施，并为其提供智力支持。创业者只有具备创新精神和创新意识，才能为创业竭尽全力。

（二）创新与创业的关联性

首先，创新是指理论、方法或技术等某一方面的发现、发明、改进或新组合。创业是一种思考、推理和行动的方法，在于把握机会，创造性地整合资源，从而创办新的企业或开辟新的事业。将创新的思想或成果用于产业或事业中，开创新的领域或新的局面，就是创业。

其次，创新重视的是所得到的结果，而创业不仅重视可能得到的结果，还重视其结果实现的条件。

最后，创业比创新更加关心结果的可实现性以及可能带来的经济效益。由此可见，创业是在创新的基础上将创新的思想或成果转化为现实生产力的一种社会活动。也就是说，创业是具有创新精神的个体与有价值的商业机会的结合，是开创新事业的活动，其本质在于把握机会，创造性地整合资源、创新和超前行动。创业的本质是创新，是变革。

人类社会不断发展，科技不断进步，社会分工越来越细，这是发展的必然。分工越细，产生的行业就越多，专业化的岗位也会更多，这就需要人们不断利用创新精神提升创业能力才能跟上时代的步伐。从第一、第二、第三产业的划分标准看，人类大的行业还要继续发展下去。有人已经提出，在第三产业服务业出现后，已经又有了第四产业——信息业。第五、第六产业也要依靠创新产生。

（三）创业与创新的相互作用

创新是创业的本质与源泉。熊彼特曾提出："创业包括创新和未曾尝试过的技术。"创业者只有在创业的过程中保持持续不断的创新思维和创新意识，才可能产生新的富有创意的想法和方案，才可能不断寻求新的模式、新的思路，最终获得创业的成功。

创新的价值在于创业。从一定程度上讲，创业者的价值就在于将潜在的知识、技术和市场机会转变为现实生产力，实现社会财富的增长，造福人类社会。而实现这种转化的根本途径就是创业。创业者可能不是创新者或发明家，但必须具有能发现潜在商机的能力和敢于冒险的精神；创新者也并不一定是创业者或企业家，但是创新的成果则是经由创业者推向市场的。使潜在的价值市场化，创新成果才能转化为现实生产力。这也从侧面体现了创新与创业的相互关联性。

创业推动并深化创新。创业可以推动新发明、新产品或新服务的不断涌现，创造新的市场需求，从而进一步推动和深化各方面的创新，因而也就提高了企业或整个国家的创新能力，推动经济的增长。

由于创新与创业关系密切，高等院校的创业与创新教育应该相互渗透融合，弘扬创新创业精神，健全创新创业机制，完善创新与创业的环境，加强产学研结合，并且不断地在实践中结合，从而推动社会的可持续发展。

（四）创新与创业的区别

首先，语言学定义可以帮助人们理解两者的区别。

其次，就研究边界来讲，创新不等于创业，创业也不等同于创新。创新是建立一种新的生产函数，引进生产要素的"新组合"；而创业则是这种"新组合"的市场化或产业化的实现过程，是从经济与技术相结合的角度探讨技术创新在经济发展过程中的作用。

【阅读案例】

小创意大收获——十个经典创业案例

1. "数码试衣"引来2亿多元风投

创富者：陈富云　创富地：重庆

重庆的陈富云为服装业想到一个名为"数码试衣"的智能互联化营销模式，帮助其实现"以销定产"，大大降低库存，由此引来一家英国风投公司的2000万英镑（相当于人民币2.22亿元）先期投资。

在陈富云的试衣店里，智能终端机两秒钟后即可完成对客户人体4800个坐标点的精确测量，并按客户要求合成个性化服装。下单前，通过宽6米、高3米的高清晰仿真视频系统，客户试穿的效果可像照镜子一样显示出来。

2. 南京小伙向老外"零售知识"

创富者：黄鹏　创富地：江苏南京

南京小伙黄鹏通过网络向外国企业及个人提供远程服务，开辟出一片财富天空。他把自己的商业模式叫作"向外国人零售知识"。

2007年,从美国南加州大学硕士毕业的黄鹏回国创业。他发现国外的公司人力成本很高,很多办公室的杂活已开始向发展中国家转包,但转包的大多数是大公司,而很多欧美的小企业也想降低成本。于是,他创建了一个专为国外中小企业服务的网站,订单大到软件设计、网站设计维护、CAD图纸设计、财务、销售等数据分析,小到电话订房订车。现在,黄鹏的客户已有1万多个,接的单子大都是上万美元的。

3. 专业“家教”网站答疑赚大钱

创富者:尼克·史云勒斯和西恩·麦克勒斯　创富地:美国

2006年,年仅24岁的尼克·史云勒斯和西恩·麦克勒斯创办了“学生富翁”网站。在这个网站注册后,你可以把问题贴到网站上,并标注愿意支付的价格,然后等待“专家”为你解答,或者由网站负责寻找可以答疑的专家。当问题解决后,“学生富翁”网站从中提取18%的交易额作为佣金。

现在,网站上平均每次辅导价格为15美元,网站年营业收入高达数百万美元。

4.“超级讨债人”

创富者:肯凯·奇金创　富地:美国

在过去几年中,美国佛罗里达州奥兰多市的肯凯·奇金帮助银行从那些由“富翁”沦为“负翁”的美国阔人手中收回了上百架私人飞机、豪华游艇、名牌轿车甚至顶级赛马,肯凯名下的“国际追讨和买卖公司”的讨债业务量已超过10亿美元,他的年收入高达700万美元。肯凯的每次“没收”行动都像军事计划一样精确,并且每次都有至少六人参与。他每次派人强行“没收”一架私人飞机或豪华游艇前,都很少和它们的主人见面或交谈,肯凯说:“出其不意是我们最好的武器。”

5. 杭州姑娘“混搭”创意一夜致富

创富者:朱炎　创富地:浙江杭州

2009年7月,只要搭上日全食这根线,商家似乎只要坐着数钱就可以了,而家住杭州的27岁姑娘朱炎更是“忙得连数钱的时间都没有”。

5月时,店里的日全食观测用具开始卖得紧俏起来了,但朱炎心里很清楚,卖十几元钱一副的护目镜,销量再大,销售额也难以有什么突破。她想到了混搭销售,开始主推价格数百元的天文望远镜,然后建议客户配上两块观测日全食的小镜片。当然,这些小镜片可免费赠送。

正是这个小小的创意,让朱炎的小店在淘宝网上300多家同行中脱颖而出。半个月的时间,她进账50万元。

6. 加拿大华裔写博月入3万美元

创富者:周嘉良　创富地:加拿大

祖籍中国广东番禺的周嘉良,于2005年12月推出个人博客。早期博客内容以IT评论和个人生活为主,2006年他开始将博客主题转移为如何在网络上赚钱,简称为“网赚”,结果大获成功,逐步成为世界上最有名的博客主之一。分析人士一致认为,周嘉良为自己的博客设立了一个很好的主题。

周嘉良每晚花大约2小时更新博客。打响知名度后,周嘉良开始通过出售文字链接及收费评论等途径赚取广告费。随着流量的攀升及赚钱方式的不断“拓宽”,最终成就了如今每月超过3万美元的稳定收入。

7. 浪漫女孩凭“吻印”致富

创富者:赵建君　创富地:吉林长春

2005年的一天,正与男友热恋的赵建君擦掉口红时,无意中看到纸上的吻印特别漂亮。于是突发奇想,找来白纸,很认真地印了一个“吻”,还写了一些恋人之间的浪漫文字,过塑后送给男友。这个简单而充满创意的礼物让男友特别开心,还开玩笑地说:“这个礼物很有创意,不如开个小店专门为情侣们服务吧。”

那时还没工作的赵建君对男友的这句玩笑动心了。2005年,“以吻定情”个性小店在东莞正式开张了。半年之后,结婚并怀有身孕的赵建君回到家乡长春休养,又在当地开了“爱的吻唇”实体旗舰店,乘势推出亲情吻唇、天使吻印(宝宝的吻印)、周年吻印、新婚吻印等。这些吻印不但可以做成卡片,还可以做成T恤、项链、手机链等相关产品。现在,赵建君月收入已近万元。

8. 卖火柴的大男弦赚得百万身家

创富者:沈子凯　创富地:浙江杭州

在卖火柴之前,“80后”杭州人沈子凯拥有一家自己的广告公司。再往前,他是一个艺术设计专业的学生,梦想着用创意和设计将生活中很普通的东西变成有趣好玩的产品。

2007年,一个做创意的朋友送给沈子凯一盒酒店的火柴。黑色的外盒上压着细碎的花纹,火柴又长又粗,与平时看到的火柴完全两样。朋友说这叫送财,既漂亮又讨口彩的礼物让沈子凯很高兴,无聊时常常反复把玩,他想起了曾经的创意产品计划。7月,沈子凯正式注册了纯真年代艺术火柴商标,三个月后开始销售,并在2009年4月正式开始进行加盟连锁。目前纯真年代的近百个经销商遍布除西藏、新疆外的中国大半地区。艺术火柴已为沈子凯赚得百万身家。

9. 给宠物当“月老”

创富者:兰胜东　创富地:福建福州

兰胜东于2005年11月创立“宠物婚介网”。当时他在福州一家台资企业上班,老板养了3只名犬。狗狗繁殖季节,老板四处张罗着找“亲家”,可就是没遇上血统纯正的。老板的“不将就”,让兰胜东萌生了淘金宠物婚介的想法。

“月老”本可收取中介费，市场行情价从几十到数百元不等。虽然目前会员已近千，但兰胜东一直没收费。他的想法是，在多个二级城市，以网站为依托，建立类似狗狗会所概念的游乐场，吸引玩家特别是在周末来遛狗，建立起同城宠物主人之间的关系网。当聚集了足够数量的消费者时，可以为商家带来更多的客户，收费则水到渠成。

10. 一口气开七十多家淘宝商铺

创富者：临安大亨食品公司　创富地：浙江临安

为了宣传自己家的山核桃，浙江省临安市浙皖农贸城的商家们最近都在忙着做一件事——开网店。最牛的要数临安大亨食品有限公司，他们聘请了大批林学院的学生，在2009年九十月间的二十多天里，开出了七十多家淘宝商铺。营销部经理杨林说：“可以设想一下，你在淘宝里搜索“临安山核桃”，出来的数百个卖家中有七十多个是大亨的，你觉得，我们被选中的概率会低吗？”

（资料来源：李建，刘鹏．创新与创业[M]．北京：中国人民大学出版社，2017.）

第二节　开展创新创业的意义

教学目标

（1）理解开展创新和创业的意义。

（2）理解大学生创新创业的意义。

教学内容

（1）开展创新创业的必要性。

（2）大学生创新创业的意义。

案例导读　顺势而为，随时代而动

在40岁生日的那天夜里，雷军和几位朋友到北京中关村当代商城附近的一家酒廊喝酒。酒过三巡，雷军感慨地说：“人是不能推着石头往山上走的，这样会很累，而且会被山上随时滚落的石头给打下去。要做的是，先爬到山顶，随便踢块石头下去。”那一天是2009年12月16日，距雷军离开金山2年。4个月后，他正式创立小米公司。“四十而不惑”，雷军自己也说，小米是他最后一次创业，是积累了20年的商业经验之后，“毕其功于一役”的一次全新尝试。

大学毕业后，雷军只身闯荡北京，1991年年底在中关村与求伯君结识，随后加盟金山软件,成为金山的第6名员工。两年之后,雷军出任北京金山总经理。1998年,29岁的雷军升任金山公司总经理,堪称年少得志。但是雷军在这个台阶上一待就是10年,直到2007年年底离开。雷军带领金山5次冲击IPO,最终还是依靠网络游戏的业绩,在2007年10月成功在香港上市。但金山当年的上市估值,远不如同一年在香港上市的阿里巴巴,更不及早几年在美国上市的盛大、百度等互联网企业。雷军说,最后自己想明白两点,一是成功仅仅靠勤奋是不够的,二是要找到最肥的市场,顺势而为。在雷军看来,所谓大成,和大势高度相关。

幸运的是,雷军找到了自己的"势"——智能手机和移动互联网的大爆发。2010年4月,小米公司注册成立,第一个产品——移动操作系统MIUI在当年8月上线。2011年8月16日,小米手机1正式发布。随后,在一片质疑或赞誉中,小米在2012年卖出719万部手机,2013年卖出1870万部手机。在此过程中,小米完成四轮融资,估值迅速突破100亿美元。小米已成为业界的现象级品牌。

(资料来源:赵俊亚,李明. 大学生创新创业教育[M]. 北京:清华大学出版社,2019.)

在这个案例中,雷军经过多年的打拼,明白了任何时候都要顺势而为,不要逆势而动,而人们目前所处的这个时代,恰恰强烈需要创新创业的精神和实践,在创业创新的风口上,让我们随时代而动。

一、创新创业的必要性

(一)创新创业有助于社会发展

人类自脱离蛮荒时代进入文明社会已有几千年历史,直到现在世界发展并不平衡,个别国家声称已经进入知识经济时代,但还有相当一部分国家连温饱问题都尚未解决。但是有一种说法似乎多数国家都很赞同,就是现在人类社会整体上处于全球化时代,其标志是席卷全球的信息技术产业革命。

目前,全球化的准确名称应该是"经济全球化",因为这种全球化的本质是生产要素的跨国界自由流动,追求的最终目的是经济效益的最大化。为实现此目的,就要以发展各个领域里的创新实现创业为手段,最终取得极大的经济效益。

任何国家要改变其经济、科技落后的状态,从根本上讲,必须提高全民族的科学文化素质和创新意识,培养和造就大批有创新精神和创造能力的人才。

如果说目前知识经济仅仅在部分发达国家出现,那么21世纪将是知识经济在国际经济占主导地位的世纪。而知识经济的推进器就是创新,创新是知识经济的内核。创新已成为进入21世纪国际经济竞技场的"入场券",谁能抢占创新的制高点,谁就是21世纪的主角。

可以预见,知识经济社会的发展面会更广。它的发展方式、社会结构、人们的相处方式和共存度等都会有许多新的变化和新的特点。要适应社会发展的变化,就要运用创造的思维和创新的成果解决人类发展不断遇到的新问题,极大地开发人的创造创新能力。

(二)创新创业有助于科技发展

知识经济是高科技的发展促成的,是创新的结果。以信息技术、生物技术、先进制造技术、先进环保技术、新材料技术和新能源技术为代表的高科技领域，集中体现了人类创造能力开发带来的创业成果，冲击传统的生产方式和产业结构，使人类的生产生活产生革命性的变化，把社会生产力推进到了一个前所未有的高度。知识经济又催生高科技的不断创新和科技产业的发展。

任何国家创新能力的提高带来的直接结果都是国力的迅速强盛和人民生活水平的急剧提高。因此，从20世纪50年代起，许多国家大力提倡推进创新能力的开发和应用，花巨资创立高科技产业。

从历史发展来看，技术创新是创业的重要切入点。分别以蒸汽动力的改革和应用、电力的广泛应用和电子计算机的广泛应用为特征的3次技术革命，引起了社会生产的深层次变革，振兴了相关产业，也造就了大批兼具科学家、技术发明家和产业巨头等称号于一身的科技实业家，特别突出的有爱迪生、诺贝尔、西门子、贝尔等。他们用自己的科学发现、技术发明成功创业成就了辉煌事业，他们的成长历程为当代青年大学生关注科技创业、投身科技产业提供了光辉典范。目前，人类社会的技术革命正在从第三次技术革命逐步转向以新材料技术、新能源技术等的广泛应用为主要标志的更高的发展阶段。从技术发明、技术改良到终端产品的创新发明与规模化生产，周期越来越短，更新频率越来越高。这在客观上对传统生产方式形成巨大冲击的同时，也为掌握高新知识与高新技术的青年大学生提供了很好的创业环境，成为青年大学生端正创业观念、寻找机会的必备要素之一。

在推进科技创新的进程中，技术创新具有十分重要的作用。没有活跃的技术创新，知识经济就失去了承受“知识生产、传播和运用”的物质载体。许多发达国家为适应知识经济的发展，纷纷采取发展创新企业和鼓励企业创新的政策，使技术创新成果立即推广应用，产生效益。要在世界高科技领域占有一席之地，必须培育技术创新能力，冲破发达国家的技术垄断。为此，必须建立一整套技术创新可持续发展的机制，包括加速科技成果转化的新机制，开发适应市场需求的新工艺、新产品的新机制，发展新兴产业和高新技术产业的新机制等。只有这样，才能给科技创新以持久动力，不断增强我国经济发展的动力和后劲，促进我国经济的长远发展。

总之，在科学技术迅猛发展的今天，创新对于社会经济发展的强大推动作用，已远远超过了以往任何时代。综合国力的竞争已经进入了创新领域，竞争的最终结果是科研成果的产业化。一个民族、一个国家的创新能力已经关乎国运的兴衰。因此，顺应时代要求，培养具有创新精神和创新能力的人才，大力提高民族的创新素质，就成为一项重大而迫切的任务。

（三）创新创业有助于人力资源的开发

我国是人口大国，但却是人才小国、弱国，人力资源的开发空间还大有可为。一旦开发取得良好效果，取得的财富将大得惊人。目前各级政府和企事业单位极其关注以提高人口素质为根本的人力资源开发事业。

教育部2003年《中国教育与人力资源问题报告》的资料显示，我国15岁以上国民受教育年限仅为7.85年，25岁以上人口人均受教育年限为7.42年，两项平均仍不到初中二年级水平，与美国100年前的水平相仿，比韩国低近4年。报告中指出，我国国民受教育年限与国外的差距主要表现在接受高层级教育人口比例过低和初中以下学历人口比例过大。该报告介绍，在发达国家和新型工业化国家中，接受过高等教育和中等教育的人口所占比例较高。例如，美国和韩国25～64岁人口中具有高中及以上受教育水平者比例分别为87%和66%。其中，接受过高等教育的人口比例分别为35%和23%。相比之下，中国到2000年25～64岁人口中具有高中及以上教育水平者只有18%，具有初中以下教育水平的为82%，具有小学及小学以下教育水平者比例高达42%，每100人中受大专及以上教育的人不足5人。辩证地看，这些落后的方面，正是人们进行开发的前途所在。因此各级政府加大了对教育的投入，全面实施九年制义务教育，大力发展高中阶段教育和高等教育，取得了明显效果。从1999年实行扩招以来，高等教育毛入学率已经达到了16%，高等教育从过去的“精英教育”走向了“大众教育”。但是这并不是最终目的。提高人口素质的终极目的是培养具有创造创新精神和能力的各级各类人才，以便开创各项事业，壮大各项事业，增强综合国力，实现民族振兴。世界各发达国家和发展较快国家的经验说明，这种开发人力资源的办法是明智的，是提高现代生产力的核心之举。

（四）创新创业是实现中国梦的必由之路

产业是一个民族的依托，创业是一个民族振兴的必由之路。鸦片战争后，洋务派为挽救满清政府，开始了第一次大规模的“创业”尝试，但由于封建主义的本质和外国势力的入侵，这次创业终以失败而告终，中国进一步陷入半殖民地半封建社会的深渊。

新中国成立以来，特别是改革开放以来，在中国共产党的领导下，一大批高举振兴民族产业大旗的有志之士开始了新一轮的创业壮举，再一次证实了振兴中华民族的有效途径是创业，特别是高科技领域的创业。

我国由创业实现民族强盛初有成果，拥有了海尔、长虹、春兰、红塔、TCL等国际知名品牌，也拥有了方正集团、联想集团、紫光股份有限公司、网易公司、华为技术有限公司等高科技公司，还拥有了张瑞敏、倪润峰、李东生、柳传志、丁磊等一大批以振兴民族产业为己任的优秀创业人、企业家。他们为中国初步实现小康做出了巨大贡献。正是在以他们为代表的创业者的努力下，中国才成为“世界工厂”，创造了令世人瞩目的经济发展奇迹。

未来国际社会的竞争，将越来越体现为以经济、科技和军事实力为基础的综合国力的较量。要迎接这种挑战，就要以国家创新体系（包括知识创新系统、技术创新系统、知识传播系统和知识应用系统）为平台，全面增强国家的科技创新能力。科技进步促发学习的革命，知识经济催化教育的改革，这些都需要人们具有创新的精神，运用创新的方法，推进创新的改革。

对一个国家来说，创新是一个民族进步的灵魂，是一个国家兴旺发达的动力，随着竞争的加剧，能否创新已成为一个国家发展与发达的关键。创新是带有“氧气”的新鲜“血液”，是一个国家的生命。

对社会而言，创业可以促进国家经济发展与科技创新，创造巨大的经济效益和物质财富，同时还增加社会就业率，丰富就业渠道，特别对于缓解我国目前存在的就业压力更是具有重要的作用和深远的意义。并且,人们的创业实践活动还具有推动我国创新教育发展和加快培养创新型人才的功能,以满足和适应人们创业需要为宗旨的教育实践。

(五)创新创业有助于人的全面发展

对于个人,由开发自己的创新能力来提高创业能力和生存竞争能力已是必由之路。大量实践证明,具有较高创造创新能力的人,工作适应面广,工作质量高,创造的效益远大于创造创新能力低的人。未来的社会千变万化,新知识、新事物、新问题层出不穷,一个人无论从事什么工作,都必须具备创造性地解决问题的能力。不仅科学家、技术人员需要创新,而且从政、从文、从艺、从工、从商的人,也要不断地产生新思想、新路子。行行有发明,人人需创造,处处看发现,时时讲创新,整个社会才有活力,才会进步。

大学生作为社会中单独的个体,处于科技日新月异、经济飞速发展的社会大变革时期,个人的发展与社会、国家的发展休戚相关。一个人的自我价值,只有与社会价值形成高度的统一才有意义,也才容易得以实现。青年学生,要清醒地认识到时代寄予的期望,自觉培养创新意识,锻炼创新能力,提高创造性地解决问题的能力。

二、大学生创新创业的意义

(一)能够缓解大学毕业生的就业压力

大学生的创新创业有利于解决大学生就业难的问题。创新创业能力是一个人在创业实践活动中自我生存、自我发展的能力。一个创新创业能力很强的大学毕业生不但不会成为社会日益增长的就业压力的负担,相反还能通过自主创业活动来增加就业岗位,以缓解社会的就业压力。为此,国家各级党政部门纷纷把“鼓励和支持高校毕业生自主创业”作为化解当前社会就业难的重要政策之一。

(二)能够实现大学生的自我价值

大学毕业生通过创新创业,可以把自己的兴趣与职业紧密结合,做自己最感兴趣、最愿意做和自己认为最值得做的事情。当前社会鼓励大学生创新创业,虽然是从化解就业难的角度考虑,但对于大学生自身来说,其创新创业的主要原动力则在于谋求自我价值的实现。而只有提高大学生创业的积极性,整个社会才能形成创业的风气,才能建立“价值回报”的社会新秩序。

【阅读案例】

农业博士马瑞强:将创业梦播撒在农村的土地上

马瑞强,1983年10月出生,2010年毕业于中国农业大学,获农业微生物学博士学位,毕业后留在北京一家国有企业工作。工作了10多个月之后,2011年4月的一天,28岁的马瑞强递交辞呈,决定回家“种地”。问及为什么做出这样的决定,他回忆说:“读了5年博士,工作将近1年,一共做了6年微生物研究,觉得自己应该换一种生活方式了。当时就是想做一件实实在在的事,想干一番事业。”所有的人都劝他慎重,单位的领导也好心地劝他,想回去就回去试试,如果做得不顺,可以随时再回来。马瑞强没有给自己留退路。他说:“不能给自己留后路,也不能给自己找借口。如果留后路,会有一万条路,要找借口,会有千百个借口。”

父母反对,周围的人不理解,困难重重。马瑞强很坚定,经他苦口婆心解释后,家人勉强同意让他试一试。将近一个月时间里,马瑞强的母亲陪着他挨家挨户上门做工作。走了100多户,最后只有14户人家愿意参与。

开始时,种植采收没有想象中的那么顺利。马瑞强租用的冷库出现两次断电的意外,一库玉米一晚上就损失6万多块钱,总计12万元,需要自己承担。为了不让乡亲们损失,他将自家的玉米留在地里,先收购村民们的玉米。这一次,马瑞强赔了15万元。

之后,马瑞强开始融资,逐步建立玉米冷库、启动水果玉米深加工等项目。到去年,已有500多农户云集他的麾下,“水果玉米”种植面积达到1000亩,带动农户增收达到1000多万元。在短短几年时间内,他带回去的技术落地生根,取得了良好的经济效益和社会效益。

如今,满载荣誉的马瑞强还有一个梦想,希望有更多有知识、有文化的年轻人走到农村,加入新农人的行列,为农村的建设出力。

(资料来源:赵俊亚,李明. 大学生创新创业教育[M]. 北京:清华大学出版社,2019.)

在这个案例中,农学博士马瑞强选择了一条与众不同的创新创业之路,在造福一方百姓的同时,也实现了自己的人生价值。

(三)能够提高大学生的自身素质

自我国高校扩招以后,就业压力越来越大,随之而来的大学生素质与我国高等教育的水平却一直为人所诟病。在提高大学教育管理水平与学生素质的各类探索实践中,指导和帮助大学生创新创业无疑是最经济、最有效的办法之一。

通过创新创业教育与创业实践,大学生可以充分调动自己的主观能动性,改变自身的就业心态,自主学习,独立思考,并学会自我调节与控制。对于一个懂得如何管理自己的时间与财务,善于拓展人际关系,并能够主动调适工作心态,积极适应社会的大学生,其就业将不存在任何问题。

(四)能够培养大学生的创新精神

创新是一个民族的灵魂,是一个国家兴旺发达的不竭动力。青年大学生作为中国最具活力的群体,如果失去了创造的冲动和欲望,那么中华民族最终将失去发展的不竭动力。大学生的创新创业活动能够培养其勇于开拓创新的精神,把就业压力转化为创新创业动力,培养出越来越多的各行各业的创业者。中国的未来在于大学生,中华民族的精神永恒则在于大学生旺盛的创造力与创新追求。

（五）能够促进教育改革，提高大学生的综合素质

传统的以“文化教育、职业教育”为内容的教育观已经受到了严峻挑战，实现“文化教育、职业教育和创业教育”并举的教育观已经成为学校改革的必然趋势。对当代大学生来说，创新创业是一条光明之路、希望之路。

创新创业是时代赋予公民的历史责任和使命。面对21世纪，古老的中华民族渴望着伟大复兴。民族的复兴必定要实现经济的腾飞，而创业者将是中国未来经济发展的主力军。

【阅读案例】

总理的“圆珠笔之问”

2015年，中国制笔协会理事长王淑琴给李克强总理写了一封信，谈到制笔业面临的种种问题，其中就包括“造不出圆珠笔珠”，总理之问由此发生。事实上，圆珠笔所用的碳化钨球珠是我国完全可以自主制造乃至大量出口的，但直径仅有2.3毫米的球座体，无论是生产设备还是原材料，长期以来都掌握在瑞士、日本等国家手中。2016年1月4日，李克强总理在山西太原主持召开钢铁煤炭行业化解过剩产能、实现脱困发展座谈会。会上他的一句话引起广泛关注：“去年，我们在钢铁产量严重过剩的情况下，仍然进口了一些特殊品类的高质量钢材。我们还不具备生产模具钢的能力，包括圆珠笔头上的‘圆珠’，目前仍然需要进口。这都需要调整结构。”中国连圆珠笔珠都造不出？作为“世界工厂”的中国制造突然触动了公众的神经与自尊。这成了中国制造业一个必须回应的问题。2017年1月，李克强总理的“笔珠之问”终于落下帷幕：过去为日本、瑞士所掌控的圆珠笔球座材料生产技术，日前已被宁波贝发集团、太原钢铁集团和中科院沈阳研究所组成的课题组联合攻破。从2011年立项，到2014年“笔尖钢”试制成功，再到今年年初可以量产，中国人造出自己的“笔尖钢”已经用去了6年时光。

（资料来源：赵俊亚，李明．大学生创新创业教育[M]．北京：清华大学出版社，2019.）

总理的圆珠笔之问反映的是我国制造业对创新的渴望和呼唤，圆珠笔头实现国产化最大的意义在于，一个国家拥有核心技术能力的产品从来不在大小，而是看是否有孜孜不倦、勤勉笃行的掌握核心技术的精神，这也正是“工匠精神”的精髓所在。

【阅读案例】

销售技巧≠商业智慧

两个青年一同开山，一个把石头砸成石子运到路边，卖给建房人；一个直接把石块运到码头，卖给杭州的花鸟商人，因为这儿的石头总是奇形怪状，他认为卖重量不如卖造型。3年后，卖怪石的青年成为村里第一个盖起瓦房的人。

后来，不许开山，只许种树，于是这儿成了果园。每到秋天，漫山遍野的鸭梨招来八方商客。他们把堆积如山的鸭梨成筐成筐地运往北京、上海，然后再销售

到国外。就在村上的人为买鸭梨带来的小康百子欢呼雀跃时，曾卖过怪石的人卖掉果树，开始种柳。因为他发现来这儿的客商不愁挑不到好梨，只愁买不到盛梨的筐。5年后，他成为第一个在城里买房的人。

再后来，一条铁路从这儿贯穿南北，这儿的人上车后，可以北到北京，南抵九龙。小村对外开放，果农也由单一的卖果子开始发展果品加工及市场开发。就在一些人开始集资办厂的时候，那个人又在他的地头砌了一道三米高、百米长的墙。这道墙面向铁路，背依翠柳，两旁是一望无际的万亩梨园。坐火车经过这里的人在欣赏盛开的梨花时，会醒目地看到4个大字：可口可乐。据说这是五百里山川中唯一的一个广告，那道墙的主人仅凭这座墙，每年又有4万元的额外收入。

20世纪90年代末，某著名公司的工作人员来华考察，当他坐火车经过这个小山村并听到这个故事时，马上被此人惊人的商业头脑所震惊，当即决定下车寻找此人。当找到这个人时，他正在自己的店门口与对门的店主吵架。原来，他店里的西装标价800元一套，对门就把同样的西装标价750元；他标750元，对门就标700元。一个月下来，他仅批发出8套，而对门的客户却越来越多，一下子发出了800套。

公司人员一看这情形，对此人失望不已，但当他弄清真相后，又惊喜万分，当即决定以百万年薪聘请他。原来，对面那店也是他的。

赚钱是一件很容易的事，仅需要多一点点销售的智慧和技巧就够了。但是商业智慧并不是每个人与生俱来的，需要在创新创业教育中对学生进行系统的教育与引导，同时也需要时间的锻炼。

（资料来源：陈新达，桂舟. 大学生创新创业[M]. 北京：清华大学出版社，2018.）

第三节　创新精神与创新能力

教学目标

（1）理解创新精神和创新能力的概念。

（2）掌握创新精神与创业能力的培育。

教学内容

（1）创新精神的含义与要素。

（2）创新能力的的含义与要素。

（3）创新精神与创业能力培育原则与途径。

创新是一个民族进步的灵魂，是一个国家兴旺发达的不竭动力，也是中华民族最深沉的民族禀赋。

——2013年10月21日，习近平在欧美同学会成立一百周年庆祝大会上的讲话

案例导读　**小学生发明“克隆如意瓜果模”**

陈陈只有8岁，上小学三年级。有一天，陈陈吃完西瓜，问父亲，西瓜是怎么长出来的呢？父亲说，只要你将吐出来的西瓜籽种到地里，过不了多久，就会长出西瓜苗，并慢慢结出西瓜来。

父亲只是简单地介绍了西瓜的生长知识，但好奇的陈陈却行动了起来。

陈陈按照父亲的介绍，将西瓜籽种了下去。不久，小西瓜就长出来了，陈陈很高兴。谁知，一天早晨，陈陈发现拇指大的小西瓜被老鼠吃掉了两个，心里难过极了。陈陈向父亲讨教办法，父亲让陈陈自己去思考。陈陈想，得想个办法将小西瓜保护起来。于是，他找来几个玻璃瓶，将小西瓜一一套起来，让老鼠吃不到。

几天时间过去了，日渐长大的小西瓜让瓶颈卡住出不来了。陈陈想，再过几天，看看小西瓜成长的力气有多大，能不能将玻璃瓶胀破。却也怪了，一个星期过去了，小西瓜没有胀破瓶子，而是顺着瓶子的边缘继续生长，变成了圆柱体西瓜。真好玩，真好玩，陈陈高兴极了。他继而又想，如果用四方形的瓶子、小葫芦，能不能长出四方形、葫芦形的西瓜呢？对了，学校秋季开学要举办运动会，能不能种几棵“运动会标志”的西瓜或体育明星样子的西瓜呢？还有，西瓜的形状可以人为控制，其他瓜果能不能呢？

好奇心促使陈陈提出一大串问题，也思考了一大串问题。在思考中，他做了大量实验，得到了很多收获。结果陈陈越思考越有所得。在父亲的帮助下，陈陈提出了“克隆如意瓜果模”的创意，并向国家申请了专利。

（资料来源：罗赣权．创新与创业[M]．北京：中国人民大学出版社，2017.）

一、创新精神

（一）创新精神的含义

创新精神是指综合运用已有的知识、条件、信息、技能、途径和方法，提出新方法、新观点的思维能力和进行发明创造、改革、革新的意志、信心、勇气和智慧。创新精神是一种勇于抛弃旧思想旧事物、创立新思想新事物的精神。是一个国家和民族发展的不竭动力，也是一个现代人应该具备的素质。

创新精神是科学精神的一个方面，与其他方面的科学精神不是矛盾的，而是统一的。例如：创新精神以敢于摒弃旧事物旧思想、创立新事物新思想为特征，同时创新精神又要以遵循客观规律为前提，只有当创新精神符合客观需要和客观规律时，才能顺利地转化为创新成果，成为促进自然和社会发展的动力；创新精神提倡新颖、独特，同时又要受到一定的道德观、价值观、审美观的制约。

(二)创新精神的要素

创新精神作为一个系统概念,它大致包含以下几点要素:

1. 勇于探索的精神

勇于探索是指我们在创新过程中遇事要大胆果断、勇往直前,敢于承担责任,敢于坚持自己的梦想,不畏艰难险阻,不是稍有成就或进步就满足、就止步,而是坚持不懈,要有不达目标决不罢休的精神。

名人事迹

哥伦布(意大利)——发现新大陆
麦哲伦(葡萄牙)——环绕地球航行
斯文·赫定(瑞典)——发现楼兰古城
皮尔里(美国)——第一个到达北极
阿蒙森(挪威)——第一个到达南极点
阿姆斯特朗(美国)——第一个踏上月球

英国著名作家萨克雷曾经说过:勇敢,世界就会让步。如果有时候你被它打败了,只要你不断地勇敢再勇敢,它就会屈服。只有具有探索精神才能克服一切困难,在创新的路上走得更远,因为未知领域是无止境的,探索也应无止境。

如果没有强烈的追求创新的欲望,那么无论怎样谦虚和好学,最终都是模仿或抄袭,只能在前人划定的圈子里周旋。要创新,我们就要坚持不懈地努力,勇敢面对困难,要有克服困难的决心,不要怕失败,相信失败乃成功之母。例如,著名学者周海中教授在探究梅森素数分布时就遇到不少困难,有过多次失败,但他并不气馁。由于追求创新的欲望和坚持不懈的努力,他终于找到了这一难题的突破口。1992年他给出了梅森素数分布的精确表达式。

2. 胆识和怀疑态度

在创新过程中可能会遇到很多困难和阻力,如传统观念、公认的权威及舆论的压力等都会束缚我们的思想,这就需要我们有足够的勇气和胆量,去克服这些障碍。

历史上许多科学家对旧知识的扬弃,对谬误的否定,无不自怀疑开始的。例如,伽利略就始于对亚里士多德"物体依本身的轻重而下落有快有慢"的结论的怀疑,发现了自由落体规律。怀疑是发自内在的创造潜能,它激发人们去钻研,去探索。对课本我们不要总认为是专家教授们写的,不可能有误。专家教授们专业知识渊博精深,我们是应该认真地学习。但是,事物在不断地变化,有些知识这时候适用,将来不一定适用。再说,现有的知识不一定没有缺陷和疏漏。老师不是万能的,任何老师所传授的专业知识不能说全部都是绝对准确的。对待我们所学习或研究的事物我们应做到:不要迷信任何权威,应大胆地怀疑。这是我们创新的出发点。

美国心理学家斯科特·派克说：不恐惧不等于有勇气；勇气使你尽管害怕，尽管痛苦，但还是继续向前走。在人生的尝试中，我们可能会遇到许许多多的困难和挫折，但是千万不要放弃。机遇对于每个人来说都是平等的，只有拥有无所畏惧的勇气并战胜一切苦难的人才有可能取得成功。

3. 好奇心

好奇心是指喜欢追求新奇事物，表现出对未知、新奇或尚未有结论的事物的追求、兴趣和积极探寻的心理倾向。华裔物理学家丁肇中指出，好奇心是科学研究的原动力。牛顿少年时期就有很强的好奇心，他常常在夜晚仰望天上的星星和月亮。星星和月亮为什么挂在天上？星星和月亮都在天空运转着，它们为什么不相撞呢？这些疑问激发着他的探索欲望。后来，经过专心研究，终于发现了万有引力定律。能提出问题，说明在思考问题。在学习过程中，自己如果提不出问题，那才是最大的问题。好奇心是包含着强烈的求知欲和追根究底的探索精神的，谁想在茫茫学海获取成功，就必须有强烈的好奇心。正像爱因斯坦说的那样："我没有特别的天赋，只有强烈的好奇心。"

因此，好奇心是我们创新的动力源泉，在好奇心的驱使下，人们往往能够发现通常不易察觉的现象和问题，更好地探究事物的本质，提高我们自身的创新能力。

【阅读案例】

一个有趣的测试

一位培训师做了一个有趣的测试：用粉笔在黑板上画了一个圆圈，请被测试者回答：这是什么？

在小学一年级，小朋友们异常活跃地回答："句号""月亮""烧饼""乒乓球""老师生气的眼睛""我家门上的猫眼"……问到初中同学时，一位尖子生举手回答："是零。"一位后进生喊道："是英文字母O。"他遭到了老师的批评。当问到大学生时，他们哄堂大笑，拒绝回答这个只有傻瓜才会回答的问题。

当问到机关干部时，他们面面相觑，用求救的眼光瞟着在场的领导。领导沉默良久说："没经过研究，我怎么能随便回答你的问题呢？"

这似乎是一个笑话，但这不就是我们"通过学习"后的结局吗？越学，越不敢想象，越把自己禁锢在书本中，思维也就越萎缩，最终成为不敢想、不敢说的人，于是被称为"成熟"。请你发挥想象，说说这个圆圈还像什么？

（资料来源：罗赣权．创新与创业[M]．北京：中国人民大学出版社，2017.）

4. 严谨的逻辑性

逻辑通常指思维的规律和规则，是对思维过程的抽象。只有我们的思想具有一定的逻辑性，把握思维的规律，才能透过现象看到本质，抓住事物的本质和规律，才能真正提高我们的创新能力。任何创新都必须遵循事物本身的规律，没有无规律的创新，否则，创新也就无法实现。

【阅读案例】

万能溶液

一位年轻人想到大发明家爱迪生的实验室里去工作。一天,他去求见爱迪生。爱迪生接见了他,并问他对科学发明有什么见解。这位年轻人满怀信心地说:“我想发明一种万能溶液,它可以溶解一切物品。”爱迪生听罢,惊奇地问:“那么你想用什么器皿放置这种溶液呢?它不是可以溶解一切物品吗?”年轻人哑口无言。

为什么这位年轻人听了爱迪生的话就哑口无言呢?因为爱迪生指出了他的话语中的逻辑错误。盛放“万能溶液”的器皿,至少是这种溶液所不能溶解的,这样“万能溶液”就不能溶解一切物品,也就不能称为“万能”了。

(资料来源:罗赣权. 创新与创业[M]. 北京:中国人民大学出版社,2017.)

5. 独立思考

创新活动本身是一项独特的探索活动,活动涉及的问题往往是前人从未涉及的领域,活动所具有的成果也是之前所没有的,具有很大的独特性和唯一性,因此具有一定的难度,所以需要我们具有独立自主的性格。美国作家爱默生曾经说过:要独立思考,不要人云亦云。走别人的路,永远不会有成就,只有独立思考,才能产生新思想、新成果、新发现,才能具有开拓精神,并有所收获。但独立思考、不人云亦云,并不是不倾听别人的意见、孤芳自赏、固执己见、狂妄自大,而是要团结合作、相互交流,这是当代创新活动不可少的方式:创新精神提倡胆大、不怕犯错误,并不是鼓励犯错误,只是出现错误认知是科学探究过程中不可避免的;创新精神提倡不迷信书本、权威,并不反对学习前人经验,任何创新都是在前人成就的基础上进行的;创新精神提倡大胆质疑,而质疑要有事实和思考的根据,并不是虚无主义地怀疑一切。总之,要用全面、辩证的观点看待创新精神。

创新不是简单的模仿。要有创新精神和创新成果,必须要有求异的观念。求异实质上就是换个角度思考,从多个角度思考。并将结果进行比较。求异者往往要比常人看问题更深刻,更全面。只有具有创新精神,我们才能在未来的发展中不断开辟新的天地。

(三)创新精神对创业的意义

1. 有利于创业者获取个人成就

创新精神是创业者或创新者开创事业的前提和保障。对于创业者而言,创业道路不可能一帆风顺,在面临挫折和困难时,创业者需要凭借创业精神在创业活动中克服困难,找到解决问题的方法并坚持以创新和坚持的心态开创事业。在这个过程中,创业者也会进一步巩固和培育自己的创业精神,使之得到升华并转化为创业发展的成效。

2. 有利于实现创业活动的经济价值

在我国经济新常态时期,创新精神将在社会经济发展中发挥更大的作用。通过创新创业活动实践,有利于加快转变经济发展方式,促进经济社会又好又快发展,同时使个人获取财富利益。创业领域的学者认为,在过去的几十年里,美国出现了创业革命,其中创新精神和创业过程成为美国经济快速增长的秘密武器,创业者和创新者已经彻底改变了美国和世界的经济。这证明了将创新精神投入到创业活动或创新事业之中,会不断创造出更多的财富和价值,促进社会经济与个人财富的增长。

3. 有利于推动创业事业的发展

发扬创新精神的创业者或创新者往往能将社会视为发挥自己专业优势和特长的大舞台。在这个舞台上,他们采取积极的创业行动创造新的事业并回报社会。通过创业或创新活动,创业者不仅可以创造和应用新产品、新技术、新成果,为顾客带来更大的好处,不断改变和提升人们的生活和工作方式,而且能够通过回报社会得到社会的认可,实现创业事业的良性发展。

二、创新能力

创新能力决定国家和民族的前途命运。

——习近平

【阅读案例】

乔布斯的创新能力

史蒂夫·乔布斯被认为是计算机业界与娱乐业界的标志性人物。他经历了苹果公司几十年的起落与兴衰,先后领导设计和推出了麦金塔计算机(Macintosh)、iMac、iPod、iPhone、iPad等风靡全球的电子产品,深刻地改变了现代通信、娱乐、生活方式。他的创新能力有以下三个原则:

简单化原则:驱动乔布斯创新的动力之一是他对“简单化原则”的追求。苹果公司信奉一种哲学,就是“简单蕴含丰富”。乔布斯想方设法去掉“多余”的东西,比如键盘的按键尽量少,甚至不要开关,让电子产品具有自动进入休眠和开启的功能。苹果产品的风格就是简洁,开关按键少之又少,很少有多余的部件,简洁和谐,浑然一体,就是充分体现了乔布斯对“简单化原则”的追求。

人性化原则:简单地说,人性化原则就是以人为本,让人觉得亲切、满意、舒适、容易,以用尽量少的准备、尽量少的付出就可以办成一件事。苹果产品的成功就是对人性化的极致追求。乔布斯声称,他不调查市场,因为消费者经常不知道自己需要什么,设计理念只要跟着“人性化”的感觉走就行。苹果产品设计就是尽量让人容易上手。iPad刚出来的时候,南美农场一个6岁的小孩看到爸爸买的这个玩意,自己就很有兴致地玩起来,很快上手,越玩越高兴。一个电子产品能让一个学前儿童很快上手,而且爱不释手,这就是它的了不起之处。今天的鼠标技术就是乔布斯对“人性化”原则追求的结果。以前鼠标只能做垂直和平行移动，使用起来别扭不方便。乔布斯就提议设计一种可以随心所欲移动的鼠标。任务下达给一个工程师，得到的回答是“这是不可能的，现在的技术还无法做到这一点”。乔布斯没让他吃晚饭就把他炒了鱿鱼。乔布斯又找到另一位工程师，这位连连说：“我可以做到。”最后真的研制成功了。乔布斯的“时间胶囊”中就有一个鼠标，可见他对这项技术发明的重视。

审美原则：乔布斯对美的追求可以说到了疯狂甚至是无法理喻的地步。他要求即使顾客看不到的电路板，也要设计得美。苹果产品的设计理念是，先有审美造型，然后让工程师按照造型来安排电子元件。即使包装盒，乔布斯也要求绝对精美，让人打开产品有种著名歌剧拉开序幕一样的感觉。乔布斯在办公室的大厅里，摆放着世界上设计得最精美的钢琴和宝马摩托车，还带研发团队去纽约大都会博物馆参观蒂芙尼玻璃制品，让他们在参观中耳濡目染地培养审美意识，最后把这种审美意识转化到产品中。

（资料来源：赵俊亚，李明. 大学生创新创业教育[M]. 北京：清华大学出版社，2019.）

正是由于乔布斯杰出的创新能力和对他创新原则的坚持，才让他成了美国最伟大的创新领袖之一，苹果公司引领全球资讯科技和电子产品的潮流，把计算机和电子产品不断变得简约化、平民化，让曾经是昂贵稀罕的电子产品变为现代人生活的一部分。

（一）创新能力的含义

创新能力是指运用知识在各种认识和实践活动中不断提供具有各种价值的新思想、新理论、新方法和新发明的能力。对个人而言，创新能力是指在认识和实践活动中发现问题、解决问题并取得新颖成果的能力。

纵观近10年的研究成果，国内学者对创新能力的理解各不相同，但他们对创新能力内涵的阐述基本上可以归纳为三种观点：第一种观点以张宝臣、李燕、张鹏等为代表，认为创新能力是个体运用一切已知信息，包括已有的知识和经验等，产生某种独特、新颖、有社会或个人价值的产品的能力。它包括创新意识、创新思维和创新技能三部分，核心是创新思维。第二种观点以安江英、田慧云等为代表，认为创新能力表现为两个相互关联的部分，一部分是对已有知识的获取、改组和运用，另一部分是对新思想、新技术、新产品的研究与发明。第三种观点从创新能力应具备的知识结构着手，以宋彬、庄寿强、彭宗祥、殷石龙等为代表，认为创新能力应具备的知识结构包括基础知识、专业知识、工具性知识或方法论知识以及综合性知识四类。由此可见，一个人创新能力的强弱，主要受其所掌握的专业知识与技能和创新智力因素两方面的影响。

（二）创新能力的要素

一个人创新能力的强弱，主要受其所掌握的专业知识与技能和创新智力因素两方面的影响。

1. 专业知识与技能

专业知识与技能是创新能力的基础，每个人所具有的不同领域的专业知识和技能形成了不同领域的创新能力。所以只有深入了解某一行，才有可能创造出有价值的成果。否则,创新就是无源之水、无本之木了。知识越丰富,技能越精湛,创新的可能性就越大,所以我们必须认真积累自己的专业知识与技能,为创新奠定基础。

2. 创新智力因素

创新智力因素是创新活动能否展开及顺利进行的重要保证。在我们掌握专业知识与技能的同时,还必须具备敏锐的观察力和灵活多变的创新思维,这样才能够进行创新。否则,就是读死书,生搬硬套,很难有新发现。因此,创新智力因素决定了创新目标能否实现以及创新能力的大小。一般来说,它主要包括敏锐的观察力、丰富的想象力、创新思维等方面。

(1)敏锐的观察力。我们从外界获取的信息,大多是通过对身边的事物进行观察获得的。拥有敏锐的观察力,才能更好地发现事物中存在的问题,并为探究问题、解决问题做好准备。学会观察并在观察中思考,找到事物内在的联系,才能顺利发挥自己的创新潜能去解决问题。

(2)丰富的想象力。想象是人对头脑中已有的表象进行加工改造,创造出新形象的心理过程。想象力是创新能力中最为活跃的因素之一。只有拥有丰富的想象力,才能打开自己的思维,突破现有条件的限制,实现更多的创新成果。爱因斯坦说过:想象力比知识更重要,因为知识是有限的,想象力则能概括世界上的一切。

(3)创新思维。创新思维是一种以新颖的方式或多角度的思维获取有价值的新成果的思维活动。创新思维是创新能力的核心,一切创新活动都是在思维引导下进行的。创新思维不同于一般思维,它要求我们跳出传统思维定式,巧妙运用各种新颖的思维方式解决看似不可能解决的问题。

【阅读案例】

一个问题多个角度

一位农夫请了工程师、物理学家和数学家,想用最少的篱笆围出最大的面积。工程师用篱笆围出了一个圆,宣称这是最优设计。物理学家将篱笆拉成了一条长长的直线,说是假设篱笆有无限长,能围起半个地球。数学家则用很少的篱笆把自己围起来,然后说:"我现在是在篱笆外面。"

(资料来源:罗赣权. 创新与创业[M]. 北京:中国人民大学出版社,2017.)

古往今来多少伟人创造了丰功伟绩,我们与其说他们有非凡的才华,倒不如说他们有着和常人不一样的创新思维。毕竟,思路决定出路。德国科学家高斯10岁时就算出了一道算术难题:1+2+3+4+……+100=? 这就是创新。一般来说,创新思维具有以下几个基本特征:

①独创性:不受传统习惯与权威束缚,在思考问题、解决问题时往往会超出常规,提出新观点、新思想,且具有唯一性。

②求异性:标新立异,突破思维定式,从多角度思考问题。

③联想性:对同一问题展开丰富的联想,举一反三,融会贯通。

④灵活性:在思考问题、解决问题时不拘泥于经验及书本知识,能够根据实际情况灵活处理。

⑤综合性:对众多信息进行概括、整理,把抽象内容具体化,从中提炼出具体信息。

此外,创新思维还与高度集中的注意力,高效持久的记忆力和灵活自如的操作力等密切相关。同学们在日常生活中应善于从上述几个方面培养自己的创新思维,这对自己以后的创业、职业发展都有很大的帮助。

创新能力是民族进步的灵魂、经济竞争的核心;当今社会的竞争,与其说是人才的竞争,不如说是人的创造力的竞争。如果这个世界没有创新能力,便不会有今日人类的文明,可能还同猩猩它们一起过着钻木取火的原始生活,如果爱因斯坦,爱迪生等人没有创新能力,他们何以取得巨大的成就与收获,如果一个人不具备创新能力,可以说是庸才;如果一个民族没有了创新人才,那么它便是一个落后的民族。

三、创新精神与创新能力的培育

(一)创新创业能力的培养原则

培养创新创业能力既是实现中华民族伟大复兴的战略抉择,又是个体自身成长成才的内在需要,涉及价值取向、教育改革、物质保障、社会机制以及人文环境等方方面面,只有对症下药,多管齐下,综合治理,才能取得实质性的进展。在具体的培养过程中,应遵循以下基本原则:

1. 个性化原则

每个人都是一个特殊的不同于他人的现实存在。从某种意义上说,个性化就是创造性的代名词,没有个性,就没有创造。因此,培养个体的创新能力必须遵循个性化原则,因材施教,重在激发人的主动性和独创性,培养其自主的意识、独立的人格和批判的精神。确立教育的个性化原则,首先要走出思想认识上的误区。要从将全面发展与个性发展对立起来的误区中解放出来,从将全面发展理解为平均发展的误区中解放出来,正确理解马克思关于全面发展的理论;要从“对教育平等”的错误理解中摆脱出来,承认差异,发展差异,鼓励竞争,鼓励冒尖,不求全才,允许偏才、奇才、怪才的生存与发展。其次要从小培养和强化自主意识及独立人格。从幼年开始,家长和教师都要彻底改变“听话就是好孩子、好学生”的陈腐观念,以民主平等的态度对待孩子和学生,鼓励他们大胆质疑,逢事多问一个“为什么”“怎么样”,自己拿主意,自己作决定,不依附,不盲从,引导和保护他们的好奇心、自信心、想象力和表达欲,使他们逐步养成自主、进取、勇敢和独立的人格。最后要因材施教。所谓因材施教,就是针对人的能力、性格、志趣等具体情况实行不同的教育。教师要善于激发学生的求知欲和创造欲,鼓励学生大胆发言,勤思考,多讨论,在所有的环节中把批判能力、创新性思维和多样性教给学生,培养学生的创新精神,努力创造一种宽松、自由、民主的“教学相长”的良好氛围。

2. 实践性原则

实践是人所特有的对象性活动,是人类的存在方式。马克思主义认为,实践改造自然,不仅仅是改变自然物的形态,更重要的是在自然物中关注人的需要、目的和本质力量,使其从自在之物转化为为我之物,从而创造按照自在世界本身的运动不可能产生的事物。实践分化世界的过程,实际上就是按照人的样子来组织世界和创造世界的过程。

培养人的创新能力，无论是培养的目的、途径，还是最终结果，都离不开实践。遵循实践性原则，就是坚持马克思主义的教育观和人才观，坚持创新是一种创造性的实践，坚持以实践作为检验和评价人的创新能力的唯一标准。

3. 协作性原则

协作是指由若干人或若干单位共同配合完成某一任务。青少年的创新能力不只跟他们的智力因素有关，非智力因素也在很大程度上影响着他们创造潜能的发挥。个性品质中的协作特征就是这样一种因素。许多教育界人士曾经反复呼吁，目前我国独生子女的一个严重问题就是不善于合作与交往。世界国民教育的主旋律已经从培养儿童“学会生存”转变为培养儿童“学会关心”。有人对诺贝尔奖获得者的工作态度与方式进行了全面分析，发现在1901—1972年286位获奖者中，近1/3的人是因为与他人合作进行工作而获奖。相比之下，未获奖的科学家中，只有很少的人与别人进行积极的合作。这个结果显示，与别人一道工作可以增加创造性。有一个基本的事实就是，现代科学的发展已经让任何一个人都无法在一生中涉足科学技术的各个方面。要想在现有的科学技术的基础上有所创造，就必须学会与别人进行信息共享。由此看来，人的创造性既是一种个人化的品质，也是一种社会化的特征。培养人的协作精神，首先要从小培养他们乐观、豁达、开朗的性格，学会与人相处、关心他人。其次是要多让他们参加各种各样的集体活动，学会在一个有竞争的集体中进行工作，学会在与人合作中进行创造。

4. 系统性原则

所谓系统是由相互联系、相互作用的若干要素，以一定结构组成的，具有一定整体功能的有机整体。根据一般系统论原理，一方面，培养大学生创新能力是一个包括培养创新意识、创新精神、创新思维、创新方法等诸要素的有机整体，绝不能割裂开来；另一方面，培养大学生创新能力，是一项庞大的社会系统工程，需要政府、学校、家庭、社会各方面的共同参与，封闭式的教育是没有出路的。系统科学理论为我们培养大学生创新能力提供了方法论的启示和指导。

（二）大学生创新精神的培育

创新是人类特有的认识能力和实践能力，无论是国家、企业还是个人都需要有创新精神，早在两千多年前，老子就在《道德经》中提出“天下万物生于有，有生于无”的创新思想，1919年，我国著名教育家陶行知先生第一次将“创造”引入教育领域，致力于培养出具有“创新精神”和“开辟精神”的人才，天下兴亡，匹夫有责，良好的创新精神是大学生创业成功的前提和条件，但创新精神的培育并不是短时间内可以实现的，需要在理论学习和实践磨炼中有意识地培育和铸就。

1. 通过学习知识技能培育

不论哪种层次的创新精神，都要求创业者或创新者能够掌握和运用一定的能力来解决问题。尤其对于大学生而言，创新精神并不是先天具备的，而是需要在大学学习中后天培养形成的。缺少主动、持续的理论学习，大学生很难构建起有效、实用的创业知识体系。

因此，树立正确的学习观，运用合理的学习方法，养成主动学习、持续学习的习惯，有助于大学生获取知识和技能，培育创新精神。一方面，高校通过将创业知识与专业知识相结合，实现学科教学渗透，从而将创新意识、创新能力的培养贯穿到专业知识学习、技能训练之中，既可以从理论上教育与引导大学生树立正确的创业意识，又能为创新创业教育找到依托和载体，增强大学生创新创业知识学习的针对性和实用感；另一方面，高校可以结合不同学科的特点，开设专门的创业教育类课程，如创新创业知识和创新创业技能训练课、创新创业教育学、创新创造技能与方法等，激发大学生的创业需求，深化大学生对于创业过程的认知。

2. 通过参与实践活动培育

创新精神是大学生创业人才所必需的特质，也需要在行为层面进行多次、反复的强化中才能形成。良好创业精神品质的形成重在实践训练，积极地实践能带来及时的反馈和成就感，也能带来循序渐进、不断取得成功的喜悦。切切实实地投入到创业的实训实践活动中，有助于磨炼出大学生坚强的创业心理品质。

首先，由于任何与创业相关的实训实践活动都需要大学生做出实际行动来完成，因此作为提供实践活动平台的高校要建立创业实践基地，提供多种形式的实践机会，为大学生创造创业实践的便利，包括通过产学研一体化建设创业见习基地、创业实习基地和创业园等；其次，社会要为大学生提供更多的创业实践岗位，尽可能帮助不同专业的大学生找到创业实践的平台，使其能在社会真实环境中通过创业实践领悟创业活动的本质和技巧；最后，作为创业的主体，大学生应该利用课余时间，主动参与创业实践，这也是大学生了解社会、增长才干、发现自身不足的有效途径，通过积极参与创业实践，大学生能够熟悉各种职业的特点和自己的能力特点，减少将来创业的盲目性。可供大学生选择的创业实践包括与创新创业相关的各类竞赛、校园活动、创新训练、拓展训练、创业实训、创业讲堂、创业社团等，通过参与这些活动，大学生可以强化自身的行为特征，培育创业精神。

3. 通过借鉴成功经验培育

对于大学生创业者而言，他人的创业行为和成长本身就是一笔宝贵的财富，成功创业者具有一些共同的精神品质特征，包括自信、积极、独立思考、具有好奇心和探索精神、敢于创新、敢于竞争和冒险、专注、意志坚定、不怕挫折等。

从创新创业成功的案例中吸取宝贵的经验和教训，有助于大学生创业者构建包括创新创业意识、创新创业观念、创新创业责任、创新创业态度、创新创业激情和创新创业思维等要素的创业精神体系。

从高校创业教育的角度出发，一是要善于借鉴国内外的创业榜样，编选他们创业成功的案例，通过对案例的详细讲解和阐述，帮助大学生明确创业目标，激发创业热情，树立创业志向；二是要在创业精神培育过程中引入现实生活中的创业榜样，各行各业的创业典型都应该成为大学生学习的活教材，通过“引进来、走出去”的方式，让大学生耳濡目染，受到熏陶；三是创业导师应成为大学生创业的榜样，要聘请具有成功创业经验的教师为大学生授课，分享成功创业的感悟和遭遇挫折的经历，这样不但对学生起到示范作用，还可以将自身体会融入理论教学中，给大学生创业者以莫大的启示和感染。

4. 通过优化创新创业环境培育

高校是大学生学习创新创业知识、践行创业理念以及付诸创业行动的重要场所，因此在校园内营造良好的创业环境和氛围，成为鼓励大学生自主创业、培育创新精神的关键前提。首先，高校可以充分利用校园广播、电视、校刊校报等传播渠道，向大学生传播创业的重要意义，宣传创业的成功经验，树立创业的榜样，弘扬创业精神。其次，高校可以充分利用现有资源，邀请成功创业的校友、社会知名人士、企业高管等定期到校为有创业意向的大学生授课和讲学，从不同的角度对社会现状、经济形势和创业经验进行讲解，帮助大学生形成关于创业的准确认识。最后，高校可以通过组织形式多样的创业活动，包括创新创业大赛、企业运营决策模拟竞赛、挑战杯比赛等，激发大学生的创业热情，在校园中形成讲创业、想创业、崇尚创业与以创业为荣的舆论氛围。

（三）创新能力培养的基本途径

一个人的创新素质怎么样，在很大程度上取决于其自身创新能力的强弱。在这个竞争日益激烈的时代，提高创新能力对个人及组织发展发挥着至关重要的作用。提高创新能力的途径很多，下面是一些基本途径。

1. 敢于打破常规，增强创新意识

创新意识是指人们根据社会和个体发展的需要，引发创造新事物或新观念的动机，并在创造活动中表现出的意向、愿望和设想。创新意识是创新活动的动力，没有创新意识，即使有创新能力，也不一定会产生创新活动。在传统教育体系中，大多以应试为目的，大学生缺乏创新意识的锻炼，所以，我们应培养自己的兴趣、意志、灵感、悟性等，提高自己的创新意识。

【阅读案例】

手剥山核桃

浙江省临安市是山核桃的主产地。近年来，通过推广“山核桃丰产稳产综合栽培技术”，山核桃种植面积和平均年产量分别占到了全国的60%和70%。但消费者普遍反映“山核桃好吃壳难剥”。为解决这一难题，临安市农业龙头企业东林绿色食品有限公司想出一妙招，即在山核桃深加工的基础上，将其适度砸碎，消费者只需用手掰开就可食用。这种手剥山核桃一经面世，立即受到了消费者的欢迎，而加工一公斤手剥山核桃，比普通山核桃可增值9元，仅此一项，临安市就增收3000余万元。

（资料来源：罗赣权. 创新与创业[M]. 北京：中国人民大学出版社，2017.）

2. 热爱生活、关注生活

我们身边很多成功的创新案例，都来自对日常生活的细心观察与领悟，一切创新素材也来源于生活。所以，只有热爱生活，关注生活，才能抓住生活中一切对创新有价值的信息，提高自己的创新能力，使创新永葆生机。处处留心自己身边的机会，锲而不舍地加以探究，就有可能创造出新的财富。

【阅读案例】

钓鱼“钓”来的财富

美国著名皮革商巴察在出售了自己的食品冷冻法专利后得到了数百万美元。这笔财富的获得完全得益于他的钓鱼爱好。巴察经常去纽芬兰海岸，在结了冰的海上凿洞钓鱼。从海水中钓起的鱼在冰面上放一会就会被冻得硬邦邦的。当几天后食用这些冻鱼时，巴察发现只要鱼身上的冰不融化，鱼味就不会变。根据这一发现，巴察着手试验将肉和蔬菜冰冻起来。他高兴地发现，只要把肉和蔬菜冻得像那些鱼一样，就能保持新鲜。经过反复试验，他进一步发现：冰冻的速度和方法不同，会影响食品冰冻后的味道和保鲜程度。经过几个月废寝忘食的摸索，巴察为他发明的食物冰冻法申请了专利。由于这是一种具有极大潜力和应用范围的新技术，所以找上门来买的人很多。巴察待价而沽，最终，通用食品公司花费数百万美元把这项专利买到了手。

（资料来源：罗赣权．创新与创业[M]．北京：中国人民大学出版社，2017.）

3．提高创新思维能力

在当今这个时代，创新能力的高低已成为组织或个体能否在社会中顺利发展的重要因素。一个人是否具备创新能力，既不在于其知识的丰富程度，也不在于其是否任劳任怨，而在于他是否具有创新思维，是否善于思考。因此从某种程度上说，创新思维是创新能力的核心，也是成才的关键，这就要求我们要善于在日常生活中培养自己的创新思维。

【阅读案例】

征文比赛

美国某州有位老人，拥有一座占地面积达100亩、非常漂亮的18洞高尔夫球场，希望公开出售。这座球场的市价约为200万美元，但老人却只喊价“200美元”！

一座200万美元的球场只卖200美元？老头是不是疯了？

老人没有疯，他正在做的是一桩稳赚不赔的生意。因为，欲购球场的人，除了必须缴“200美元”的竞标手续保证金之外，还要参加两三百字的“征文比赛”，说明为什么要买下这座球场，以及有何创意与方法来经营球场。只要获得“征文第一名”，整座高尔夫球场就是奖品！

不过，老人还有个条件，就是如果竞标征文达不到一万篇，他就取消200美元的售价，而按一般方式公开拍卖，仍从200万美元起价。算算看，“200美元”乘以“1万篇”，不就是200万美元吗！最后，参与者逾2万人！

在生活中，我们要善于思考，充分利用自己的思维，独辟蹊径，打开自己的财富之门。

（资料来源：罗赣权．创新与创业[M]．北京：中国人民大学出版社，2017.）

4. 积极参与创新实践

实践出真知，实践是检验真理的唯一标准，也是检验创新结果是否具有价值的重要依据。创新能力的培养同样不能脱离实践，只能在实践中进行培育。这就是说，有了创新理论的积累，还要自觉、积极地投入到创新实践活动中，如此才能真正提高自己的创新能力。

【阅读案例】

创新改变命运

日本狮王公司有一名职员叫加藤信三，他在使用自己公司生产的牙刷刷牙时，刷毛的尖头经常使他的牙龈出血。他想：如何才能改变这种情况呢？

一天，加藤信三在用放大镜仔细观察刷毛时，发现其顶端是方的。于是他想，如果改成圆的，应该就不会让牙龈受伤了。利用一次会议的机会，他把这个想法向公司提了出来，公司最终采纳了他的建议。通过这一改变，果真成功解决了刷牙时牙龈出血的问题。狮王牙刷也因此变得非常畅销，后来占到了日本牙刷销售量的30%左右。加藤信三也因此由公司的一名小职员成为公司董事。

（资料来源：罗赣权．创新与创业[M]．北京：中国人民大学出版社，2017.）

训练：测一测你的创造力

工具：威廉斯创造力倾向测量表。这是一份帮助你了解自己创造力的测试。每一道题都要做，不要花太多时间去想。所有题目都没有“正确答案”，凭你读完每一道题的第一印象作答，争取以最快的速度完成。下面每个题目均包括三个选项（A. 完全符合；B. 部分符合；C. 完全不符合），请选出你认为最符合你的一项，并填到每道题的括号内。

(1)在学校，我喜欢试着对事物或问题作猜测，即使不一定都猜对也无所谓。(　　)

(2)我喜欢仔细观察我没有见过的东西，以了解详细的情形。(　　)

(3)我喜欢变化多端和富有想象力的故事。(　　)

(4)画图时我喜欢临摹别人的作品。(　　)

(5)我喜欢利用纸、旧日历等废物来做成各种好玩的东西。(　　)

(6)我喜欢幻想一些我想知道或想做的事。(　　)

(7)如果事情不能一次完成，我会继续尝试，直到成功为止。(　　)

(8)做功课时我喜欢参考各种不同的资料，以得到多方面的了解。(　　)

(9)我喜欢用相同的方法做事情，不喜欢去找其他新方法。(　　)

(10)我喜欢探究事物的真假。(　　)

(11)我喜欢做许多新鲜的事情。(　　)

(12)我不喜欢交新朋友。(　　)

(13)我喜欢想一些不会在我身上发生的事。(　　)

(14)我想象有一天能成为艺术家、音乐家或诗人。(　　)

(15)我会因为一些令人兴奋地念头而忘记了其他事。(　　)

(16)我宁愿生活在空间站,也不喜欢住在地球上。(　　)

(17)我认为所有的问题都有固定的答案。(　　)

(18)我喜欢与众不同的事情。(　　)

(19)我常想知道别人在想什么。(　　)

(20)我喜欢故事或电视节目所描写的事。(　　)

(21)我喜欢和朋友在一起,和他们分享我的想法。(　　)

(22)如果一本书的最后一页被撕掉了,我就自己编一个结果。(　　)

(23)我长大后想做一些别人从没有想过的事情。(　　)

(24)尝试新的游戏和活动是一件有趣的事。(　　)

(25)我不喜欢受太多规则限制。(　　)

计分方法:

正面题目:1、2、3、5、6、7、8、10、11、13、14、15、16、18、19、20、21、22、23、24、25;反面题目:4、9、12、17。

正面题目"完全符合"得3分,"部分符合"得2分,"完全不符合"得1分;反面题目"完全符合"得1分,"部分符合"得2分,"完全不符合"得3分。累计你的分数,得分越高说明创造力越强;反之,说明创造力越差。

(资料来源:罗赣权. 创新与创业[M]. 北京:中国人民大学出版社,2017:40-41.)

延伸阅读

关于创新精神的9则名人故事

1. 鲁班发明锯的故事

相传有一年,鲁班接受了一项建筑一座巨大宫殿的任务。这座宫殿需要很多木料,他和徒弟们只好上山用斧头砍木,当时还没有锯子,效率非常低。一次上山的时候,由于他不小心,无意中抓了一把山上长的一种野草,却一下子将手划破了。鲁班很奇怪,一根小草为什么这样锋利?于是他摘下了一片叶子来细心观察,发现叶子两边长着许多小细齿,用手轻轻一摸,这些小细齿非常锋利。他明白了,他的手就是被这些小细齿划破的。后来,鲁班又看到一条大蝗虫在一株草上啃吃叶子,两颗大板牙非常锋利,一开一合,很快就吃下一大片。这同样引起了鲁班的好奇心,他抓住一只蝗虫,仔细观察蝗虫牙齿的结构,发现蝗虫的两颗大板牙上同样排列着许多小细齿,蝗虫正是靠这些小细齿来咬断草叶的。这两件事给了鲁班很大启发。于是他就用大毛竹做成一条带有许多小锯齿的竹片,然后到小树上去做试验,结果果然不错,几下子就把树干划出一道深沟,鲁班非常高兴。但是由于竹片比较软,强度比较差,不能长久使用,拉了一会儿,小锯齿就有的断了,有的变钝了,需要更换竹片。鲁班想到了铁片,便请铁匠帮助制作带有小锯齿的铁片。鲁班和徒弟各拉一端，在一棵树上拉了起来，只见他俩一来一往，不一会儿就把树锯断了，又快又省力，锯就这样发明了。

在鲁班之前，肯定会有不少人碰到手被野草划破的类似情况，为什么单单只有鲁班从中受到启发，发明了锯，这无疑值得我们思考。大多数人只是认为这是一件生活小事，不值得大惊小怪，他们往往在治好伤口以后就把这件事忘掉了。而鲁班却有比较强烈的好奇心和正确的想法，很注意对生活当中一些微小事件的观察、思考和钻研，从中找到解决问题的方法和思路，甚至获得某些创造性发明。这告诉我们一个道理，留意生活中许多不起眼的小事，勤于思考，会增长许多智慧。锯发明以后，鲁班又发明了许多木工工具，古书对此有很多记载。

2. 袁隆平与杂交水稻

袁隆平，农学家、杂交水稻育种专家。

袁隆平长期从事杂交水稻育种理论研究和制种技术实践。1964年首先提出培育“不育系、保持系、恢复系”三系法利用水稻杂种优势的设想并进行科学实验。1970年，与其助手李必湖和冯克珊在海南发现一株花粉败育的雄性不育野生稻，成为突破“三系”配套的关键。1972年育成中国第一个大面积应用的水稻雄性不育系“二九南一号a”和相应的保持系“二九南一号b”，次年育成了第一个大面积推广的强优组合“南优二号”，并研究出整套制种技术。1986年提出杂交水稻育种分为“三系法品种间杂种优势利用、两系法亚种间杂种优势利用到一系法远缘杂种优势利用”的战略设想。被同行们誉为“杂交水稻之父”。

3. 普列斯特列——氧的发现

物体为什么会燃烧？18世纪时的权威理论的回答是“烧素说”，认为能燃烧的物体内含有一种名叫“烧素”的特殊物质。

1774年，英国有位叫普列斯特列的科学家，他在给氧化汞加热时，发现从中分解出的纯粹气体可以促使物体燃烧。这是一种什么东西呢？普列斯特列习惯地从“燃素说”的常识出发，就将它命名名“失燃素的空气”。

同年10月，普列斯特列带着他的实验到法国游历，受到化学家拉瓦锡的接待。当拉瓦锡得知普列斯特列的实验后，他立即重做一遍得到了那种新的气体，并第一个命名为氧，再通过思考研究建立了燃烧的氧化理论。这是化学史上的一次革命。为此，我们除了对拉瓦锡敢于从“常识”头上迈过一步的勇敢精神表示钦佩外，对普列斯特列被“常识”像梦魇一样拉着，不能不为之叹惜。

4. 保守是创新最大的障碍——牛顿晚年趋于保守

牛顿是世界上最伟大的科学家之一，他对科学的贡献是史无前例的。他的一生有许多重大的发现：力学三定律、万有引力、冷却定律以及微积分等。然而到了晚年，他的研究陷入了亚里士多德和柏拉图学说的范畴而不能自拔。他花了十年的时间研究上帝的存在，结果自然毫无所得。由此看来，即使一个伟大的学者，一旦落入陈旧的范畴，也谈不上有丝毫的成就。

5. 创新是表现个性——郑板桥独创一体

郑板桥是清代书画家、文学家，“扬州八怪”之一。他自幼爱好书法，立志掌握古今书法大家的要旨。他勤学苦练，然开始时只是反复临摹名家字帖，进步不大，深感苦恼。据说，有次练书法入了神，竟在妻子的背上画来画去。妻子问他这是干什么，他说是在练字。他妻子嗔怪道：“人各有一体，你体是你体；人体是人体，你老在别人的体上缠什么？”郑板桥听后，猛然醒悟到：书法贵在独创，自成一体，老是临摹别人的碑帖，怎么行呢！从此以后，他力求创新，摸索着把画竹的技巧渗在书法艺术中，终于形成了自己独特的风格——板桥体。

6. 创新要勇于否定权威——普朗克和爱因斯坦

1900年，著名教授普朗克和儿子在自己的花园里散步。他神情沮丧，很遗憾地对儿子说：“孩子，十分遗憾，今天有个发现。它和牛顿的发现同样重要。”他提出了量子力学假设及普朗克公式。他沮丧这一发现破坏了他一直崇拜并虔诚地信奉为权威的牛顿的完美理论。他终于宣布取消自己的假设。人类本应因权威而受益，却不料竟因权威而受害，由此使物理学理论停滞了几十年。

25岁的爱因斯坦敢于冲破权威圣圈，大胆突进，赞赏普朗克假设并向纵深引申，提出了光量子理论，奠定了量子力学的基础。随后又锐意破坏了牛顿的绝对时间和空间的理论，创立了震惊世界的相对论，一举成名，成了一个更伟大的新权威。

7. 齐白石老人五易画风

我国著名画家齐白石，曾荣获世界和平奖。然而，面对已经取得的成功，他并不满足，而是不断汲取历代画家的长处，不断改进自己作品的风格。他60岁以后的画，明显不同于60岁以前。70岁以后，他的画风又变了一次。80岁以后，他的画风再度变化。齐白石一生，曾五易画风。正因为白石老人在成功后，能仍然马不停蹄地改变、创新，所以他晚年的作品比早期的作品更完美成熟，也形成了自己独特的流派与风格。

他告诫弟子“学我者生，似我者死”。他认为画家要“我行我道，我有我法”。就是说，在学习别人长处时，不能照搬照抄，而要创造性地运用，不断发展，这样才会赋予艺术以鲜活的生命力。

8. 创新让人们不断靠近真理——揭开天体的层层面纱

长期以来，古希腊天文学家托勒密的“地心体系”的理论统治着人们的头脑。托勒密认为地球居于中央不动，日、月、行星和恒星都环绕地球运行。哥白尼在《天体运行论》中推翻了托勒密的理论，阐明了日心说：太阳是宇宙的中心，地球围绕太阳旋转。而后，布鲁诺接受并发展了哥白尼的日心说，认为宇宙是无限的，太阳系只是无限宇宙中的一个天体系统。伽利略通过望远镜观察天体发现：月球表面凹凸不平，木星有四个卫星，太阳有黑子，银河由无数恒星组成，金星、水星都有盈亏现象等。不久，开普勒分析第谷·布拉赫的观察资料，发现行星沿椭圆轨道运行，并提出行星三大运动定律，为牛顿发现万有引力定律打下了基础……因此可以这样说：科学是不断发现的过程，真理是不断创新的过程。

9. 创新推动历史前步——商鞅变法

商鞅变法是战国时期著名政治家商鞅为维护秦国统治者的利益而推行的一系列变革措施。

公元前361年，秦孝公即位。年轻的国君决心改变秦国的落后面貌，于是下了一变法图强的求贤诏令。商鞅就是在这个时候自魏国来到秦国的。

商鞅到秦国后，宣传“强国之术”，决心协助秦孝公进行社会改革，因此得到秦孝公的信任，任命他为左庶长。

公元前359年和公元前350年，在商鞅主持下秦国两次公布了新法。秦国经过商鞅变法，面貌焕然一新。秦国从落后国家一跃而为“兵革大强，诸侯畏惧”的强国，出现了“家给人足，民勇于公战，怯于私斗，乡邑大治”的局面。正是由于它的作用，秦朝的历史才变得如此辉煌。

（资料来源：瑞文网，2018-07-19. http://www.ruiwen.com.）

延伸阅读　全球十大最具创新精神的科技公司

1. Adobe

Adobe多年来在众多领域上都有创新，引领技术潮流，特别是对网络视频产生深远影响，并且想法惊人。最近Adobe从许可证导向的企业转变为SaaS公司，股票也在持续上涨中，这本来几乎是不可能的。你必须承认Adobe的成功是不太可预见的，因为它迎合的行业变化多端，抗拒长期的价值创造，但Adobe还是一次又一次成功完成了创新意义上的改革。

2. 亚马逊

我不相信任何人能够预想到亚马逊能发明出“云”，Jeff Bezos的创造力足以让其在公司里站稳脚跟。如果有书籍零售商能够改变世界，那它就是亚马逊。2014年“云”的商业价值达到1000亿美元，除了“云”这个近期作为表率的创新外，最近发布的Echo和即将发布的配送服务Drone也非常不错。我不认为人们在列创新企业时会把亚马逊排除在外，它还发明了Kindle以及不计其数的零售业创新思路。在我看来，它绝对是世界上最具创新精神的公司之一。

3. 苹果

我记得在iPod还盛行的时候我就买过一个，它坏了之后我就买了另一个同类产品。毕竟在消费者电子行业很少有某个企业能够占有大于5%的市场份额，每样产品的竞争都很激烈。但几天后我就退了那个同类产品，因为那时我发现苹果真的甩竞争者们好几条街，我不断地被苹果70%以上的市场份额震惊到，毕竟其他同类产品都只占5%。就算是把苹果的产品拆开了放在面前，那些竞争者们都抓不住精髓！最近让我震惊的是，在短短两年之内，其商店内拥有的App高达60万，真是神一样的存在！

4. 思科

思科在过去几年一直是位让人难以置信的创新者，让网络成为现实。对于大多数人来说，通信技术的发展都是在“幕后”的，但这几年技术改革层出不穷也足以证明思科在不断发展。过去十年思科的创新并不明显，Qualcomm通信或欧洲的LG已经占领了手机市场，但思科领先了SDN，这项核心技术能使“云”更加便宜和易于管理。

5. Google

这是一家在影响力层面无可争议的企业，Google刚成立时人们都会质疑这家公司怎么赚钱？大家都毫无头绪只是当笑话来看，但看看现在，这家企业经常性快速更迭出新服务、新产品，毫无疑问它是最具创新精神的公司之一。Google最近还钻研出了远程无人驾驶汽车，要知道这在几年前是被认为完全不可能的，他们计划于2020年正式推出。Google在软件领域通过开源持续不断的创新，使得软件各方面发展迅猛。Google在许多业务上都几乎处于垄断地位，比如个人云服务、Google搜索和广告等，这意味它对地球上每个人所掌握的数据和资料远多于任何政府和企业。最近物联网的创新挺有趣的，但尚未被证实，他们在深度钻研计算机人工智能并且使用量子计算机方面，有了不少突破性的成果。Android被认为是苹果iOS系统在手机方面的唯一竞争者，其只有通过不断创新才能保持自身竞争力，我个人认为安卓机的很多软件比苹果要好。

6. IBM

我把IBM放进来是因为我从来没想过它能发展成今天这样，微软和个人电脑几乎摧毁了大型机。当IBM注定倒闭或成为历史时，它开始专注技术和服务并且努力创新，决定从头做起。它最近完成了诸如Watson的人工智能并且正致力研究量子计算机，在开源项目、云计算和大数据上都有显著的提升。IBM在保持重塑自身和开发潜力上有着惊人的毅力。当我看见它努力奋斗要在创新的历史上留下光辉一笔时，我被深深地打动了。我们可能之前低估了它的爆发力和生命力。

7. Intel

这是另一家显而易见的科技创新企业。Intel前几十年一直倚靠着摩尔定律，但创新还是发展计划中必不可少的一部分。Intel现今仍是最大的CPU制造商，但它将硬件的商业机会代入手机领域并没有被认为是创新，在物联网方面它的确占有一席之地但已经错过了那些原始爱好者和最具成本效益的物联网硬件空间。我把Intel放进名单是因为它的创新纪录随着时间推移已成历史，他们需要在物联网、量子计算机或其他常人无法想象的领域来个质的突破。

8. Netflix

Netflix是以DVD租赁起家的，许多人可能不记得了。它转变为媒体销售巨头的路充满坎坷，经历了巨大的转变。Netflix曾经失败过，但随着时间的推移慢慢恢复了。它决定以云为基础并且用开源来引领云技术的发展，现在许多企业运用的云技术都和它推动的发展有关。Netflix开始着眼于自身内容，毕竟对于科技公司来说革命性的想法才是最重要的。

9. Salesforce

当Marc Benioff创立Salesforce时，我发现他是个才华横溢的人，但发展之路却充满荆棘。没人知道SaaS版的CRM是否会被接受并大获成功，一路来Salesforce已经将自己建立成可以引领世界商业的巨头。它打败了自己的竞争对手并且创造了企业该如何使用销售信息的新范式。Force.com平台推动应用的革新发展，与此同时Salesforce也在销售层面不断创新。

10. Tesla

我承认Tesla和我创新企业名单的标准不太够得上，因为它还年轻而且只有一款产品，就是S系列的电动汽车。但是Tesla已经以非常惊人的速度在创新了，而且还涉及传统汽车制造之外的领域。我相信Tesla在汽车服务行业展现出了爆破性的潜力，像物联网汽车、无人驾驶汽车、汽车的用户界面、汽车的安全，甚至是燃料行业和燃料的配送。如果是要造个电动汽车的话，没必要对于基础领域进行突破或创新。Tesla的成功之处就在于帮车主解决了整体问题，这和乔布斯的理念很像，要让消费者能够使用并享受你的创新服务，最终一起成长。

（资料来源：猎云网，2015-08-07. http://www.lieyunwang.com.）

第二章 创新创业与大学生职业发展

第一节 创新创业与大学生人生发展

教学目标

认知创新创业与大学生人生发展的关系。

教学内容

(1)创新创业对大学生职业发展的意义。

(2)大学生职业发展对创新创业的意义。

案例导读

爬楼梯的故事

话说有两兄弟,他们一起住在一幢公寓楼里。一天,他们一起去郊外爬山。傍晚时分,等他们爬山回来,回到公寓楼的时候,发现一件事:大厦停电了!这真是一件令人沮丧的事情。为什么呢?因为很不巧,这两兄弟是住在大厦的顶楼,那么,顶楼是几楼呢?那就更加不巧了,顶楼是80楼。很恐怖吧。虽然两兄弟都背着大大的登山包,但看来,也是别无选择,于是,哥哥对弟弟说:"我们爬楼梯上去吧。"

于是,他们就背着一大包行李开始往上爬。到了20楼的时候,他们觉得累了。于是弟弟提议说:"哥哥,行李太重了,不如这样吧,我们把它放在20楼,我们先上去,等大厦恢复电力,我们再坐电梯下来拿吧。"哥哥一听,觉得这主意不错:"好啊。弟弟,你真聪明呀。"于是,他们就把行李放在20楼,继续往上爬。

卸下了沉重的包袱之后,两个人觉得轻松多了。他们一路有说有笑地往上爬。但好景不长,到了40楼,两人又觉得累了。想到只爬了一半,往上一看,竟然还有40楼要爬。两人就开始互相埋怨,指责对方不注意停电公告,才会落到如此下场。他们边吵边爬,就这样一路爬到了60楼。

到了60楼,两人筋疲力尽,累得连吵架的力气也没有了。哥哥对弟弟说:"算了,只剩下最后20楼,我们就不要再吵了。"于是,他们一路无言,安静地继续往上爬。终于,80楼到了。到了家门口,哥哥长吁一口气,摆了一个很酷的姿势:"弟弟,拿钥匙来!"弟弟说:"有没有搞错?钥匙不是在你那里吗?"……钥匙还留在20楼的登山包里!

这个虚构的故事其实反映了我们的人生。20岁之前,我们活在家人、老师的期望之下,背负着很多压力,不停地做功课、考试、升学,就好像是背着一个很重的登山包,加上自己也不够成熟,没有什么大能力,所以走得很辛苦。20岁以后,从学校毕业出来,踏上工作岗位,开始自己的职业生涯,自己喜欢做什么就做什么,想怎么做就怎么做,就好像是卸下沉重的包袱。所以说,从20~40岁,是一生中最愉快的20年。

到了40岁,人到中年,发现青春早已逝去,但又有很多遗憾,于是开始骂老板不识货,怪家人不体恤,埋怨政府,埋怨国家,埋怨社会……就这样在抱怨遗憾中又过了20年。

到了60岁,发现人生所剩不多,于是告诉自己,不要再埋怨了,就珍惜剩下的日子吧。于是,默默走完自己最后的岁月。到了生命的尽头,突然想起:好像有什么忘记了。是什么呢?是你的钥匙,你人生的关键。你把你的理想、抱负、关键都留在20岁,没有完成。

> 要从职业上获得幸福,必须具备下列三个条件:一是适合做那种工作;二是工作量勿过多;三是抱有必成的意念。
>
> ——富兰克林

创新创业是一种宏观的人生态度,是一种职业发展的精神趋向,因此大学生在创业知识和技能的学习中,不应急功近利,仅仅将创业目的锁定为创建新企业甚至一夜暴富,而是应将创业学习与职业发展目标相结合,通过创业学习与职业发展规划的结合,促进自己成才观念的转变,顺利实现就业,进而创造社会财富。因此,创业学习与职业发展规划二者并不矛盾,甚至是相辅相成的关系。

一、创新创业对大学生职业发展的意义

(一)转变就业观念、形成良好的就业心态

在我国经济新常态时期,社会就业竞争越来越激烈,传统意义上的就业具有更多的"求职"和"创造新的就业岗位"的新内涵,大学生就业不仅仅是"专业对口"的就业,还可以是一种主动的"创造式"就业。通过创业课程学习或是参与创业竞赛和实践活动,有助于唤起大学生的主人翁意识,即寻求就业岗位不仅是为单位工作,更应该树立起为自己的事业打工的心态,进而树立起对自己负责的职业发展目标,使大学生的就业质量和就业满意度得以有效提升。

(二)提高核心就业能力

目前,我国就业市场上存在两难的困境:一方面,大学生找不到满意的工作,大学生就业难的呼声越来越高;另一方面,用人单位找不到合适的人才,需要想方设法吸引高素质人才。这种困境出现的主要原因在于大学生的就业能力与社会岗位需求不对称,即高校培养的人才与市场需求的人才形成错位。归结起来,大学生的核心就业能力包括责任感、领导能力、沟通能力、学习能力和创新能力等,而这些要素是大学生通过创

业学习和参与创业实践可以有效提升的素质和能力。通过对大学生创业意识、创业精神和创业能力的培养，开发和提高他们就业与创业的核心素质和能力，帮助大学生以创业者的素质和心态去就业，将会大大提高学生的就业竞争力。

（三）拓宽就业途径

受我国传统教育观念的影响，大部分大学生对自己职业发展目标的定位主要集中于寻找稳定的工作岗位，使得公务员考试和事业单位考试成为我国最热门的“国考”。在这样的氛围中，我国高校对大学生的培养目标也以应用型人才为主，强调学生专业知识的把握和专业能力的培养，忽略了对大学生创新精神和创业意识的塑造。实际上，创业教育作为高等教育发展史上一种新的国际教育理念，已经在全球范围内广泛兴起，通过创业知识学习和创业活动参与，在全面提高大学生核心素质和能力的基础上，鼓励和扶持有创业意向的大学生真正去创业，不仅拓宽了大学生的职业发展路径，也为未来解决更多大学生的就业问题提供了就业岗位。大学生创业有多种形式，可以在就业的岗位上进行创业，也可以先就业后创业，不能人为地将就业与创业割裂开来，两者是相互交叉、相互支撑的统一体。

归纳起来，创新创业学习和实践不只是教大学生如何创新创业，如何才能实现创新创业成功，更重要的是培养大学生的创新创业素质和创新创业品质，使大学生能够树立新的职业发展目标，端正职业发展过程中的心态，并以此为基础积累相应的知识和能力。对于大学生而言，真正的职业发展成功不是拥有多少财富，而是每个人内心的快乐以及为社会发展进步所做的努力与贡献。

二、大学生职业发展对创新创业的意义

职业发展规划与设计有助于大学生明确自己的创业定位与目标，清晰描绘创新创业路径和选择恰当的创新创业模式。

（一）调节创新创业心态

职业发展规划与设计实质上属于心理学的一部分，体现为帮助大学生正确认识自我并实现自我发展和塑造个性的过程。将职业发展规划与设计的理念、知识和目标融入大学生的创业过程中，能够帮助大学生在创新创业方面培养创新创业意识，树立创新创业精神。尤其是对于面临激烈市场竞争的创业大学生而言，通过接受职业发展的教育和技能培养，能提前了解创业的艰辛和可能遇到的困难，培养面对困难的乐观心态，并掌握解决预期困难的方法和手段。

（二）明确创新创业目标

职业发展规划与设计针对大学生职业选择时的主客观因素进行分析和测定，引导学生确定自己的创新创业目标，进行创新创业意识的塑造。确定正确的创业目标是成功创业的重要前提，在创业之前通过理性的思考、科学的分析确定职业发展目标，是确立创业目标的关键流程。各高校的大学生都处于学生就业上岗的准备阶段，应在大学期间通过校内专业的职业发展规划课程教育，结合自身特点明确职业定位，辨明创业未

来的发展方向，确立自己的个人发展目标，并制定一系列行动计划，充分发挥自身的潜能，提高创业成功的可能性。

（三）提高创新创业竞争力

如今各行各业竞争激烈，大学生创业无论选择哪个行业，进入哪个市场，都将面对诸多竞争对手。若要使自己的创业项目在激烈的竞争中脱颖而出，真正实现为社会创造财富、为顾客提供价值，大学生就必须结合自身的职业发展优势，充分利用有助于自己创业成功的主客观因素，制定可行的创业目标和详细的创业计划。依据理性分析制定出职业发展规划，系统、有计划地采取创业行动，逐渐积累个人经验和增强创业技能，有利于大学生专注于自己的优势并且根据实际所需适时、不断地发展创业项目，在关键时刻更好地安排创业任务的先后顺序，增强创业的核心竞争力。

第二节　职业生涯与人生发展

教学目标

认知职业与职业生涯的相关内容。

教学内容

（1）职业概念及分类。

（2）职业生涯规划理论及其基本内容。

（3）职业生涯阶段及规划原则。

案例导读　没有永远热门的职业

2002年，张韬与王宇浩同时从交通技校毕业。张韬受当了一辈子汽车驾驶员的父亲的影响，选择到一家单位当了小车司机，而王宇浩却自主寻找职业。

王宇浩从网上了解到，现在私人购买汽车的越来越多，并且大部分都自己驾驶，可见当司机前途不大；但许多人只会开车，不会修理与护理汽车，尤其一些爱美的女士买汽车后，总想把汽车装饰得漂亮一些，舒适一些，有个性一些，而目前却很少有人做这种事情。于是他选择到一家汽车修理店，说服老板，让他当了一名专业的“汽车美容师”。一年时间，王宇浩名声大振，许多人都来请他进行汽车美容，他的收入自然相当丰厚。

而张韬所在的单位由于实行公车改革，取消了司机的岗位，他只好去当了一名夜班出租司机，工作辛苦不说，收入也很低。

职业是在人类长期生产活动中,随着生产力发展和社会劳动分工的出现,而逐步产生和发展起来的。职业的产生和发展既是社会生产力进步的结果,同时,它又反过来进一步促进了生产力的提高。一个国家的经济结构、产业结构、科技结构和生产力总体水平决定了社会职业的构成;而职业构成的变化客观上也反映着经济、产业、科技以及生产力水平的状况。

一、职业

(一)何谓"职业"

1. 职业性质说

美国社会学家塞尔兹认为,职业是一个人为了不断取得个人收入而连续从事的具有市场价值的特殊活动。这种活动决定从业者的社会地位。

日本劳动问题专家保谷六郎认为,职业是有劳动能力的人为了生活所得而发挥个人能力,为社会作贡献的连续活动。

美国哲学家、教育家杜威以为,职业是人们可以从中得到利益的一种"生活活动"。

社会学对此提出,职业是人的一种"资源",是社会关系。

2. 职业要素说

塞尔兹指出,职业范畴的构成有三要素:技术性、经济性和社会性。保谷六郎进一步指出职业的特性为:

(1)经济性,即从中取得收入。

(2)技术性,即可发挥个人才能与专长。

(3)社会性,即承担社会的生产任务(社会分工),履行公民义务。

(4)伦理性,符合社会需要,为社会提供有用的服务。

(5)连续性,即从事的劳动是相对稳定、非中断性的。

3. 职业关系说

美国社会学家泰勒认为:"职业可以解释为一套成为模式的与特殊工作经验有关的人群关系。这种成为模式的工作关系的整合,促进了职业结构的发展和职业意识形态的显现。"

(二)职业的科学含义

"职业"一词是由"职"与"业"二字构成。"职":社会职责、天职、权利与义务等;"业":从事业务、事业、事情、独特性工作的意思。"职业"是一个个人与社会互动的范畴。

我国管理专家程社明认为:职业可定义为"参与社会分工,利用专门知识、技能为社会创造物质财富、精神财富,获取合理报酬作为物质生活来源,并满足精神需求的工作。"

由此可见职业概念的三种含义:

(1)与个人生活相关,强调物质生活来源。

(2)与职业结构相关,强调社会分工。

(3)与职业的内在属性相关,强调知识、技能、技巧。

（三）职业的特点

市场经济中的职业仍然应具备以下四大特性：

（1）分工角色——职业是社会分工体系中劳动者所获得的一种劳动角色。

（2）社会性——职业是为社会所需要的，是劳动者所进行的社会生产劳动。

（3）连续性和稳定性——职业是劳动者连续地从事的某种社会工作，或者从事该工作相对稳定。

（4）经济性——劳动者从事某种职业必定要从中取得经济收入。

职业的产生与发展是人类文明的标志，但职业并不是人类社会一经形成就出现的，而是社会分工的结果。换句话说，职业是随社会需求而生，随社会变迁而变化。在社会需求的推动下，种种新职业应运而生，如心理咨询师、职业玩家、电子商务师、网络管理员……都是IT时代涌现的新鲜职业；同时，一些旧职业也会逐渐消亡，比如老一辈人所熟悉的卖货郎、抄写员等职业几乎销声匿迹。这就提醒我们，选择职业时不仅要考虑个人的意愿，更要紧跟时代发展的步伐，充分考虑社会需求的变化趋势才不会走弯路。

（四）职业分类

我国是最早开展职业分类的国家，这一点从2500年前儒学经典的记录中就可以看得很清楚。如《春秋·谷梁传》写道："古者立国家，百官具，农工皆有职以事上。古者有四民，有士民，有商民，有农民，有工民。"至于《周礼》读起来更像一部古代的职业分类大辞典（只不过略嫌侧重于"白领"了一点），尤其是其中的《周礼·冬官考工记》，开宗明义说："国有六职，百工与居一焉。或坐而论道，或作而行之……"通篇论述了王公、士大夫、百工、商旅、农夫和妇功等不同职业的分工和职责，分类之精细和描述之详尽令人叹为观止。那时，职业分工还有很强的世袭性，一代又一代地传下去，甚至以自己的职业作为自己的姓氏（如姓屠、师、桑、陶、卜、贾等），反映了人们有很强的职业归属感。中国古代先进的职业分类是构筑中国古代灿烂文明的重要制度支柱，也为我们留下了丰富的文化遗产。

现代职业分类是工业革命的产物，也是现代人文精神的反映。职业分类的客观性和科学性逐步取代了传统社会职业分类中固有的封建性和等级性。职业分类不但是职业的外在特征（社会需求性的特征）的反映，而且是职业的内在特征（个人发展性的特征）的体现。因此，职业分类的方法也就有很多。

1. 职业分类的原则

（1）同一性原则。每种职业都有其共同的特性，即同一性。同一性是职业的基本特征之一，同时也是职业分类的最基本的原则。

（2）标准性原则。职业分类是一项复杂而又重要的工作，对于职业的分类，要有严格的标准。这种标准反映为一个国家的"职业分类标准"，即由政府有关部门组织制定和实施的"国家标准"。

（3）多级性原则。社会职业是一个庞大又复杂的现象，有着成千甚至上万个类别。对于这样一个庞杂的体系，需要划分为几个不同的等级或者层次，每一个等级或者层次中一般都有许多的类别。这样，才能够把庞大而复杂的职业区分开。一般情况下，各国根据自己的情况，把职业分为3～4个层次。

（4）现实性原则。职业分类是一个现实的范畴，是基于一个社会的经济发展水平、产业结构、技术状态、社会文化状况，以及对于人的劳动状况做出划分的。

（5）应用性原则。职业分类既有作为理论和科学研究的用途，又有实际应用作用。职业分类的用途非常广泛，可以用于国家对于"人"的数据的标准编码管理；可以用于国民经济与社会发展状况的统计；可以用于人口普查和劳动力统计调查；可以用于大中学校就业指导；可以用于学校毕业生的职业选择；可以用于政府劳动管理机构的职业指导、职业介绍和就业管理工作；也可以用于各企、事业单位的员工管理等。

2.《中华人民共和国职业分类大典》

1986年，我国首次颁布了《职业分类与代码》（GB 6565—86），并启动了编制国家统一职业分类标准的宏大工程。1992年，在中央各部委的大力支持和协助下，原劳动部组织编制了《中华人民共和国工种分类目录》，这个目录将当时我国近万个工种归并为分属46个大类的4700多个工种，初步建立起行业齐全、层次分明、内容比较完整、结构比较合理的工种分类体系，为进一步做好职业分类工作奠定了坚实基础。1995年2月，原劳动部、国家统计局和国家技术监督局联合中央各部委共同成立了国家职业分类大典和职业资格工作委员会，组织社会各界上千名专家，经过四年的艰苦努力，于1998年12月编制完成了《中华人民共和国职业分类大典》，并于1999年5月正式颁布实施。

《中华人民共和国职业分类大典》是我国第一部对职业进行科学分类的权威性文献，由于它的编制与国家标准《职业分类与代码》（GB 6565—86）的修订同步进行，相互兼容，因此，它本身也就代表了国家标准。

《中华人民共和国职业分类大典》的重要贡献是，它在广泛借鉴国际先进经验（特别是《国际标准职业分类》ISCO—88）和深入分析我国社会职业构成的基础上，突破了过去以行业管理机构为主体，以归属部门、单位甚至用工形式来划分职业的传统模式，采用了以从业人员工作性质的同一性作为职业划分新原则的方法，并对各个职业的定义、工作活动的内容和形式以及工作活动的范围等作了具体描述，体现了职、世活动本身固有的社会性、目的性、规范性、稳定性和群体性的特征。

《中华人民共和国职业分类大典》科学地、客观地、全面地反映了当前我国社会的职业构成，填补了我国长期以来在国家统一职业分类领域存在的空白。

《中华人民共和国职业分类大典》把职业分为四个层次，包括8个大类，66个中类，413个小类，1838个"细类"。每个大类的名称，所含中类、小类和细类（职业）的数量见表2-1。

表2-1　我国职业分类

大　类	中　类	小　类	细　类
国家机关、党群组织、企业、事业单位负责人	5	16	25
专业技术人员	14	115	379
办事人员和有关人员	4	12	45
商业、服务业人员	8	43	147

（续表）

大　类	中　类	小　类	细　类
农、林、牧、渔、水利业生产人员	6	30	121
生产、运输设备操作人员及有关人员	27	195	1119
军人	1	1	1
不便分类的其他从业人员	1	1	1
小计	66	413	1838

随着经济社会发展、科学技术进步和产业结构调整，我国社会职业构成和内涵发生了较大变化。

第一，产生了一批新的职业。

第二，一些传统职业的内涵发生了深刻变化。

第三，部分职业出现了整合调整，甚至消亡。

2015年重新修订了《中华人民共和国职业分类大典》。新版《大典》职业分类结构为8个大类、75个中类、434个小类、1481个职业。与99版相比，维持8个大类、增加9个中类和21个小类，减少547个职业。

二、职业生涯规划理论

职业生涯规划理论是近几十年来人力资源管理理论与实践中发展起来的学科。随着市场经济的推进，个人有了越来越多的选择职业的机会和越来越大的发展空间。也同时面临着更大的、更复杂的社会风险。因此，在今天这个瞬息万变的时代里，要想获得事业的成功，就要及早做一份个人职业生涯规划。

（一）生涯与职业生涯

1. 生涯的含义

说道生涯，最早这个概念来源于我国的庄子，他在三千多年前就说过一句话："吾生也有涯，而知也无涯。"这里的生就意味着生命，这里的涯就意味着边际，即生涯代表了我们一生的有限的生命历程。

生涯这个词的英文"career"最初的含义是"两轮马车"，引申为道路，后来发展成为人的一生的事业历程。

现在世界上的研究人员对生涯有不同的定义。目前比较认可的关于生涯的定义是美国生涯发展大师舒伯（D. Super）的定义，他认为，所谓生涯是指一个人在一生中所扮演的角色的整个过程，由三个层面构成：时间、广度和深度。

生涯不仅仅指职业，更多的指我们一生追求的事业，同时，它还跟我们生活的幸福感、快乐感、生活的质量密切联系在一起。

2. 职业生涯的含义

职业生涯是人生中最重要的历程。是追求自我实现的重要人生阶段，对人生价值起着决定性作用。一个人要想实现自己的价值,得到社会的认可,一定要为所在的社会作出贡献,这是成功的必要条件。因此,我们可以说人生的成功依仗着职业生涯的成功。

至今为止,对职业生涯的含义还没有形成统一的认识,不同的学者从不同的角度对职业生涯进行了界定。

学者韦伯斯特(Webster)指出:职业生涯是个人一生职业、社会与人际关系的总称,即个人终生发展的历程。一个人的职业生涯是一个漫长的过程,他可以遵循传统观念,一生只从事一种职业,持续而稳定地在该岗位上晋升、增值;也可以根据个人的兴趣、能力、价值观以及工作环境的变化而经历不同的岗位、职业甚至行业,当然,大多数人还是希望从事一种相对稳定、适合自己的职业。

施恩则将职业生涯分为内职业生涯和外职业生涯。外职业生涯是指经历一种职业的过程,包括招聘、培训、晋升、解雇、退休等各个阶段。内职业生涯更多地注重于所取得的成功或满足主观感情以及工作事务与家庭义务、个人消闲等其他需求的平衡,也就是内心的自我实现感。

美国著名职业问题专家萨帕认为,职业生涯是指一个人终生经历的所有职位的整体历程,是生活中多种事件的演进方向和历程,是个人独特的自我发展形态。它也是人生自青春期至退休所有有酬或无酬的职位的综合。除职位外,还包括与工作有关的各种角色。

中国台湾学者林幸台认为,职业生涯包括个人一生中所从事的工作,以及所担任的职务、角色,同时也涉及其他非工作或非职业的活动和个人生活中衣食住行、娱乐各方面的活动与经验。

概括地讲,职业生涯是对生涯的狭义理解,专指个体职业发展的历程,是以心理开发、生理开发、智力开发、技能开发、伦理开发等人的潜能开发为基础,以工作内容的确定和变化,工作业绩的评价,工资待遇,职称、职务的变动为标志,以满足需求为目标的工作经历和内心体验的经历。职业生涯是人生中最重要的历程,是追求自我实现的重要人生阶段。

(二)职业生涯规划

1. 职业生涯规划的含义

职业生涯规划是指一个人结合自身条件和现实环境,确立自己的职业目标,选择职业道路,制定相应的培训、教育和工作计划,并按照生涯发展的阶段实现具体行动以达到目标的过程 。

职业生涯规划是贯穿一个人一生的过程,职业生涯规划的主体是自己,职业生涯规划的功能在于为生涯找出目标,并找出达成目标所需采取的行动。

2. 职业生涯规划的要素

我国人事科学研究者罗双平用一个精辟的公式总结出了职业生涯规划的三大要素,即:职业生涯规划=知己+知彼+抉择。

俗话说“知己知彼，百战百胜。”在职业生涯规划中，所谓“知己”就是进行自我认识与评估，了解自己的职业兴趣、职业能力、职业价值观、个性特质、专业特长，以及父母的管教态度、学校与社会教育对个人产生的影响等。

“知彼”就是熟悉周围的环境，探索外在的职业世界，包括各行职业的特性、所需的能力、就业渠道、工作内容、职业发展前景、行业发展现状及前景等。知己知彼相互关联，确定的个人生涯目标要符合现实，而不是一厢情愿；对从事的职业要感兴趣，而不是被动地去干；所从事的工作能发挥专长，利用个人的强项；对工作的环境能够适应，而不是感到处处困难，难以生存。这就说明你的生涯规划不仅做到了“知己”“知彼”，而且还做出了正确的“抉择”。

3. 职业生涯规划的步骤

（1）自我评估。作为个人职业生涯规划的第一大要素——“知己”，自我评估是个人职业生涯规划的基础，也是能否获得可行的规划方案的前提。有效的个人职业生涯规划要求规划者首先对自己做全面的分析，通过自我分析，正确深刻地认识和了解自己，唯此才能对自己未来的职业生涯做出最佳的抉择。如果忽视了自我评估，你的职业生涯规划就很容易中途夭折。

自我评估的主要内容为与个人相关的所有因素，包括兴趣、个性、性格、能力、特长、学识水平、思维方式、价值观、情商以及潜能等，即弄清楚自己是谁，自己想要做什么，自己能做什么。

常言道“当局者迷”，一个人对自己的认识总是片面的，所以，在你的自我评估中还应当包括他人的意见，我们称之为“角色建议”。

（2）职业环境分析。“知彼”更重于“知己”。毫无疑问，环境因素对个人职业生涯发展的影响是巨大的，作为社会生活中的一个个体，我们只有顺应外部环境的需要，趋利避害，最大可能地发挥个人优势，才能实现个人目标。

外部环境分析包括对社会政治环境、经济环境和组织（企业）环境的分析，即评估和分析环境条件的特点、发展与需求变化趋势，自己与环境的关系以及环境对自己的有利条件与不利条件等，以求相应地调整自己，适应环境的要求。这样你的职业生涯规划才会切实可行，而不致流于空泛。

（3）职业生涯目标确立。说到底，我们制订个人职业生涯规划就是为了实现某种职业目标，进而获得自己理想的生活，所以目标抉择才是职业生涯规划的核心。职业生涯目标的确定，是指可预想到的、有一定实现可能的最长远目标，包括人生目标、长期目标、中期目标和短期目标。一般，我们首先可根据个人素质与社会大环境条件确立人生目标和长期目标，然后通过目标分解，分化为符合组织需要的中期、短期目标。

（4）实施策略。所谓职业生涯策略是指为实现职业生涯目标而制订的行动计划。在我们确定职业生涯目标后，就要制订相应的行动方案来实现它们，这就如同设计我们奔向目标的阶梯。要求要具体可行，容易评量，包括职业生涯发展路线、教育培训安排、实践计划等方面的措施。

（5）反馈调整。最后，有效的职业生涯规划还要求便于我们不断地反省和修正目标和策略方案。人生仿佛在一片陌生的海域航行，我们谁也无法预测下一分钟将会发生什么情况，现实社会中种种不确定因素的存在，会使我们与原来制订的职业生涯目标有所偏差，这就需要我们及时针对规划的目标和行动方案做出调整，从而保证我们的追日之途顺利持续下去，并最终实现最高人生理想。从这个意义上说，反馈评估的确是一个再认识再发现的过程。

三、生涯发展阶段

美国著名的职业生涯规划大师舒伯（D. Super）根据不同年龄阶段人们的生涯任务与角色的差异，将生涯发展划分为五个阶段：成长期（growth）、探索期（exploration）、建立期（establish）、维持期（maintenane）、衰退期（decline），见表2-2。

表2-2　生涯发展阶段及发展任务

	成长期	探索期	建立期	维持期	衰期
描述	经过家庭、学校中的重要人物的认同，开始发展自我概念，需要与幻想为此时期最主要的特质；随着年龄增长，社会参与及实现考验逐渐增加，兴趣与能力逐渐重要	在学校、休闲活动及各种工作经验中进行自我检讨、角色探索及职业探索	寻求适当的职业领域，逐步建立稳固的地位；职位、工作可以变迁，但职业一般不会改变	逐渐取得相当地位，重点在于如果维持地位，很少有新意；面对新进人员的挑战	身心状况衰退，原工作停止，发展新的角色，寻求不同方式以满足需要
阶段	（1）幻想期（4～10岁），需要为主，幻想中的角色扮演甚为重要 （2）兴趣期（11～12岁）。喜好是个体抱负与活动的主要决定因素 （3）能力期（13～14岁）能力逐渐具有重要性，并能考虑工作条件	（1）探索期（15～17岁），考虑需要，兴趣，能力及机会，做暂时的决定，并在幻想、讨论、课程及工作中加以尝试 （2）过渡期（18～21岁），进入就业市场或专业训练，更重视现实的考虑，并企图实现自我概念；一般性的选择转为特殊性的选择 （3）尝试期（22～24岁），生涯初定并试验其成长为长期职业生活的可能性，若不适应则可能重新确定方向	（1）试验——承诺稳定期（25～30岁），寻求安定，可能因生活或工作上多次变动而尚未满意 （2）建立期（31～44岁），致力于工作上的稳固；大部分人处于最具创意时期，资深，表现优秀	45～64岁	65岁以上
任务	发展自我形象，发展对工作世界的正确态度并理解工作的意义	（1）职业偏好逐渐具体化 （2）职业偏好特殊化 （3）实现职业偏好	调整、稳定并求上进	维持既有成就和地位	减速、解脱、退休

大学生的年龄阶段正处于职业生涯发展的探索时期。在这一时期大学生的主要任务是：

(1)更多、更准确地了解自我，对自己的能力与弱点有更切合实际的判断。

(2)发展自我。依照自己的兴趣与能力等个性特质，尽最大努力培养积极乐观的态度，发展自己的特长。

(3)在各类学习与实践的活动中，做出尝试性的职业决策和职业生涯规划(表2-3)。

可见，大学时期的职业定位是否准确、职业能力是否得到提高，对于大学生今后的职业生涯能否顺利进行至关重要。大学生应当积极将在校期间的职业生涯规划纳入自己一生的职业生涯发展过程中，通过大学阶段成功的职业规划推动今后的职业生涯良性发展。

表2-3　大学生面临的生涯发展的阶段与任务

职业生涯发展阶段	角色	主要任务	重大心理议题
职业准备期	大学低年级。以学习专业知识为主，在此基础上了解社会	发展发现个人的价值兴趣和能力，为从事某一职业打下知识储备的基础	适应大学生活，有意识地培养，积累职业素养
职业探索期	大学中、高、年级	分析自己与环境中的优势、劣势，对自己的发展方向进行明确的定位和规划，并为未来的发展做好知识与实践的准备	理性地进行个人分析，把握自己的发展方向
职业选择期	面临毕业的学生	在充分做好自我分析和环境分析的基础上，选择适合的职业，设定人生目标	承担个人选择的责任
职业进入期	初涉职场的职场新人。工作的第1年	在新的环境中调节自己，建立初步的人际关系，掌握工作方法与工作流程，积累工作经验	学会独立，正面面对组织和现实真相所带来的震撼，克服不安感
职业适应期	工作的前8年	学会做事，成为岗位中的行家里手；学会共事，学会与人相处，树立个人形象，创造良好的工作氛围；学会求知；学会生存；学会如何被同事、环境所接受	根据新的知识和组织所需要的能力，根据自己的发展潜能，重新评估自己的职业生涯规划，接受个人成败，勇于承担个人责任，建立稳定的生活形态
职业稳定期	职业生涯中时间最长，劳动效果最好，发展和成就事业最宝贵的时期	根据形势的变化和自身条件不断修订事业的目标，攀向新的高度	学会为别人承担责任，从别人的成就中感到满足，培养下一代，关切组织的利益，平衡工作和家庭的关系
职业衰退期	作为退休人员，享受事业的收获与人生	适应生活标准与节奏的变化，找出表现个人天分与兴趣的新途径	对个人发展的新途径保持开放程度

四、职业生涯规划的原则

（一）长期性原则

规划一定要从长远考虑，着眼于大方向。

（二）挑战性原则

目标或措施是具有挑战性，还是仅保持原来状况而已？目标选择能否对自己起到内在的激励作用？如果完成计划，会带来成就感吗？

（三）清晰性原则

考虑目标、措施是否清晰、明确？实现目标的步骤是否直截了当？各种安排是否具体？

（四）可行性原则

从事实出发了吗？充分考虑到个人、社会和企业环境的特点与需要了吗？与社会企业需求协调吗？各阶段的路线划分与措施安排具体可行吗？可别做不着边际的幻想。

（五）适时性原则

达到各种目标的行动安排、先后次序是否做出了明确的时间限制或标准？时间表足以作为日后行动检查的依据吗？

（六）适应性原则

目标或措施是否有弹性或缓冲性？是否能随着环境的变化而作调整？

（七）持续性原则

人生的各个发展阶段应该持续连贯地衔接下来，做规划也应考虑到生涯发展的整个历程，做全程的考虑。

【阅读案例】

职业生涯设计的黄金准则

人生之旅只发行单程车票，如果你闭门造车，很可能从此阴云密布，坎坎坷坷。相反，如果你遵循职业设计的基本规则，运筹帷幄，相信从此便会风和日丽，道路坦荡，你也将由此走向辉煌。

准则一：择己所爱

1978年8月4日，美国纽约市体育场，数万名来自全球各地的观众怀着复杂的心情参加了一位巨星隐退的仪式。一代球王贝利终于要退出绿茵场，举行告别赛了。球迷们带着巨大的遗憾汇聚到纽约，欣赏这位天才的最后表演。场上的贝利百感交集，场下的球迷恋恋难舍。当贝利哽咽着宣布从此退出足坛时，场上场下涕泪滂沱。

是什么造就了贝利，造就了历史上最伟大的球王？

显然，数十年的刻苦训练，坚毅的品格，非凡的天赋都是贝利成为巨星的原因。但最不可或缺的却不是这些。

贝利说："我热爱足球，足球是我的生命！"

执迷不悔的爱恋是推动贝利踢球的原动力，在一种与生俱来的兴趣引导下，贝利步入绿茵场，成为万众瞩目的英雄。

年轻时，贝利当运动员；退役后，他做教练，当评论员。贝利以足球为生，足球事业是贝利终生的职业。也正是足球给贝利的一生带来了无穷的乐趣，无上的荣誉和无尽的财富。从事一项你喜欢的工作，工作本身就能给你一种满足感，你的职业生涯也会从此变得妙趣横生。

兴趣是最好的老师，是最初的动力，兴趣是成功之母。调查一再表明：兴趣与成功几率有着明显的正相关性。

北大方正如今已是声名显赫的高科技集团，巨额利润已使它成为当之无愧的航空母舰级企业。由于方正集团的全力开拓，中国印刷业告别了铅与火，迈进了一个光电时代。方正集团的迅速发展激荡人心，集团总裁张玉峰的创业史更是发人深思。

张玉峰原是北大物理系的一名普通讲师，僵化的行政体制与计划经济制度压抑了他的兴趣与才能。改革开放之后，张玉峰发现自己原来对经商有着如此强烈的兴趣，于是他果断决策，在一片"离经叛道"声中下海创办了北大方正公司。长期压抑的兴趣与才能一经释放，便一发不可收拾，短短十年之内，方正公司膨胀了几千倍，创造了巨额财富，成为中国高科技企业的杰出典范。

浓厚的职业兴趣是张玉峰事业腾飞的引擎，也正是这种对兴趣的无悔追求造就了一代杰出人物。

你在设计职业生涯时，务必注意：考虑自己的特点，珍惜自己的兴趣，择己所爱，选择自己喜欢的职业。

准则二：择己所长

任何职业都要求从业者掌握一定的技能，具备一定的条件。难以想象让一名卡车司机驾驶一架民航班机会出现怎样的后果，也没有人会让文盲去操纵计算机——他们不具备那些职业能力。职业不同，对技能的要求也不一样。任何一种技能都是经过一定时间的训练后才被劳动者所掌握的，而每个人的一生都很短暂，任何人都不可能在一生中掌握所有的技能。

十几年前社会上突然掀起了一阵呼啦圈热，一时间街头巷尾，老人孩子不论清晨黄昏地摇摆起来，市场上呼啦圈紧销，商贩争相进货，厂家竭力生产。没想到呼啦圈热得快，冷得也快，几个月后，人们的新奇感消退了，商店里呼啦圈堆积如山，盲目跟风的厂商叫苦不迭。你在设计自己的职业生涯时，一定要分析社会需求，择世之所需，否则，只会自食苦果。

马克·吐温作为职业作家和演说家可谓名扬四海，取得了极大的生涯成功。你也许不知道，马克·吐温在试图成为一名商人时却栽了跟头，吃尽苦头。马克·吐温投资开发打字机，最后赔掉5万美元，一无所获；马克·吐温看见出版商因为发行他的作品赚了大钱，心里很不服气，也想发这笔财，于是他开办了一家出版公司。经商与写作毕竟风马牛不相及，马克·吐温很快陷入困境，这次短暂的商业经历以出版公司破产倒闭而告终，作家本人也陷入债务危机。经过两次打击，马克·吐温终于认识到自己毫无商业才能，遂绝了经商的念头，开始在全国巡回演说。这回，风趣幽默、才思敏捷的马克·吐温完全没有了商场中的狼狈，重新找回了感觉。到1898年，马克·吐温还清了所有债务。

尺有所短，寸有所长。你也许兴趣广泛，掌握多种技能，但所有技能中，总有你的长项。有些人善于与人打交道，有些人则更适于管理机器物品。你在设计自己的职业生涯中时，千万要注意：选择最有利于发挥自己优势的职业，即择己所长。

国际贸易理论中，有一个著名的比较优势原理：在美国，每单位投入能生产25千克小麦或8.3米布，而在世界其他地区，每单位投入能生产10千克小麦或8米布。显然，美国的生产能力在小麦上超过其他国家，而布的生产成本上与别国相似。那么，美国究竟应当生产哪种产品才能获得最大收益呢？相对来说，美国在小麦的生产方面优势更大，美国应当将资源用于小麦生产，从他国进口布匹，美国与他国通过小麦与布的交换，满足其自身需要。这样，社会总产品最大，各单位则通过分工，选择相对生产能力最强的产品，获得最大收益。比较优势原理同样适用于职业生涯设计。当你长处较多时，不妨观察一下周围人群，研究一下别人的长短，如果你的长处也正是别人的长处，不妨放弃这种选择，尽量寻找一个你非常拿手，而别人却感到棘手的职业，这种选择往往让你平步青云。因为在这一领域内，很少有人能和你竞争，只有你一枝独秀。

准则三：择世所需

社会的需求不断演化着，旧的需求不断消灭，同时新的需求不断产生。昨天的抢手货今天会变得无人问津，生活处于不断地变异之中。

准则四：择己所利

一个不得不承认的事实是，职业对你而言，依然是一种谋生手段，是谋取人生幸福的途径。你通过职业劳动，在谋取个人福利的同时，也为社会做出了贡献，创造了社会财富。但你谋取职业的第一动机却很简单，你的首要目标在于你个人生活的幸福。谁都期望职业生涯能带给自己幸福，利益倾向支配着你的职业选择。

你择业时，首先考虑的将是自己的预期收益，这种预期收益要求你实现最大化的幸福，也就是使收益最大化。马斯洛将这种需求按先后次序排列成五个层次：生理需求、安全需求、爱的需求、自尊需求以及自我实现的需求。个人预期收益在于使这些由低到高的基本需求得到最大的满足，而衡量其满足程度的指标表现于收入、社会地位、职业生涯稳定感与挑战性等，不同的人有不同的偏好，每个人都会尽可能满足其所有的需求。

每个人都渴望幸福，期望在自己的职业生涯中实现收益的最大化。你通过在职业领域内的奋斗造福社会，社会则赐给你由收入、地位、自我实现等调制而成、贴上幸福标签的美酒。只不过有人喜欢甘甜，有人偏爱干烈，众口不一罢了。

明智的人大都会在迎合与蔑视间有效地协调，以利益最大化原则权衡利弊，从一个社会人的角度出发，在一个由收入、地位等变量组成的函数中找到一个最大值。

这就是你在选择职业生涯中的收益最大化原则。

第三节 科学规划你的职业生涯

教学目标

认知兴趣、性格、价值观和能力与职业的关系。

教学内容

(1)兴趣与职业。

(2)性格与职业。

(3)价值观与职业。

(4)能力与职业生涯。

案例导读

职业规划 抢占先机

小英职校毕业后，劳务输出去日本工作了3年，回国后不久，就来到职业规划所咨询怎样找个好工作。小英职校学的是服装设计，可她对服装设计并不感兴趣。不过在日本的这3年，她的日语学得还不错，而且性格也比较活泼。职业规划人员就为她设计了3年计划。第一年，找一家日资企业工作，不计薪水高低，以便在工作中能强化日语。凭她的条件，找这样一份工作应该不难。业余时间，进修日语及办公自动化，考出日语二级。等考出日语二级，日语读、写都有了一定水平后，找一份日语翻译或办公室文员工作，在工作中锻炼各方面经验，熟悉日资企业的企业文化及管理理念。业余时间，读夜大，提升自己各方面的素质。等夜大毕业后，所在公司如有好的发展机会，则继续努力。如发展机会不大，则可换一家公司。如一切顺利，3年后，小英应该有一份不错的白领工作。

一年过去了,小英日语过了二级,跳槽到一家日资大公司做翻译。在面试中凭借熟练的口语及电脑操作,在与几位应届大学生的竞争中脱颖而出。

目前,她对自己的工作很满意,也充满自信。和她一起去日本的几位小姐妹,有的结婚生孩子不工作了,有的还在流水线上重复着简单劳动,与她相比,相差太大了。她很庆幸听从了职业规划人员的建议。

(资料来源:于反. 100个成功的职业规划[M]. 北京:旅游教育出版社,2008.)

职业规划的目的决不只是帮助个人按照自己的资历条件找到一份工作,达到和实现个人目标,更重要的是帮助个人真正了解自己,为自己定下事业大计,筹划未来,进一步详尽估量主、客条件和内外环境的优势和限制,在"衡外情、量己力"的情形下,设计出符合自己特点的、合理而又可行的职业发展方向。

大学生设计职业规划,要结合自己的兴趣、性格、价值观和能力特点,只有设计好自己的发展方向,在平时的工作中朝着自己既定的目标不断努力,不断提高,才会有美好的前程。

一、兴趣与职业

(一)兴趣的定义

诺贝尔物理奖得主丁肇中说过:"兴趣比天才重要。"实践证明:在影响个人职业生涯规划与发展的众多主观因素中,兴趣就像一双无形的手,所起的作用最大。那么,什么是兴趣?兴趣是怎样发展和影响个人职业生涯的?

俗话说"萝卜青菜,各有所爱"。每个人的喜好不同,就会有不同的选择。什么是兴趣?兴趣是人们力求认识、掌握某种事物,并经常参与该种活动的心理倾向;或者说,兴趣是人们积极探究某种事物的认识倾向。例如,有的人喜欢观察大自然的变化,有的人喜欢动手鼓捣电脑、有的人喜欢研究他人的行为,有的人喜欢理性思考,等等。如果你对某种职业感兴趣,就会对该种职业活动表现出肯定的态度,并积极思考、探索和追求。

(二)兴趣与职业

"男怕入错行,女怕嫁错郎。"在过去的年代里,有这样一句耳熟能详的话语。出外工作的男人选择一个满意并可以终生从事的职业,就像嫁为人妇的女人选择一个长期可以依靠的男人一样重要。而今天在这个追求"男女平等"的年代,不管是男还是女,选择"职业"和"伴侣"依然是相当重要的事情。

叶公好龙的启示:"我喜欢,有啥不可以?"曾经有段时间自认为独立自主的年轻人自豪地把这句话挂在嘴边,对于别人的批评充耳不闻。但是如果你再仔细地推敲一下,"为什么喜欢?"恐怕没几个人能讲出个所以然来。

中国有一个成语叫作"叶公好龙"。故事讲从前有个姓叶的人,逢人便说自己喜欢"龙"。他穿着绘有龙图案的衣裳,佩着龙形的玉佩,整天欣赏有龙的绘画和雕刻,使用的器物上都雕刻着栩栩如生的龙。天上的真龙听说凡间还有一个如此喜欢龙的叶公,很是感动,于是有一天它亲自下凡到人间要见见这个叶公,想和他交个朋友。当这条真龙出现在叶公面前的时候,没想到叶公惊慌失措,四处逃逸,想躲开真龙。龙明白了叶公其实不是真正喜欢“龙”,而是喜欢世俗间的象征龙的“龙图腾”,它失望地回到天上。

也许你也有过类似叶公这样的经验,一直以为自己“喜欢”那件事或物,没想到等你真正接触和了解的时候,才恍然发现那其实并非是自己所喜欢的,而是外界觉得那件事或物非常不错,从而以为自己也喜欢。往往这时,你的真实想法就是尽快地远离那件事或物。

人世间经常是等你亲身体验或相互接触后,细细品味才能体会真实的“感觉”,才能知道自己到底有多“喜欢”。如果还没有接触,就很难判断自己的好恶。如果轻率地做出决定,那往往只是依据社会大众偏好的价值,所以得出的判断也可能只是假象而已。

兴趣不仅在人的学习中发挥很大的作用,也会对人的职业生涯发展产生深远影响。因为兴趣可以说是职业生涯选择的重要依据,也是一种强大的推动力。如果一个人的兴趣和工作内容相一致的话,就会调动整个身心,积极地感知和关注该职业知识、动态,并且积极思考,大胆探索,集中精力在工作过程中获取自己所喜欢的职业知识,启迪智慧并创造性地开展工作。即使遇到困难,也会积极主动地加以克服,以完成工作。再枯燥的工作也会由此变得丰富多彩、趣味无穷。反之,一个人是被迫从事一项自己不喜欢的职业,当然也就很难在该职业上发挥个人的优势,更谈不上作出巨大贡献了。这也应验了“强扭的瓜不甜”“强按牛头不喝水”这些俗语所说的道理。因此,一个人是否能在自己从事的职业和工作上取得成功,这与他对自己职业本身的兴趣有很大的关系。兴趣不仅可以提高人的工作效率,充分发挥才能。而且兴趣还是保证职业稳定、职场成功的重要因素。很多科学家能够有很多的发明和创造,就是因为把自己的兴趣和职业完全结合起来了,最典型的例子就是爱迪生,他几乎每天都在实验室里辛苦工作十几个小时,在那里吃饭、睡觉,但丝毫不以为苦,他宣称:“我一生中从未间断过一天工作”,“我每天其乐无穷”。

如果一个人对某一工作有兴趣,他就能发挥全部才能的80%~90%,并且长时间保持高效率工作不感到疲倦。而对工作没有兴趣的人,只能发挥其全部才能的20%~30%,也容易筋疲力尽。

有人对美国的成功人士做过的调查也显示:94%的人都在从事着他们自己喜欢的职业。

我们的满足感、幸福感往往来自于从事某种活动,而不是无所事事或单纯的享乐游玩,这也正是工作原本的意义所在。

因此,兴趣与工作满意度、职业稳定性和职业成就感之间都存在着明显的关联。

二、性格与职业

(一)性格

性格集中体现了一个人的处事方式,了解自己的性格才能知道自己适合做什么样的事情。当你向别人介绍自己是一个“活泼”“开朗”“热情”的人,或者当你形容自己是一个“文静”“细心”“友善”的人,你就是在描述你的“个性”或者叫“性格”。看看周围的人，有的喜欢议论，有的出言谨慎；有的人办事井井有条，有的人行为大大咧咧；有的人善解人意，有的人粗枝大叶。对周边生活发生的种种事物，不同的人会有不同的关切。听说房屋失火，有人会问："怎么起的火？"有人关心："烧着哪些东西？"有人感慨："一场大火给人带来多大的伤害和苦难！"有人注意到："要减低火灾的伤害，应先改变建筑材料。"不同的个性即有不同的反应。

每个人在其成长历程中，受到生理、遗传、家庭教养、文化规范、学习经验等因素的交互影响，从而形成自己独特的个性。某些个性特征之间具有一定的关联性，如"活泼""开朗""热情"的人通常较为积极主动，显得较为"爱表现"，因此也常具备较佳的"沟通能力"；而"文静""细心"的人常会较为"谨慎"而"内敛"，因此也较重视"秩序"，让人觉得"可靠"。当然，有许多人的个性特征并不表现得非常鲜明。

（二）性格与职业生涯

人的性格可谓"千人千面"，但心理学家们一直致力于对人的性格特征进行分析、归类。由此，产生了多种学术流派，每一个流派都有自己一套关于性格类型及其成因的说法。现国际较为流行的职业人格评估工具——MBTI。

它由美国的心理学家布里格斯（Katherine Cook Briggs，1875—1968）和她的心理学家女儿迈尔斯（Isabel Briggs Myers）根据瑞士著名的心理学家Carl G. Jung（荣格）的心理类型理论和她们对于人类性格差异的长期观察和研究而著成。经过了长达50多年的研究和发展，MBTI已经成为当今全球最为著名和权威的性格测试。

迈尔斯—布瑞格斯类型诊断量表（MBTI）是通过辨别个体在性格各方面的不同偏好，找出适合个体所从事的职业。

MBTI的基本观点：MBTI向我们揭示了性格类型的多样性和由此导致的不同个体之间行为模式、价值取向的差异性：性格类型深刻影响着我们观察事物的角度、思考问题的方式、决策的动机、工作中的行事风格，乃至人际交往中的习惯与喜好。

MBTI把个人在性格（E内向型与I外向型）、信息收集（S感觉型与N直觉型）、决策（T思维型与F情感型）、生活方式（J判断型与P知觉型）方面的不同偏好，分析出可以分成四大类的16种倾向组合。这四大类分别是情感主导型、思维主导型、直觉主导型、感觉主导型，每一大类都包含着四个性格类型。

（1）情感主导者以富有人情味的方式考虑自己的决定对他人的影响，它们包括：内向+感觉+情感+知觉；内向+直觉+情感+知觉；外向+感觉+情感+判断；外向+直觉+情感+判断。

（2）思维主导者一般很有逻辑性，善于分析，做决定非常有条理，它们包括：内向+直觉+思维+知觉；内向+感觉+思维+知觉；外向+感觉+思维+判断；外向+直觉+思维+判断。

（3）直觉主导者是高度直觉型的人，可以在任何地方发现隐藏的信息，它们包括：内向+直觉+思维+知觉：内向+直觉+情感+判断；外向+直觉+思维+知觉；外向+直觉+情感+知觉。

(4)感觉主导者相信事实和具体情况胜于其他任何方面,它们包括:内向+感觉+思维+判断;内向+感觉+情感+判断;外向+感觉+思维+知觉;外向+感觉+情感+知觉。

16种MBTI类型:

ISTJ型:内倾+实感+思维+判断　　ESTJ型:外倾+实感+思维+判断
ISFJ型:内倾+实感+情感+判断　　ESFJ型:外倾+实感+情感+判断
ISFP型:内倾+实感+情感+知觉　　ESFP型:外倾+实感+情感+知觉
ISTP型:内倾+实感+思维+知觉　　ESTP型:外倾+实感+思维+知觉
INFJ型:内倾+直觉+情感+判断　　ENFJ型:外倾+直觉+情感+判断
INTJ型:内倾+直觉+思维+判断　　ENTJ型:外倾+直觉+思维+判断
INFP型:内倾+直觉+情感+知觉　　ENFP型:外倾+直觉+情感+知觉
INTP型:内倾+直觉+思维+知觉　　ENTP型:外倾+直觉+思维+知觉

性格是与职业相关的,只有将自己性格与环境和职业相匹配,我们才能成为有效的工作者。每种性格类型本身没有优劣之分。

了解自己的性格类型,让我们能够更好地扬长避短;了解他人的性格类型,促进我们更好的达成一致。重要的是理解和完善,而非改变和对抗。

三、价值观与职业

(一)价值观

价值观是指一个人对于人、事、物的看法或原则。换句话说,凡是自己觉得重要的、想追求的就是自己的价值观。

价值观是一种内心尺度,体现了我们对于事物重要性或者是非、善恶的判断。价值观对我们的生涯选择有重大而关键的影响。

马斯洛(1970)提出,人有五个层次的需求:生理需求、安全需求、归属需求、尊重需求和自我实现的需求。这些需求是强大的内在驱动力,我们所做的事情正是为了满足这些需求。我们的需求在生活中反映出来,就体现为我们的价值观。

(二)价值观与职业生涯

从舒伯的生涯发展理论和马斯洛的需求层次理论可以看出,个人由于所处的生涯发展阶段、社会环境不同,他的需求也会发生改变,从而可能导致价值观的变化。

比如,有很多刚毕业的大学生,都希望进外企,做白领,把赚钱当作自己的首要目标。因为这个阶段,他们面临买房、成家的任务,这些都需要经济支持。而在工作十余年、有了一定经济基础的人群中,则有不少人意识到,仅仅为了钱而从事自己不喜欢的工作是一件痛苦的事情。所以,他们在考虑职业选择的时候,薪酬就不再是排首位的价值观了。寻找一个适合于自己兴趣爱好的、能够兼顾家庭的工作成为他们的目标。

由于时代巨大变迁,多元价值体系的冲击,以及个人的成长和发展所带来的变化,个人的价值观常常变得混乱,因此,个人需要对自己的价值观进行探索。

很少有工作能够完全满足一个人所有的重要价值观,生活中亦是如此。因此,我们总是要不断地做出妥协和放弃,它们是不可避免也是必要的。所以我们需要对自己的价值观进行澄清和排序,才能知道如何取舍。

一个人越清楚自己的价值观、越了解自己在工作和生活中想要寻求什么、什么对自己来说是最重要的，他的生涯发展目标也就越清晰。而当现实环境与理想发生冲突、鱼与熊掌不可兼得时，他也更容易做出决策，因为他清楚哪些东西是可以放弃的，哪些是不可或缺的。不同的价值观会产生不同的行动选择。而价值观不清晰的人，往往会陷入混乱、难以抉择。

四、能力与职业

（一）能力

能力是顺利完成活动的一种必备的心理条件，是作为掌握和运用知识技能的条件并决定活动效率的一种个性心理特征。能力的强弱直接影响到人们的工作效率。职业能力是指顺利完成某种职业所必须具备的心理特征。

从人们从事的活动中，就能看出是否具有某种能力，而且这种能力达到了什么水平。能力对人一生的职业道路的选择、事业的成败具有重要的作用。任何职业都要求从业者掌握一定的技能，具备一定的条件。难以想象让一名卡车司机驾驶一架民航班机会出现怎样的后果，也没有人会让文盲去操纵计算机，因为他们不具备那些职业能力。职业不同，对技能的要求也不一样。任何一种技能都是经过一定时间的训练后才被劳动者所掌握的，而每个人的一生都很短暂，任何人都不可能在一生中掌握所有的技能。

（二）职业能力的种类

能力实际上是由多种因素组成的复杂心理结构，它是一个人能否进入职业并且胜任该工作的充分必要条件。一般来说，顺利完成任何职业活动都必须具备两种能力：一般能力与特殊能力。

一般职业能力通常又称智力，包括注意力、观察力、记忆力、想象力和思维能力，是从事任何职业都必须具有的能力。这是人认识世界的基础。因此，又称一般能力为认识能力，而且把这四种认识能力的综合称为智力。在学校阶段，学习各门学科的目的是发展一般能力，开发智力，奠定未来职业的基础。韦克期勒智力量表（表2-4）就是一种被广泛应用于智力诊断的工具。

表2-4　韦克期勒智力量表

测验名称		所预测的内容
言语量表	常识	知识的广度、一般学习能力及其对日常事物的认识能力
	背数	注意力和短时记忆能力
	词汇	言语理解能力
	算术	数学推理能力、计算和解决问题的能力

（续表）

测验名称		所预测的内容
	理解	判断能力和理解能力
	类同	逻辑思维和抽象概括能力
操作量表	填图	视觉记忆、辨认能力，有视觉理解能力
	图片排列	知觉组织能力和对社会情境的理解能力
	积木图	分析综合能力，知觉组织及视动协调能力
	图形拼凑	概括思维能力与知觉组织能力
	数字符号	知觉辨别速度与灵活性

其实，大多数人的智力水平都差不多，也有少数人智力超群。比如大名鼎鼎的爱因斯坦，智商就达到150左右，比一般人高出近50个点，以致至今有些科学家还对爱因斯坦的大脑构造充满研究兴致。在职业选择中要注意的是，有些职业，像大学教师、科研工作者、工程师往往对智力有较高的要求。而有些职业对某项一般能力要求比较高，比如驾驶员、交通警察等职业要求注意力强；而陈鲁豫如果没有超强的记忆力也不可能坐在凤凰卫视直播间里“说新闻”。

特殊能力是指顺利完成某种职业活动所必须具备的心理特征，例如，数学能力、音乐能力、机械操作能力、绘画能力等。这些能力都是完成某些特定职业活动必须具备的能力，它是了解自己能否胜任某种职业的依据，与职业选择具有直接的联系，也有人称之为特长。

特殊能力对于职业选择非常重要，很难想象一个计算能力很低的人能进行数学研究，而要做一名教育工作者，就要求其具备较好的语言表达能力和阅读能力。

目前，我国在选拔公务员时，就使用《行政职业能力倾向测验》来考察求职者的行政特殊能力，见表2-5。

表2-5　行政职业能力倾向测验的内容和测试目标

部　分	测试内容	题　数	参考时限	测试目标
一	知觉速度与准确性	60	10	各种中英文及数字、图形符号的知觉加工速度与准确性；加速感知、记忆、比较判断能力
二	数量关系	10	10	基本数量关系的快速理解和计算能力
三	言语理解与表达	25	25	中文词句含义理解能力
四	判断推理	40	30	图形关系、文章段落和社会生活等常识性问题的推理判断能力
五	资料分析	15	15	较简单图、表、文字资料的阅读、理解、分析能力
合计		150	90	

附录：职业能力测验题选录

一般能力测验（智力测验）

指导语：请你在30分钟内回答完下列13道题，如果你能在更短的时间内答完可以加分，但一到30分钟请立即停止答题。准备好一张白纸和一支笔，把你的答案写在纸上，以备核对。准备好了吗？开始！

（1）一位旅行者在埃及买了一枚印有“公元前3世纪”字样的金币向他人夸耀，考古学家却说他上当了，为什么？

（2）你连续十次向上扔硬币，每一次掉在地面上都是正面向上。假设一切情况照旧，你第十一次扔硬币，正面向上的可能性是百分之几。

（3）有一个人在自由市场上买了两只鸡，在回家路上两个熟人要买他的鸡，他只好把鸡卖了。每只卖价6元，其中一只赚了20%，另一只亏了20%。请问这个人到底是赚了多少钱，还是亏了多少钱，还是不赚不亏？

（4）你在甲地招聘员工，那里的人不是绝对的说谎者，就是绝对的诚实者。有一位应聘者走进来，他看上去是一位诚实者。他说，下一位女应聘者告诉他，她是一位说谎者。他说的是实话吗？

（5）两枚宇宙火箭同时发射，方向相反，哪一枚飞得更快一些？

（6）六千六百零六元写成6606元。现在请你尽快写出十一千、十一百又十一这个数。

（7）有五个人进行汽车竞赛，先后到达终点的情况是：李威不是第一，王明不是第一也不是最后，赵山在李威后面，孙乐不是第二名，朱英在孙乐后面。请你排出五个人到达的顺序。

（8）下列数列中少了一个什么数？

3、7、15、（　）、63、127……

（9）如果40个工人在2小时内能生产出20个零件，那么2个工人生产10个零件要花多少小时？

（10）有一只蜗牛要从一口井底爬出来。井深20尺。蜗牛每天白天向上爬3尺，晚上向下滑2尺。请问该蜗牛几天才能爬出井口？

（11）有生、熟鸡蛋各一个，将它们旋转一下，怎样区别这两只蛋？

（12）小马不吃鱼和菠菜，小林不吃鱼和蚕豆，小吴不吃河虾和马铃薯，小方不吃排骨和蘑菇，小季不吃鱼和蘑菇。现在请你为这几位挑剔的客人准备晚餐，下列菜谱中你可选用哪几种菜？

蚕豆清炒，奶油鳕鱼，芹菜炒海虾，排骨烧香菇，莴苣炒粉丝，白斩鸡。

（13）有个人最不喜欢正方形的东西。一次，一位不了解情况的木匠给他做了一个正方形的窗户。他生气地命令木匠重做。但是窗户的面积又不能变。你说，木匠怎样改做这个窗户呢？

答案：

（1）因为以“公元”纪年是公元后的人使用的，公元前的真古董不会铸上“公元前”三个字的。

（2）50%。

（3）亏0.50元。一只鸡买进花了5元，另一只鸡买进花了7.5元。

（4）他在说谎，因为没有一个说谎者会说自己是说谎者。

（5）顺地球旋转方向的那枚火箭更快一些。

（6）12111。

（7）孙乐、朱英、王明、李威、赵山。

（8）前一个数的2倍+1=下一个数。

（9）20小时。

（10）18天。因为它已爬出井口，不再下滑。

（11）旋转很急的是熟蛋，旋转不稳的是生蛋，因为生蛋是液体，旋转时有惯性。

（12）芹菜炒海虾、莴苣炒粉丝、白斩鸡。

（13）变成平行四边形。

评分规则：

答对一题得1分，20分钟内答完加1分，18分钟内答完加2分，15分钟内答完加3分。12分以上者较优秀；10～11分为中上；8～9分为中下；7分以下为智力较差。

即使你测的结果不理想也不要担心或自卑，加强有关方面的学习和训练就会迎头赶上的。

延伸阅读

1. 兴趣为事业引路

乔治·威廉·切尔兹，是美国的一位著名出版商。乔治出生于巴尔的摩，13岁时加入了美国海军。乔治早年在书店打工的时候就对书籍产生了浓厚的兴趣，此后也一直保持着这种兴趣，一年多的海军生活也没有使兴趣改变。

乔治结束海军服役后就回到了费城。他迫切需要一份工作，但是他没有去五金店、裁缝店，也没有去铁路上找什么体力活，而是直接去了书店。最后，一家费城的书店录用了他，工资是每个月12美元。

乔治工作的这家书店刚好和当地的一家日报《费城公共基石报》在同一幢楼里，天长日久，乔治和这家日报的员工也混熟了，他慢慢意识到高品质的报纸和杂志对日常生活有着重要的影响。虽然《费城公共基石报》的风格并不符合这种理念，但他认为可以加以改造。所以，乔治开始想象自己将来拥有这家日报的情景。这个念头一直埋在他的心里，他也期待着有朝一日能实现它。

乔治在书店干了4年，他积攒了一笔钱，于是决定自己开一家书店。他的老板知道他志向远大，虽然觉得惋惜，也没有过多地挽留他。乔治当时只有19岁，但他对纽约、波士顿一带的出版业行情已经了如指掌。因为他在书店的时候，就经常参加在这些城市举办的半年一度的图书市场订货会。那些出版商都熟悉他，也非常看重他的人品。当他们知道乔治要自立门户时都很热心，表示只要力所能及，就一定会尽力帮忙。

乔治的书店干得不错，得到同行们的好评。不久，费城一家最著名的彼特森出版公司看中了他，并邀请他加盟。他经过慎重考虑，接受了新的职位。干了不到一年之后，公司改名为“切尔兹和彼特森联合出版公司”，由他拍板的一些项目获得了巨大的成功，公司事业蒸蒸日上。

乔治在出版业做了这么久，有了足够的经验和能力，觉得可以向自己早年的目标进军了。1864年，他如愿以偿，成功收购了《费城公共基石报》。当时这份报纸已经江河日下，濒临倒闭。在被收购的前一年，它的亏损额是15万美元。乔治了解这一点，但他并没有被吓倒，他相信，自己原先设想的那种高品质报纸一定会有市场，也会给自己带来成功。所以，收购一结束，他马上就着手改革报纸的风格。

乔治把报纸上原有的那些枯燥的、不健康的内容，包括不上台面的庸俗报道，会毒害青年、腐蚀心灵、诲淫诲盗的作品，捕风捉影、添油加醋的名人秘史及粗俗不堪、玩世不恭的痞子文学等在其他刊物上几乎是招徕读者必不可少的作料，都大刀阔斧地予以删除。他的这种原则在报纸的广告上也表现了出来。凡是与公共道德不符的，有色情、暴力倾向的广告，他一律拒绝刊登。而后加重报纸的文学性，提高它的品位，内容也比原来增加了很多，价格上相应做了调整。改造完成之后，报纸重新问世，结果，凭借它不落俗套、诚实可信的风格一举占领了市场。

事业的成功使切尔兹成了百万富翁。1888年，两大政党的头面人物出面游说他代表本党竞选美国总统，当时美国正在经历内战之后的重建和发展，南北矛盾依然尖锐，有人希望以这种理由说服切尔兹出山。两家支持民主党的报纸许诺，如果他代表民主党参选，它们愿意各出10万美元作为竞选基金，一家铁路公司的总裁也开出了5万美元的支票。面对这些诱人的条件，切尔兹不为所动。他明确表示，自己对政治事务没有任何兴趣，对自己没有任何兴趣的事，也是不会干好的。

点评：

在众多的职业中，想从事某种职业的愿望，往往表明了你的职业兴趣。在选择职业时，兴趣是必不可少的重要因素。美籍华人杨振宁说：“成功的真正秘诀是兴趣。”乔治·威廉·切尔兹正是坚持从自己的兴趣出发，从一个书店的店员开始做起，逐步发展到独立开书店，加盟出版公司，最后成功地收购了《费城公共基石报》，成为一名百万富翁。也正因为对政治没有丝毫兴趣，他拒绝了两大政党的游说，没有去参加总统竞选，一心一意专注于自己的出版事业。

选择职业时，求职者不妨多多想一想：你喜欢什么职业？喜欢干什么样的工作？只有有了兴趣，人做事才会有积极性。研究表明，一个人如果怀着兴趣从事某种工作，可以发挥他全部才能的80%以上，可以在工作过程中充满创造性和主动性，并且不易疲劳，效率也高。相反，如果从事的是他没有兴趣的工作，那么这种工作便会在他的心理上成为一种负担，他也只能发挥自己全部才能的20%至30%，而且在工作时会表现得比较被动、工作态度十分消极，其工作效率通常较低，工作业绩也往往不佳。做一份能胜任，同时又是自己喜欢的工作，才是人生真正的乐事。

2. 天生我材必有用

威尔逊毕业于著名的纽约大学研究生院。大学毕业时，曾有几家著名企业有意邀请他去工作，他都一一谢绝，继续上了研究生。他希望研究生毕业后能留在母校继续研修博士课程，可因为家庭的关系，威尔逊放弃了深造的机会，留在了母校的教研室里做了助教，从此便一头埋在了工作中。

开始时，威尔逊和前辈、同事都相处得很好，因为业余时间当家庭教师和大学机关报的编辑，他的额外收入也增加了不少，日子过得充满希望。可随着时间的流逝，他发现大学并非像他想象的那样神圣。"学阀"和派系构成了极其复杂的人际关系，要想周旋于其中，必须巧妙地运用处世哲学。可对于威尔逊来说，这恐怕是他最不擅长的事情了，他甚至没有交到一两个可以促膝交谈的好朋友，常常一个人闷闷不乐。

在家人的建议下，威尔逊去做了性格适应性检查。结果表明，他的性格是超内向型，属于那种特别孤独的类型，而非社交型。别说俱乐部活动、人际社交，就连课堂讨论、体育活动他都很少参加。可以说他是个只专注于学习的人。威尔逊感到很绝望。后来，他又到曾邀请过他的那些著名企业走了一趟，结果没有被任何一个企业所录用。

最后威尔逊怀着极度的失意，决定报考公务员。结果，他幸运地以优异成绩通过了考试，就职于政府的统计局。这种工作恰恰是他那种性格适合的，于是他得以充分地发挥他的潜力，工作也很愉快。

点评：

在社会生活中，人们似乎正在被实际的需要所逼迫，不断地改变着自己的先天性格。然而，有些本人认为是缺点而为此终日烦恼的性格特点，对于某些工作来说，却可能恰好是优势。所以，与其浪费时间拼命去改造自己的性格，还不如去认识自己的长处，扬长避短，这样不是更好吗?

威尔逊通过性格适应性测试，充分了解了自己的性格类型，放弃了不适合的大学助教工作，选择了独立性较强、避免过多与人打交道的统计局公务员的工作，所以工作得很愉快。

3. "万能"发明家

幼年的杨杰放学后，常常去父亲办的小修理铺帮着修理自行车、架子车等，还跟父亲学了些小手艺，这对他以后的人生道路产生了很大的影响。在学校里，老师的自行车和教室里的电灯、桌、椅坏了，全由他修理，加之他天资聪慧，学习成绩好，老师和同学们给他起了个"杨万能"的绰号。

杨杰初中毕业后，因家境贫寒，只好辍学回家务农。在农村劳动期间，村里添置了一批农业机械，决定让他来保养维修，杨杰不负众望，很快掌握了各种机械的维修技术。他还帮助粉条加工厂解决了生产中的一些技术难题，并制作了一台小型"红薯粉碎机"。同时，他还抓紧时间学完了《机械原理》《机械制图》《电工基础》等大专课程，立志走出一条实现自我的路子。

理论知识的丰富进一步开发了杨杰的智力，他成功地设计制造了一台柴油机驱动的“碾麦机”，还为本村织布厂设计制造了“轮径机”等配套设备，并在3个月内安装调试成功。

长期的实践经验和知识积累，使杨杰的创造发明和设计能力走向成熟。改革开放更为他的事业发展创造了良好的外部条件。从1981年开始，他首先搞资金积累，进行有偿技术服务，先后为县南关、麦张寨、城关镇等楼板厂设计安装了“调直切断机”“搅拌机”及其配套设备。通过一年多的努力，他用积攒起来的钱，购买了车床、电焊机等机械，又设计制造出了“拉丝机”等配套设备，与别人合办了“冷拔拉丝厂”。后来，他又提供设备和技术，与福利公司合办了“纸管厂”。

1987年，他看准了当时的又一新兴产业——铝箔复合包装业，果断地将“纸管厂”转给福利公司，到“机械制造厂”担任技术厂长。针对铝箔复合机恒线速不稳定的问题，他设计制造了恒线速收卷装置——滑差机构和挠性支承轴，解决了生产中的重大技术难题，不但提高了产品质量，而且提高了生产效率和设备使用率。他生产出的第一代“恒线速收卷”“铝箔按切机”，获了两项国家专利。接着，他发明研制了“螺旋胀紧轴”，再次获得国家专利。

1990年，他创办了“户县中工机器厂”和“包装技术研究所”，成为西安市第一家厂所一体、研制与生产相结合的企业。企业刚组建时，在试验经费极度困难的情况下，他发明研制出了“倒卷切管机”“铝箔复合分切机”等产品，获得国家专利，为我国包装业的发展提供了较为先进的设备，缩小了我国与国际包装业的差距。同时，杨杰雄心勃勃，继续向世界科技的新高峰攀登，发明并研制出了处于世界领先水平的“旋臂星轮无级变速器”，在北京专利技术博览会上受到国家科委和国家海洋局的高度重视，立即被国家海洋局海洋技术研究所定为研制“八千瓦波力摆式试验电站”的核心部件——波力机械转换装置，项目属国家“八五”重点攻关项目。

在这几年里，杨杰本着“以科技为先导，以质量求生存，以品种求发展”的宗旨，按照“生产一代，开发一代，研制一代，构思一代”的原则，不断更新，不断创造，先后开发研制出了“多功能复合分切机”“云母纸分切机”“压花涂色机”等7个系列、22个产品，其中有8项获得了国家专利。企业的科研力量不断增强，规模不断扩大，到1995年底，共拥有固定资产120万元，每年可生产各类复合机设备50多套，产值300多万元，产品质量达到国内外领先水平。

点评：

哈佛大学的心理学家霍华德·加德纳指出，那些标准的智商测试测量的仅仅是两种能力，即数学和语言技巧。而事实上，人至少有七种基本的智力方面的技能。如数学逻辑、语言、音乐、空间、身体动觉以及两种类型的个人理解力(即我们理解别人以及处理自己的梦想、恐惧和烦恼的能力)。所以，你或许不擅长数学计算或语言技巧，却可能在设计上很有天赋，或者很有说服人的能力。

什么是能力？特长就是你的能力。而特长非一朝一夕可以显示出来，它是在你学习自己感兴趣的事物中逐步形成的，是一种在某个方面比其他人更胜一筹的特殊能力。

被人们称为“杨万能”的杨杰，是一位土生土长的发明家，他充分发挥自己的特长，在发明创造的道路上取得了不俗的成绩。这也说明，人的智能中存在很多尚未开发的领域，只要你能够积极评估自己的职业能力，做到心中有数，就一定可以成功。

4. 与航天事业结缘

家在湖南的尚勇，从未有过去甘肃的念头，倒是对“国防绿”和航天事业情有独钟。一个偶然的机会，他听到甘肃酒泉发射中心来北大招聘的消息，怀着一种“看一看”的心情去了，招聘处的凄凉冷落和招聘人员热情的面庞、求贤若渴的眼神久久萦绕于尚勇的脑海之中。

当他得知这是发射中心十多年来第一次到北大招人时，尚勇的心中涌上来的不知是苦是涩，还是一种如同荒漠般的悲壮之感。他完全有可能进公司、进外企、进机关，就算留不了京，至少也能留在内地，但这样的生活是不是缺了些什么呢？他扪心自问：自己寻找的到底是什么？是同别人一样苦拼力夺争取一个待遇优厚的好职业？难道上北大就是为了这些吗？甘肃酒泉卫星发射中心是国防科工委的重点单位，是中国国防战线最尖端的部门，且不说国际形势的多极化决定了加强国防后盾的必要性，也不说中国国防科技是多么需要这一部门的发展，单单就他个人而言，投身到这样壮丽的事业中，自己的青春、生命也许会更有意义。

一番深思熟虑之后，尚勇接受了这次不平凡的挑战。同学中有的人认为他在开玩笑，有的人诚心劝他不要草率行事，还有的人认为他天真的理想迟早会破灭。面对这些善意的评说，他淡然处之。每个人择的是不同的“业”。事业不等于职业，职业只是生存的手段，最多能借此表明自己的社会地位与身份，但一个人甘愿为之去奉献，为之全身心投入的才是事业。尚勇虽不是理想主义者，但他愿意为自己的事业终生奋斗。

点评：

职业价值观反映了一个人的人生哲学，是支配他所有思想的根本，对职业目标和择业动机起着决定性的作用。如果一个人追求的是自我价值的实现，那么他就会选择那种最能发挥自己特长的职业；如果一个人只是一味地追求名和利，那么他在选择职业时，就会优先考虑目前所选取职业的社会地位和经济收入，而不会从长远考虑。

为祖国、为事业、为他人奉献是一种美德，来自崇高的理想。先有个人向社会的奉献，才有个人对社会的索取。奉献是一种社会责任，比接受更快乐。当你选择了一份职业时，也就为自己选择了一个为之奋斗的事业。只要是自己真心愿意做的事情，就不会计较报酬，因为事业本身就是一种报酬。

裴多菲曾经说过，生命的长短以时间来计算，生命的价值以贡献来计算。让每个大学生都找到自己理想的职业，并在工作中为社会贡献一份力量。

（资料来源：于反. 100个成功的职业规划[M]. 北京：旅游教育出版社，2008.）

第三章 创造性思维

第一节 创造性思维概述

教学目标

(1)理解创造性思维的概念和本质。
(2)了解创造性思维的理论。

教学内容

(1)创造性思维的概念和本质。
(2)创造性思维的特点。
(3)创造性思维理论的研究。

案例导读

青霉素的发现历程

提要:对于创新活动过程的研究,侧重于对创造性思维的研究。虽然创新活动的过程纷繁多样,但是只要认真分析这些多样性背后的思考过程,仍然可以发掘出一些共性的规律,而这些规律对于我们进行创新实践会很有启发作用。

20世纪40年代以前,流行着许多传染病,如猩红热、白喉、脑膜炎、淋病、梅毒等,严重地威胁着人们的生命。为了改变这种局面,科研人员进行了长期探索,然而在这方面所取得的突破性进展却源自一个意外发现。亚历山大·弗莱明由于一次幸运的过失而发现了青霉素。在1928年夏弗莱明外出度假回来后,无意间注意到一个与空气意外接触过的金黄色葡萄球菌培养皿中长出了一团青绿色霉菌。在用显微镜观察这只培养皿时弗莱明发现,霉菌周围的葡萄球菌菌落已被溶解。这意味着霉菌的某种分泌物能抑制葡萄球菌。鉴定表明,该霉菌为青霉菌,因此弗莱明将其分泌的抑菌物质称为青霉素。此后,在长达四年的时间里,弗莱明对这种特异青霉菌进行了全面的专门研究。而在当时的技术条件下,即使对于专门的生化学家来说,提取青霉素也是一个重大的难题。但是弗莱明并没有失掉信心,他坚信青霉素拯救生命的价值。因此,他继续将青霉菌菌株一代代地培养,并于1939年毫不犹豫地将菌种提供给准备系统研究青霉素的澳大利亚病理学家弗洛里和生物化学家钱恩。

利用这些青霉菌菌株,钱恩等人培养出效力更大的青霉素菌株。经过一年多的辛勤努力,七八十种病菌的试管实验和动物试验,都证明青霉素对引起多种疾病的病菌都有较大的杀伤作用。通过一段时间的紧张实验,弗洛里、钱恩终于用冷冻干燥法提取了青霉素晶体。之后,弗洛里在一种甜瓜上发现了可供大量提取青霉素的霉菌,并用玉米粉调制出了相应的培养液。在这些研究成果的推动下,美国制药企业于1942年开始对青霉素进行大批量生产。到了1943年,制药公司已经发现了批量生产青霉素的方法。青霉素的大量生产,拯救了千百万伤病员,成为第二次世界大战中与原子弹、雷达并列的三大发明之一。此后,在短短二十余年内。人们又陆续地发现了氯霉素、金霉素等数十种各有功效的抗菌素。

青霉素的发现,使人类找到了一种具有强大杀菌作用的药物,结束了传染病几乎无法治疗的时代。从此出现了寻找抗菌素新药的高潮,人类进入了合成新药的新时代。为表彰弗莱明等人对人类做出的杰出贡献,1945年的诺贝尔医学奖授予了弗莱明、弗洛里和钱恩三人。

一、创造性思维的概念和本质

创造性思维,是一种具有开创意义的思维活动,即开拓人类认识新领域、开创人类认识新成果的思维活动。创造性思维是以感知、记忆、思考、联想、理解等能力为基础,以综合性、探索性和求新性为特征的高级心理活动。通过这种思维能突破常规思维的界限,以超常规甚至反常规的方法、视角去思考问题,提出与众不同的解决方案,从而产生新颖的、独到的、有社会意义的思维成果。

创造性思维本质是发散性思维。这种思维方式,遇到问题时,能从多角度、多侧面、多层次、多结构去思考,去寻找答案,既不受现有知识的限制,也不受传统方法的束缚。其思维路线是开放性、扩散性的。它解决问题的方法更不是单一的,而是在多种方案、多种途径中去探索、选择。创造性思维具有广阔性,深刻性、独特性、批判性、敏捷性和灵活性等特点。

二、创造性思维理论的研究

“创造力”的研究可以追溯到一百多年以前。英国生理学家高尔顿于1869年发表的《遗传的天才》一书是最早的关于创造力研究的系统科学文献。但是作为创造力核心的创造性思维,真正被运用科学方法进行系统的研究,是以美国心理学家约瑟夫·沃拉斯(J. Wallas)于1945年发表的《思考的艺术》一书作为标志的。从这以后,对创造性思维的研究就日益引起心理学界的重视,特别是1950年吉尔福特在美国心理学年会上发表了题为“创造性”的著名演讲后,这一领域的研究就更加繁荣起来。

(一)创造性思维的过程理论

创新思维的过程理论认为,创造性思维在解决问题的活动中,需要一定的过程。心理学家对这个过程做过大量的研究。比较有代表性的是美国心理学家约瑟夫·沃拉斯

(J. Wallas)所提出的“四阶段论”。沃拉斯认为任何创造活动的过程都包括准备阶段、酝酿阶段、明朗阶段和验证阶段。

1. 准备阶段

熟悉所要解决的问题,了解问题的特点。为此要围绕问题搜集并分析有关资料,并在此基础上逐步明确解决问题的思路。

2. 孕育阶段

创造性活动所面临的必定是前人未能解决的问题,尝试运用传统方法或已有经验必定难以奏效,只好把欲解决的问题先暂时搁置。表面上看,认知主体不再有意识地去思考问题而转向其他方面,实际上是用右脑在继续进行潜意识的思考。这是解决问题的酝酿阶段,也叫潜意识加工阶段。这段时间可能较短,也可能延续多年。

3. 明朗阶段

经过较长时间的孕育后,认知主体对所要解决问题的症结由模糊而逐渐清晰,于是在某个偶然因素或某一事件的触发下豁然开朗,一下子找到了问题的解决方案。由于这种解决往往突如其来,所以一般称之为灵感或顿悟。事实上,灵感或顿悟并非一时心血来潮,偶然所得,而是前两个阶段中认真准备和长期孕育的结果。

4. 验证阶段

由灵感或顿悟所得到的解决方案也可能有错误,或者不一定切实可行,所以还需通过逻辑分析和论证以检验其正确性与可行性。

沃拉斯“四阶段模型”的最大特点是显意识思维和潜意识思维的综合运用,而不是片面强调某一种思维,这是创造性思维赖以发生的关键所在,该模型至今仍有较大影响。

(二)创造性思维的结构理论

20世纪最早对创造力结构进行研究,并推动创造力研究成为科学研究中心的是美国心理学家吉尔福特。1967年,美国心理学家吉尔福特(J. P. Guilford)在对创造力进行详尽的因素分析基础上,提出了“智力三维结构”模型。吉尔福特认为,人类智力应由三个维度的多种因素组成:第一维度是指智力的内容,包括图形、符号、语义和行为等四种;第二维度是指智力的操作,包括认知、记忆、发散思维、聚合思维和评价等五种;第三维度是指智力的产物,包括单元、类别、关系、系统、转化和蕴涵等六种。而创新思维的核心就是上述三维结构中处于第二维度的“发散思维”。发散思维具有四个主要特征:①流畅性:在短时间内能连续地表达出的观念和设想的数量;②灵活性:能从不同角度、不同方向灵活地思考问题;③独创性:具有与众不同的想法和独出心裁的解决问题思路;④精致性:能想象与描述事物或事件的具体细节。吉尔福特认为,这也就是创造性思维的主要特征,并研究出一整套测量这些特征的具体方法。然后,他们又把这种理论应用于教育实践来培养发散思维,使发散思维的培养变成了可操作的教学程序。

的确，创造的过程因人而异，并没有一个固定不变的模式，但创新的发生，必须先对问题有关的各项事实有明确的概念及认知，继而运用各种心智能力去发展问题解决的各项方案，最后发现并验证有效的方案，并付诸实施。

我国晚清学者王国维在《人间词话》也提出了创新思维的"三境界说"：古今之成大事业、大学问者，必经过三种之境界："昨夜西风凋碧树。独上高楼，望尽天涯路。"此第一境也。"衣带渐宽终不悔，为伊消得人憔悴。"此第二境也。"众里寻他千百度，蓦然回首，那人却在，灯火阑珊处。"此第三境也。这三重境界的描述，其实也非常精妙地概括了创新活动的三个主要环节：第一，对目标的热望以及对问题的自察与认知；第二，追求创造的艰辛历程；第三，"深思之久，方能无思无虑忽然撞着"的豁然开朗。

（三）创造性思维的特点

创造性思维是创新活动的智力结构的核心。创造性思维是人类独有的高级心理活动过程，人类所创造的成果，就是创造性思维的外化与物化。创造性思维是在一般思维基础上发展起来的，是人类思维的最高形式，是以新的方式解决问题的思维活动，它反映事物本质属性的内在、外在的有机联系，是一种可以物化的心理活动。

创造性思维不同于一般思维的规范，虽然具有一般思维的特点，但它强调开拓性和突破性。创造性思维在解决问题时，带有鲜明的主动性，这种思维与创造活动联系在一起，体现着新颖性和独特性的社会价值。创造性思维的特性主要有以下几点：

1. 独创性

创造性思维贵在创新，它或者在思路的选择上，或者在思考的技巧上，或者在思维的结论上，具有"前无古人"的独到之处，具有一定范围内的首创性、开拓性。具有创造性思维的人，对事物必须具有浓厚的创新兴趣，在实际活动中善于超出思维常规，对"完善"的事物、平稳有序发展的事物进行重新认识，以求新的发现，这种发现就是一种独创、一种新的见解、新的发明和新的突破。

2. 灵活性

创造性思维并无现成的思维方法和程序可循，所以它的方式、方法、程序、途径等都没有固定的框架。进行创造性思维活动的人在考虑问题时可以迅速地从一个思路转向另一个思路，从一种意境进入另一种意境，多方位地试探解决问题的办法，这样，创造性思维活动就表现出不同的结果或不同的方法、技巧。例如，面对一个处于世界经济趋于一体化、竞争日趋激烈之中的小企业的前途问题，企业的职业经理不能无动于衷或沿用老思路，否则，只有死路一条。企业职业经理必须或是考虑引进外资，联合办厂，或是改组企业的人力、财力、物力的配置结构，并进行技术革新，或是加强产品宣传，并在包装上下功夫，或是上述三者并用。企业职业经理也可以考虑企业的转产，或者让某一大型企业兼并，成为大企业的一个分厂。这里的第一条思路是方法、技巧的创新，第二条思路是结果的创新，两种不同的创新都是创造性思维在拯救该企业问题的应用。创造性思维的灵活性还表现为，人们在一定的原则界限内的自由选择、发挥等。一般来讲，原则的有效性体现在它的具体运用上，否则，原则就变成了僵死的教条。

3. 艺术性

创造性思维活动是一种开放的、灵活多变的思维活动,它的发生伴随有“想象”“直觉”“灵感”之类的非逻辑。非规范思维活动,如“思想”“灵感”“直觉”等往往因人而异、因时而异、因问题和对象而异,所以创造性思维活动具有极大的特殊性、随机性和技巧性,他人不可以完全模仿、模拟。创造性思维活动的上述特点同艺术活动有相似之处,艺术活动就是每个人充分发挥自己才能,包括利用直觉、灵感、想象等非理性的活动,艺术活动的表面现象和过程中可以模仿,如梵高的名画《向日葵》,人们都可以去画“向日葵”,且大小、颜色都可以模仿,甚至临摹。然而,艺术的精髓和内在的创作能力只属于个人,是无法仿照的。因此,创造性思维被称为是一种高超的艺术。

4. 对象的潜在性

创造性思维活动从现实的活动和客体出发,但它的指向不是现存的客体,而是一个潜在的、尚未被认识和实践的对象。创造性思维的对象通常是刚刚进入人类的实践范围,尚未被人类所认识的客体,人们只能猜测它的存在状况,或者是人们虽然有了一定的认识,但认识尚不完全,还可以从深度和广度上进一步认识的客体,这两类客体无疑带有潜在性。

5. 风险性

由于创造性思维活动是一种探索未知的活动,因此要受到多种因素的限制和影响,如事物发展及其本质暴露的程度、实践的条件与水平、认识的水平与能力等,这就决定了创造性思维并不能每次都能取得成功,甚至有可能毫无成效或者做出错误的结论。

第二节　创造性思维的培养

教学目标

(1)掌握创造性思维的表现形式。

(2)掌握培养创造性思维的方法。

教学内容

(1)创造性思维的表现形式。

(2)培养创造性思维的方法。

案例导读　　福特的汽车生产流水线

亨利·福特于1903年创立了福特汽车公司。1908年生产出世界上第一辆T型车。1913年,该公司又开发出了世界上第一条流水线,缔造了一个至今仍未被打破的世界纪录。

流水线之前,汽车工业完全是手工作坊型的。每装配一辆汽车要728个人工小时,当时汽车的年产量大约12辆。这一速度远不能满足巨大的消费市场的需求。所以使得汽车成为富人的象征。福特的梦想是让汽车成为大众化的交通工具。所以,提高生产速度和生产效率是关键。只有降低成本,才能降低价格,使普通百姓也能买得起汽车。

1913年,福特应用创新理念和反向思维逻辑提出在汽车组装中,汽车底盘在传送带上以一定速度从一端向另一端前行。前行中,逐步装上发动机、操控系统、车厢、方向盘、仪表、车灯、车窗玻璃、车轮,一辆完整的车组装成了。第一条流水线使每辆T型汽车的组装时间由原来的12小时28分钟缩短至90分钟,生产效率提高了8倍!

流水线是把一个重复的过程分为若干个子过程,每个子过程可以和其他子过程并行运作。福特的流水线不仅把汽车放在流水线上组装,也花费大量精力研究提高劳动生产率。福特把装配汽车的零件装在敞口箱里,放在输送带上,送到技工面前,工人只需站在输送带两边,节省了来往取零件的时间。而且装配底盘时,让工人拖着底盘通过预先排列好的一堆零件,负责装配的工人只需安装,这样装配速度自然加快了。,这个新的系统既有效又经济。汽车的成本也削减了一半,降至每辆260美元,1913年,美国人均收入为5301美元。1914年,一个工人工作不到四个月就可以买一辆T型车。

流水线生产方式的出现,使每一个生产岗位有了标准化和通用性。由此,只有少数技术工人才能生产汽车的历史,被彻底颠覆。当一双黑乎乎的挖煤工人的手,也能造出“神秘的汽车”时,就意味着一个最普通的体力劳动者的工作效率被提高到了技术工人的水平之上。这是流水线生产方式本身的功劳和胜利。

一、创造性思维的表现形式

创新性思维的关键在于怎样具体地去进行创新性的思维。创新性思维的重要诀窍在于多角度、多侧面、多方向地看待和处理事物、问题和过程。具体表现在以下几个方面:

(一)理论思维

理论思维是指使理性认识系统化的思维形式。这种思维形式在实践中应用很多,如系统工程就是运用系统理论思维来处理一个系统内和各个有关问题的一种管理方法。又如有人提出“相似论”,也是科学理论思维的范畴,即人见到鸟有翅膀能飞,就根据鸟的翅膀,鸟体几何结构与空气动力和飞行功能等相似原理发明了飞机,有的也称“仿生学”。因此,为了把握创新规律,就要认真研究理论思维活动的规律,特别是创新性理论思维的规律。

(二)多向思维

多向思维也叫发散思维、辐射思维或扩散思维,是指对某一问题或事物的思考过程中,不拘泥于一点或一条线索,而是从仅有的信息中尽可能向多方向扩展,而不受已经确定的方式、方法、规则和范围等的约束，并且从这种扩散的思考中求得常规的和非常规的多种设想的思维。

多向思维的特点：一是“多开端”，对一个问题可以多开端，产生许多联想，获得各式各样的结论；二是“灵活”，对一个问题能根据客观情况变化而变化，如如果第二次龟兔赛跑兔子又输了，原因可能是方向相反，还可能是前面有条河等；三是“精细”，能全面细致地考虑问题；四是“新颖”，答案可以有个体差异，各不相同。

人的多向性思维能力是可以通过锻炼而提高的，其要点是：第一，遇事要大胆地敞开思路，不要仅仅考虑实际不实际，可行不可行。第二，要努力提高多向思维的质量，单向发散只能说是多低水平的发散。第三，坚持思维的独特性是提高多向思维质量的前提，重复自己脑子里传统的或定型的东西是不会发散出独特性的思维的。

（三）侧向思维

侧向思维亦称“横向思维”，“纵向思维”的对称，非常规的思维形式，是以总体模式和问题要素之间的关系为重点，使用非逻辑的方法，设法发现问题要素之间新的结合模式并以此为基础寻找问题的各种解决办法，特别是新办法。在这种思维形式中，理智控制着逻辑。在技术创新构想产生过程的前阶段常采用这种思维。

侧向思维是发散思维的一种形式，这种思维的思路、方向不同于正向思维、多向思维或逆向思维，它是沿着正向思维旁侧开拓出新思路的一种创造性思维。通俗地讲，侧向思维就是利用其他领域里的知识和资讯，从侧向迂回地解决问题的一种思维形式。侧向思维的特点是：思路活泼多变，善于联想推导，随机应变。

（四）逆向思维

逆向思维，也称求异思维，它是对司空见惯的似乎已成定论的事物或观点反过来思考的一种思维方式。敢于“反其道而思之”，让思维向对立面的方向发展，从问题的相反面深入地进行探索，树立新思想，创立新形象。

与常规思维不同，逆向思维是反过来思考问题，是用绝大多数人没有想到的思维方式去思考问题。运用逆向思维去思考和处理问题，实际上就是以“出奇”去达到“制胜”。因此，逆向思维的结果常常会令人大吃一惊，喜出望外，别有所得。

哲学研究表明，任命事物都包括对立的两个方面，这两个方面又相互依存于一个统一体中。人们在认识事物的过程中，实际上是同时与其正反两个方面打交道，只不过由于日常生活中人们往往养成一种习惯性思维方式，即只看其中的一方面，而忽视另一方面。如果逆转一下正常的思路，从反面想问题，便能得出一些创新性的设想。

（五）联想思维

联想思维是指由某一事物联想到另一种事物而产生认识的心理过程，即由所感知或所思的事物、概念或现象的刺激而想到其他的与之有关的事物、概念或现象的思维过程。

联想思维是人们经常用到的思维方法，是一种由一事物的表象、语词、动作或特征联想到它事物的表象、语词、动作或特征的思维活动。通俗地讲，联想一般是由于某人或者某事而引起的相关思考，人们常说的“由此及彼”“由表及里”“举一反三”等就是联想思维的体现。

联想是每一个正常人都具有的思维本能。由于有些事物、概念或现象往往在时空中伴随出现，或在某些方面表现出某种对应关系，这些联想由于反复出现，就会被人脑以一种特定的记忆模式接受，并以特定的记忆表象结构储存在大脑中，一旦以后再遇到其中的一个时，人的头脑会自动地搜寻过去已确定的联系，从而马上联想到不在现场的或眼前没有发生的另外一些事物、概念或现象。

（六）形象思维

形象思维是对形象信息传递的客观形象体系进行感受、储存的基础上，结合主观的认识和情感进行识别，并用一定的形式、手段和工具创造和描述形象的一种基本的思维形式。

形象思维就是依据生活中的各种现象加以选择、分析、综合，然后加以艺术塑造的思维方式。它也可以被归纳为与传统形式逻辑有别的非逻辑思维。严格地说，联想只完成了从一类表象过渡到另一类表象，它本身并不包含对表象进行加工制作的处理过程，而只有当联想导致创新性的形象活动时，才会产生创新性的成果。

形象思维是反映和认识世界的重要思维形式，是培养人、教育人的有力工具，在科学研究中，科学家除了使用抽象思维以外，也经常使用形象思维。在企业经营中，高度发达的形象思维，是企业家在激烈而又复杂的市场竞争中取胜不可缺少的重要条件。高层管理者离开了形象信息，离开了形象思维，他所得到信息就可能只是间接的、过时的甚至不确切的，因此也就难以做出正确的决策。

二、培养创造性思维的方法

（一）激发人的好奇心和求知欲

影响人的创造力的强弱，主要有三种因素：一是创新意识，即创新的意图、愿望和动机；二是创造思维能力；三是各种创造方法和解题策略的掌握。激发好奇心和求知欲是培养创新意识、提高创造思维能力和掌握创造方法与策略的推动力。实验研究表明，一个好奇心强、求知欲旺盛的人，往往勤奋自信，善于钻研，勇于创新。因此，激发人的好奇心和求知欲是培养创造性思维能力的主要环节。

古希腊哲学家柏拉图和亚里士多德都认为，积极的创造性思维，往往是在人们感到“惊奇”时。因此要激发自己创造性学习的欲望，首先就必须使自己具有强烈的求知欲。求知欲会促使人去探索科学，去进行创造性思维，而只有在探索过程中，才会不断地激起好奇心和求知欲，才能使学习过程变成一个积极主动的过程。这样的学习，就不仅能获得现有的知识和技能，而且还能进一步探索未知的新境界，发现未掌握的新知识，甚至创造前所未有的新见解、新事物。

（二）培养发散思维和聚合思维

发散思维是指大脑在思维时呈现的一种扩散状态的思维模式。它表现为思维视野广阔，思维呈现出多维发散状，如“一题多解”“一事多写”“一物多用”等方式，培养发散思维能力。聚合思维法也称求同思维，指的是把各种信息聚合起来思考，朝着同一个方向而得出一个正确答案的思维。求同是聚合思维的主要特点，即聚合思维是利用已有的知识经验或常用的方法来解决问题的某种有方向、有范围、有组织、条理性强的思维方式。

发散思维是创造性思维的最主要的特点，是测定创造力的主要标志之一。又称为辐射思维、放射思维、扩散思维或求异思维，它具有流畅性，变通性，独特性的特点。流畅性就是观念的自由发挥，指在尽可能短的时间内生成并表达出尽可能多的思维观念以及较快地适应、消化新的思想概念。机智与流畅性密切相关。变通性就是克服人们头脑中某种自己设置的僵化的思维框架，按照某一新的方向来思索问题的过程。独特性指人们在发散思维中做出不同寻常的异于他人的新奇反应的能力。独特性是发散思维的最高目标。

聚合思维是创造性思维的基本成分之一，又叫辐合思维、集中思维、求同思维。是思维者聚集与问题有关的信息，在思考和解答问题时，进行重新组织和推理，以求得正确答案的收敛式思维方式。它具有同一性、程序性和比较性三个特点。所谓同一性是指它是一种求同性，即找到解决问题的办法或答案。所谓程序性是指在解决问题的过程中，操作的程序，先做什么，后做什么，按照严格的程序，使问题的解决有章可循。比较性是指对寻求到的几种解题途径、方案、措施或答案，通过比较，找出较佳的途径、方案、措施或答案。

（三）培养直觉思维和逻辑思维

直觉思维是指未经逐步分析而迅速地对解决问题的途径和答案做出合理反应的思维，如猜测、预感、设想、顿悟等。逻辑思维是指是人们在认识事物的过程中借助于概念、判断、推理等思维形式能动地反映客观现实的理性认识过程，又称抽象思维。它将思维内容联结、组织在一起，在认识过程中借助于概念、判断、推理来反映现实。它与形象思维不同，是用科学的抽象概念、范畴揭示事物的本质，表达认识现实的结果。

直觉思维是一种心理现象，它不仅在创造性思维活动的关键阶段起着极为重要的作用，还是人生命活动、延缓衰老的重要保证。直觉思维是完全可以有意识加以训练和培养的。直觉思维主要有三个特点：简约性、创造性、自信力。简约性是指对思维对象从整体上考察，调动自己的全部知识经验，通过丰富的想象做出的敏锐而迅速的假设，猜想或判断，它省去了一步一步分析推理的中间环节，而采取了“跳跃式”的形式。它是一瞬间的思维火花，是长期积累上的一种升华，是思维者的灵感和顿悟，是思维过程的高度简化，但是它却清晰地触及事物的“本质”。创造性是指直觉思维是基于研究对象整体上的把握，不专意于细节的推敲，由于思维的无意识性，它的想象是丰富的，发散的，使人的认知结构向外无限扩展，因而具有反常规律的独创性。自信力是指当一个问题不用通过逻辑证明的形式而是通过自己的直觉获得，那么成功带给他的震撼是巨大的，内心将会产生一种强大的学习钻研动力，从而更加相信自己的能力。

逻辑思维是作为对认识者的思维及其结构以及起作用的规律的分析而产生和发展起来的。只有经过逻辑思维，人们对事物的认识才能达到对具体对象本质规律的把握，进而认识客观世界。它是人的认识的高级阶段，即理性认识阶段。逻辑思维一般有经验型与理论型两种类型。经验型是在实践活动中的基础上，以实际经验为依据形成概念，进行判断和推理，如工人、农民运用生产经验解决生产中的问题，多属于这种类型。经验型的思维由于常常局限于狭隘的经验，因而其抽象水平较低。理论型是以理论为依据，运用科学的概念、原理、定律、公式等进行判断和推理。科学家和理论工作者的思维多属于这种类型。

社会实践是逻辑思维形成和发展的基础，社会实践的需要决定人们从哪个方面来把握事物的本质，确定逻辑思维的任务和方向。实践的发展对于感性经验的增加也使逻辑思维逐步深化和发展。逻辑思维是人脑对客观事物间接概括的反映，它凭借科学的抽象揭示事物的本质，具有自觉性、过程性、间接性和必然性的特点。逻辑思维的基本形式是概念、判断、推理。逻辑思维方法主要有归纳和演绎、分析和综合以及从具体上升到抽象等。

（四）培养思维的流畅性、灵活性和独创性

流畅性、灵活性、独创性是创造力的三个因素。流畅性是指针对刺激能很流畅地做出反应的能力。培养思维的流畅性即培养自己的思维速度，使其在短时间内表达较多的概念，枚举较多的解决问题方案，探索较多的可能性，例如，自己在短时间内写出包含“木”的所有的汉字，每个人写出的个数的不同，这就是一个人流畅性的区别。灵活性是指随机应变的能力。培养思维的灵活性即培养从不同的角度灵活考虑问题的良好品质。独创性是指对刺激做出不寻常的反应，具有新奇的成分和独出心裁的解决问题的思路。

创造性思维是人类的高级心理活动。创造性思维是政治家、教育家、科学家、艺术家等各种出类拔萃的人才所必须具备的基本素质。心理学认为：创造思维是指思维不仅能提示客观事物的本质及内在联系，而且能在此基础上产生新颖的、具有社会价值的前所未有的思维成果。创造性思维是在一般思维的基础上发展起来的，它是后天培养与训练的结果。卓别林为此说过一句耐人寻味的话：“和拉提琴或弹钢琴相似，思考也是需要每天练习的。”

【阅读案例】

瓦特与蒸汽机

1736年，瓦特出生在英国苏格兰格拉斯哥市附近的一个小镇格里诺克，少年时代的瓦特，由于家境贫苦和体弱多病，没有受过完整的正规教育。他曾经就读于格里诺克的文法学校，数学成绩特别优秀，但没有毕业就退学了。但是，他在父母的教导下，一直坚持自学，很早就对物理和数学产生了兴趣。瓦特从六岁开始学习几何学，到十五岁时就学完了《物理学原理》等书籍。他常常自己动手修理和制作起重机、滑车和一些航海器械。

1753年，瓦特到格拉斯哥市当徒工。由于收入过低不能维持生活，第二年他又到伦敦的一家仪表修理厂当徒工。凭借着自己的勤奋好学，他很快学会了制造那些难度较高的仪器。但是繁重的劳动和艰苦的生活损害了他的健康，一年后，他不得不回家休养。一年的学徒生活使他饱尝辛酸，也使他练就了精湛的手艺，培养了他坚韧的个性。

1756年,瓦特的才能引起了格拉斯哥大学教授台克的重视。在他的介绍下,瓦特进入格拉斯哥大学当了教学仪器的工人。这所学校拥有当时较为完善的仪器设备,这使瓦特在修理仪器时认识了先进的技术,开阔了眼界。这时,他对以蒸汽作动力的机械产生了浓厚的兴趣,开始收集有关资料,还为此学会了意大利文和德文。在大学里,他认识了化学家约瑟夫·布莱克和约翰·鲁宾逊等。瓦特从他们那里学到了很多科学理论知识。

1764年,瓦特设计了一种带有分离冷凝器的蒸汽机。从理论上说,瓦特的这种带有分离器冷凝器的蒸汽机显然优于纽可门蒸汽机,但是,要把理论上的东西变为实际上的东西,把图纸上的蒸汽机变为实在的蒸汽机,还要走很长的路。瓦特辛辛苦苦造出了几台蒸汽机,但效果反而不如纽可门蒸汽机,甚至四处漏气,无法开动。尽管耗资巨大的试验使他债台高筑,但他没有在困难面前却步,继续进行试验。1769年,瓦特把蒸汽机改成为发动力较大的单动式发动机。后来又经过多次研究,于1782年完成了新的蒸汽机的试制工作。机器上有了联动装置,把单式改为旋转运动。

蒸汽机的发明,使得人类的生活与世界的文明改观了。过去由人们用劳力所做的事情,或由牛马、水车、风车等的力量来转动的机器,全部由蒸汽机来替代了。有了蒸汽机才有了现代的机械文明,所以瓦特是现代文明的大恩人。

第三节　创意的开发

教学目标

(1)理解创意的概念和来源。

(2)掌握创意管理的内容。

(3)掌握创意开发的方法。

教学内容

(1)创意开发的含义和创意来源。

(2)创意管理的内容。

(3)创意开发的方法。

持久的问题:苹果的产品创新能持续吗?

在过去的30多年中,苹果无疑是拥有最具创新产品的公司之一。从著名的1984年广告开始,苹果也经历了很多变化:乔布斯被迫离开自己创办的公司,苹果被认为接近失败；乔布斯回归重整产品线，推出彩色iMac和音乐播放器iPod，逐渐把苹果电脑公司转变成苹果公司；推出iPhone智能手机、App Store应用商店；乔布斯生病、去世，库克担任CEO的苹果公司继续推出不那么创新的产品，但获得了更多的利润。

苹果公司公布的2015年财报显示，虽然2015年第四季度iPhone销量增速放缓影响了苹果的利润，但这丝毫不影响苹果的地位。至少从财务角度看，苹果的产品仍然被它的用户认可，是可持续的。2015年，硅谷150家最大上市科技公司的利润总和为1330亿美元，苹果的利润为537亿美元，占比达到40%。基于营收标准，苹果仍排名首位，为2340亿美元：谷歌位居第二为740亿美元。但2016年苹果第一季度的财报并不乐观，自2003年来首次同比下跌。

关于创意，最难的问题是，下次还可以有同样精彩的创意吗？这个问题也一直悬在苹果头上。过去十多年间，它持续推出超出想象的创新产品，但问题始终在，它的创新产品能够持续吗？回顾苹果的产品历史，乔布斯回归后，特别是从iPod到iPhone再到iPad这些年，苹果一再超出消费者的期待，苹果的设计变成了最大的竞争优势；另一方面源于乔布斯在推出产品的节奏和产品链规划上的智慧。但苹果一直没有摆脱是否可持续这个问题。它的酷名声是线性累积的，它每一次成功推出新的产品，都是在加大风险，推高期望，一次失败就会极大地破坏品牌。

题目的解答一定在出题目的思维程度之上——爱因斯坦。

一、创意和创意来源

纵观我们身处的世界，除了自然美景，其余的事物，几乎都是人类观念革新的产物，是人类群体创意的产物。从工业时代到知识时代再到智能时代，人类的价值和位置就是创意。特别是随着算法和机器人正在取代人类很多重复性工作，我们要做的不再只是学习和利用外部的知识，智能时代，工作的本质就是创意。

人的创意是当下的核心资源，如何认识和发掘人的创意资源，这个议题被从不同的层面提出和探讨，比如在经济社会、创新创业、公司管理等方面。在创意产业被关注的鼎盛时期，知名经济学家理查德·佛罗里达在《创意阶层的崛起》一书中提出“我们现在的经济是一个由人类创意提供动力的经济”。

（一）创意的含义

创意常被等同于意料之外，创意要突破的首要障碍是我们自设的思维局限。创意是将一些简单的、平凡的元素或者生活智慧经过不断地延伸、整合，赋予另一种意趣、表现形式或呈现形态的过程。对创意内涵的定义，可以从宏观和微观两个方面来具体理解。

创意开发是一种社会生产活动。可以从两个维度（个人—组织、结果—过程）来分析创意开发。创意开发思维过程具有创造性、发散性、综合性等特性。创意开发需要思维上的创造性，即通过推理、判断、比较、抽象、概括、分析、综合、归纳和演绎等思维形式来实现。

从宏观方面来讲，创意是传统的叛逆；是打破常规的哲学；是破旧立新的创造与毁灭的循环；是思想库、智慧团的能量释放；是思维碰撞、智慧对接；是创造性地系统工程；是投资未来，创造未来的过程。从微观方面来说，创意是生产作品的能力，英国经济学家创业产业理论之父约翰·霍金斯指出：任何创意都具有三个基本条件，即个人性、独立性和意义。首先，创意需要个人观察某些浅显或更深层次的东西，然后让它们成型；其次，创意又有需要独创性的特征；最后，创意具有深远意义，不但要满足人们创造的需要，而且还要有巨大的经济价值。

综上所述，创意是经济主体通过创造性思维活动获得的，是创出新意，是在头脑里所形成的反映对象的本质属性的思维形式，是一种原创性的知识、想法、思路或者解决方案。简而言之，创意就是具有新颖性和创造性的想法。创意工作的本质是创造性和系统性地解决问题。系统性地解决问题，是最高级别的创意。

（二）创意的来源

一般来讲，创意主要来源于以下途径：

1. 国家的宏观政策

国家的宏观经济政策可以作为创业者新产品创意的主要来源。一是政府知识产权管理机构和科技成果管理机构存储着大量的技术成果，二是针对国家政府有关的法律法规的响应开发的产品创意。这些都可以作为新产品的创意。

2. 现有产品的缺陷

通过寻找市场中现有的产品（服务）的缺陷，可以激发创业者的创意。因为现有的产品不可能尽善尽美，不少产品只有用户经过反复使用之后，企业才能发现其缺陷，进而经过多次改进，才会趋于完善，相应的，在不断完善的过程中就会诱发创业者产生新的创意。

3. 客户的潜在需求

在关注新产品，新服务的创意过程中，与客户的不断交流，座谈以及意见反馈，一方面可以进一步了解客户的真正需求，另一方面可以借助客户的智慧完善自己的创意。如果能够激发客户的潜在需求，那么创意数量将大大增加。

二、创意开发的原则和分类

（一）创意开发原则

1. 综合原则

在创意开发的过程中，把研究对象各个层次的种种因素按照其内部联系进行组织结合，把研究的相关问题分解为各个层次和各种因素，并分别加以研究，分析其内在的特性、优势、劣势，然后将这些因素按其内在联系有机地组织起来，形成新的解决方案。

2. 对应原则

世界上无论天象、物象、人像、意向，万事万物都处于一种相互作用之中。客观事物错综复杂，都有其对应的一面，可以从现有的创意和概念的相反方面出发，去构造新的概念和规律，就是所谓的创意对应原理。在创意的开发过程中，此原理的应用是为了拓展人们固有思想的范围，从而开发更多的创意。

3. 择优原则

在创业开发的过程中，会遇到很多意想不到的问题，而创意开发的实质就是对问题的创新解决方法的实现。这就要求人们做到在提到问题的同时，能够围绕该问题进行创意构思，提出多种解决方案，最后运用择优原理，从中选择最佳方案。

(二)创意开发的分类

公司战略是商业领域里最具创意性的任务，随着技术在商业中占据主导地位，克里斯坦森的“破坏性创新”理论对两类创新做了区分。

1. 维持型创新

维持型创新满足现有需求，它可能是渐进式的，也可能是突破式的，想法在思考和行动中不断打磨成形。

2. 破坏性创新

破坏性创新则是“引入与现有产品相比尚不够好的产品或服务，破坏并重新定义这一轨迹”。它的影响随着技术对商业生活的渗透而极度加强，某种程度上说，互联网创新是它的最佳案例。

三、创意管理

如何使创意发挥最大作用，本节探讨了创意管理的特点、创意管理的要素和创意思考的技术。

(一)创意的管理的特点

创意管理的特点和创意一样，事先没人知道何种方法有效，只有综合运用各种可以使用的方法，没人知道创意成果的最终形态是什么样的。主要有三个原因：第一，因为创意本身是复杂系统，涉及太多因素，纯理性化在这里无效；第二，团队或组织中的人增加了其不可预测性；第三，从根本上讲，创意是由品位而非性能驱使的，而品位或良质的培养需要漫长的时间。

(二)创意的管理的内容

若只考察创意管理偏理性思考的侧面，则有五个方面的内容：创意全局观、产品化、标准化、发现模式及找到本质。

1. 创意全局观

不止细致地、精确地描绘局部，而是看到全局，在全局上寻求创新。在全局层面，约束会减少、创新的可能会增加、创意的效能会成倍增加。王国维在《人间词话》中说要“入乎其内又出乎其外”，“入乎其内，故有生气；出乎其外，固有高致”。

2. 产品化

在商业社会中，产品化包含两重意思：一是不论创意过程如何，最后必须给出“产品”或“作品”。二是把“作品”变成可复制的产品，把“手艺”变成“工艺”，把创意效能最大化。

3. 标准化

这里涉及的是工作的过程。标准化对创意的价值,是让我们可以集中注意力在创意的部分。在个人方面也有很多例子,比如不少作家讲自己的写作经历是非常有纪律的过程,像上班族一样朝九晚五。

4. 发现模式

去发现事物背后的结构与模式。寻找背后结构与模式的习惯能够让我们创意解决问题的机会倍增。比如生产方面,主流生产模式有手工艺、流水线式、细胞式、服务运营式等;比如在软件程序设计中,人们总结出的设计模式有装饰者模式、命令模式、代理模式等。我们面对的事物背后究竟有哪些模式?这是一个必须反复思考的问题。

5. 找到本质

去除所有虚饰,看最本质的东西,比如巴菲特的选股思路是"收费桥梁"式,也就是企业必须拥有垄断性资源,是人们必须经过的桥梁。发现模式是归纳总结完全穷尽、相互独立的一组模式,而找到本质则是简化到最本质的几个因素进行分析。若感觉问题复杂得无法简化,很多时候是因为我们还没有真正弄懂它。

(三)创意管理的要素

先把创意放在几个相关的领域来看(图3–1)。

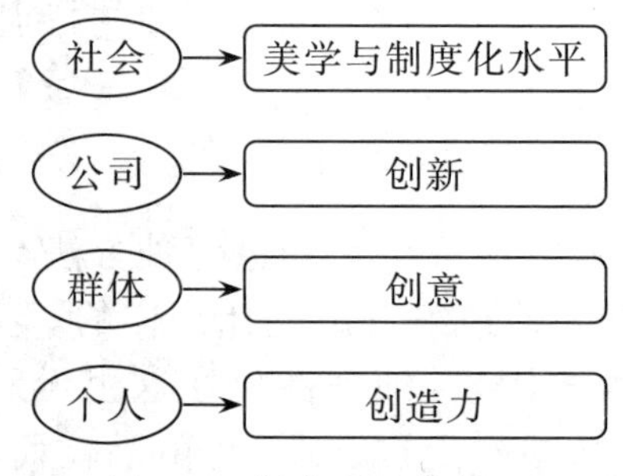

图3–1 创意所处的层面

在个人层面是创造力,在群体层面是创意,在公司层面是创新,在社会层面则是美学与制度化水平。创意管理所涉及的,是个人或团队解决问题/产生创意成果的过程。

这里讨论的创意管理,不是创意的灵感,而是从问题出发,创意个体进行创意的挣扎,建立人的组织体系和事的运行体系,最终产出创意产品的全过程(图3–2)。

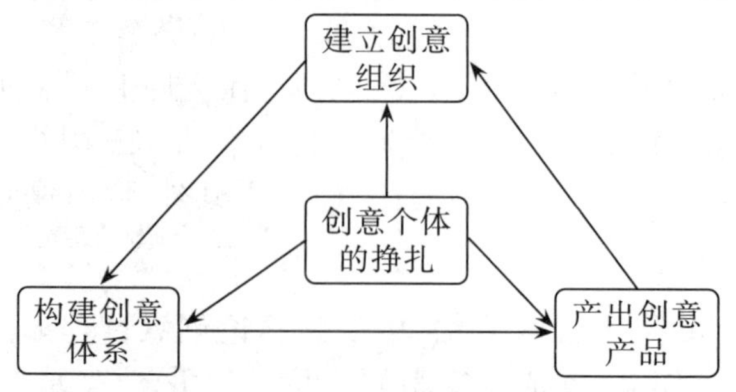

图3–2 创业管理的四个要素

它是关于我们头脑中的思考方式，是我们对实物或信息的处理。是我们组织人的方式，是如何把创意成果创造出来。

以下是由个人或组织创造的几类创意成果，它们在每个人的工作、生活和管理中随处可见，这些成果正是通过新方式解决问题产生的，从中我们可以看到创意管理发挥的作用。

(1)艺术。艺术被认为是最富含创意的作品。它可能不需要创意管理，而是直接把人的创造力凝聚成作品。对需要多人协作的艺术类型，创意管理就开始发挥作用。音乐的创作是从作曲到演奏的接力；戏剧是多人同台的演出。设计师根据顾客的要求设计广告或产品，多数经过某种形式的创意管理过程。

(2)商品。我们熟知的一种创意成果是工业化大规模生产的产品，从单件制造的手工艺到大规模生产，创意过程逐渐被压缩到产品设计的过程中，之后理论上是单调地复制生产。

(3)软件。过去几十年，软件或互联网应用这种创意成果影响了很多人。和大规模生产的产品不同的是，它以代码或程序的方式把人的创意以非常逻辑的方式凝结起来。服务性行业的创意凝聚在设计服务的流程、方式、规范以及实际执行服务行动的人身上。

(4)商业机构。创业者从一个想法出发，建立团队和完整的商业体系，为顾客提供产品或服务，这也是创意的过程。在商业社会里，有一种特别重要的创意成果，是创业者和管理者创造的，它就是设想、规划和组建起能持续运转的团队或组织，包括对人、对事、对结构的规划，也包括运行规则的建立与调试。

四、创意开发方法

创意还需要掌握方法论。TRIZ的含义是发明问题解决理论，其英文全称是Theory of the Solution of Inventive Problems(发明问题解决理论)。TRIZ是其俄文的英语标音TeoriyaResheniyaIzobreatatelskikhZadatch的缩写。在欧美国家也可缩写为TIPS。TRIZ理论是由阿利赫舒列尔(苏联发明家)在1946年创立的，阿历赫舒列尔也被尊称为“TRIZ之父”。1946年，阿利赫舒列尔开始了发明问题解决理论的研究工作。当时阿利赫舒列尔在苏联里海军的专利局工作，在处理世界各国著名的发明专利过程中，他总是考虑这样一个问题：当人们进行发明创造、解决技术难题时，是否有可遵循的科学方法和法则，从而能迅速地实现新的发明创造或解决技术难题呢？阿利赫舒列尔发现任何领域的产品改进、技术的变革、创新和生物系统一样，都存在产生、生长、成熟、衰老、灭亡，是有规律可循的。人们如果掌握了这些规律，就可以能动地进行产品设计并能预测产品的未来趋势。在他的领导下，建立一个由解决技术，实现创新开发的各种方法、算法组成的综合理论体系，并综合多学科领域的原理和法则，建立TRIZ理论体系。

(一)现代TRIZ理论的核心思想

无论是一个简单产品还是复杂的技术系统，其核心技术的发展都是遵循着客观的规律发展演变的，即具有客观的进化规律和模式。各种技术难题、冲突和矛盾的不断解决是推动这种进化过程的动力。技术系统发展的理想状态是用尽量少的资源实现尽量多的功能。

（二）TRIZ理论主要内容

创新从最通俗的意义上来讲就是创造性的发现问题和创造性地解决问题的过程，TRIZ理论的强大作用正在于它为人们创造地发现问题和解决问题提供了系统的理论和方法工具。现在TRIZ的理论体系主要包括以下几个方面的内容：

（1）创新思维方法与问题分析方法，TRIZ理论中提供了如何系统分析问题的科学方法，如多屏幕法等，而对于复杂问题的分析，则包含了科学的问题分析建模方法——物场分析法，它可以帮助快速确认核心问题，发现根本矛盾所在。

（2）技术系统进化法则。针对技术系统进化演变规律，在大量专利分析的基础上，TRIZ理论总结提炼出八个基本进化法则。利用这些进化法则，可以分析确认当前产品的技术状态，并预测未来发展趋势，开发富有竞争力的新产品。

（3）技术矛盾解决原理。不同的发明创造往往遵循共同的规律，TRIZ理论将这些共同的规律归纳成40个创新原理，针对具体的技术矛盾，可以基于这些创新原理、结合工程实际寻求具体的解决方案。

（4）创新问题标准解法。针对具体问题的物—场模型的不同特征，分别对应有标准的模型处理方法，包括模型的修整、转换、物质与场的添加等。

（5）发明问题解决算法。主要针对问题情节复杂，矛盾及相关部件不明确的技术系统。它是一个对初始问题进行一系列变形及再定义等非计算性的逻辑过程，实现对问题的逐步深入分析，问题转化，直至问题的解决。

（6）基于物理、化学、几何学等工程学原理而构建的知识库。基于物理、化学、几何学等领域的数百万项发明专利的分析结果而构建的知识库可以为技术创新提供丰富的方案来源。

（三）TRIZ法解决问题的过程

应用TRIZ法解决问题的第一步是对给定的问题进行分析：如果发现存在冲突，则用原理去解决；如果问题明确但不知道如何解决，则用效应去解决；第三种选择是对待创新的技术系统，进行进化过程的预测。最后是评价，确定是否满足要求。如果满足要求，则进行后续的设计工作；反之，要对问题进行重新分析。

（四）TRIZ理论的特点和优势

相对于传统的创新方法，比如试错法、头脑风暴法等，TRIZ理论具有鲜明的特点和优势。它成功地揭示了创造发明的内在规律和原理，着力于澄清和强调系统中存在的矛盾，而不是逃避矛盾，其目标是完全解决矛盾，获得最终的理想解，而不是采取折中或者妥协的做法，而且它是基于技术的发展演化规律研究整个设计与开发过程，而不再是随机的行为。实践证明，运用TRIZ理论，可大大加快人们创造发明的进程而且能得到高质量的创新产品。它能够帮助我们系统地分析问题情境，快速发现问题本质或者矛盾，它能够准确确定问题探索方向，不会错过各种可能，而且它能够帮助我们突破思维障碍，打破思维定式，以新的视觉分析问题，进行逻辑性和非逻辑性的系统思维，还能根据技术进化规律预测未来发展趋势，帮助我们开发富有竞争力的新产品。

具体方法：

1. 头脑风暴法

头脑风暴法也称智力激励法，是由美国BBDO广告公司经理奥斯本创立。它是一种通过小型会议的组织形式，诱发集体智慧，相互启发灵感，最终产生创造性思维的程序法。

(1)头脑风暴法的实施原则。组织头脑风暴活动时，应遵循以下几条原则：

①自由畅想，即参会者在构思方案和发言时，不要受任何条条框框的限制，甚至可以异想天开。

②延迟批判，在组织活动时，必须坚持当场不对他人的发言做出任何有关缺点的评价。因为没有一个答案是错误的，现在看来不合理的提议，在条件和技术成熟后，或对它进行一些改善后，就有可能成为合理的。也有可能他人在这个提议的启发下，想出更妙的设想。所以在小组内任何人的任何提议的价值都是等同的，都是应该加以鼓励的。

③以量求质，头脑风暴会议的目标就是获得尽可能多的设想，所以设想越多越好。

④综合改善，鼓励对别人的设想补充完善成新的设想。

⑤限时限人。

⑥不允许用集体提出的意见来阻碍个人的创造性思维。

⑦各种设想不分好坏，一律记录下来。

(2)头脑风暴法的程序。头脑风暴法的操作程序通常分为以下六个阶段：

①准备阶段。策划与设计的负责人应事先对所议问题进行一定的研究，弄清问题的实质，找到问题的关键，设定解决问题所要达到的目标。同时选定参加会议人员，一般以5～10人为宜。然后将会议的时间、地点、所要解决的问题、可供参考的资料和设想、需要达到的目标等事宜一并提前通知与会人员，让参与人做好充分的准备。

②热身阶段。这个阶段的目的是创造一种自由、宽松、祥和的氛围，使大家得以放松，进入一种无拘无束的状态。主持人宣布开会后，先说明会议的规则，然后随便谈点有趣的话题或问题，让大家的思维处于轻松和活跃的境界。如果所提问题与会议主题有着某种联系，人们便会轻松自如地导入会议议题，效果自然更好。

③明确问题。主持人扼要介绍有待解决的问题。介绍时须简洁、明确，不可过分周全，否则，过多的信息会限制人的思维，干扰思维创新的想象力。

④重新表述问题。经过一段讨论后，大家对问题已经有了较深程度的理解。这时为了使大家对问题的表述能够具有新角度、新思维，主持人或书记员要记录大家的发言并对发言纪录进行整理。通过纪录的整理和归纳，找出富有创意的见解，以及具有启发性的表述，供下一步畅谈时参考。

⑤畅谈阶段。畅谈是头脑风暴法的创意阶段。为了使大家能够畅所欲言，需要制定的规则是：第一，不要私下交谈，以免分散注意力。第二，不妨碍他人发言，不去评论他人发言，每人只谈自己的想法。第三，发表见解时要简单明了，一次发言只谈一种见

解。主持人首先要向大家宣布这些规则，随后导引大家自由发言，自由想象，自由发挥，使彼此相互启发，相互补充，真正做到知无不言，言无不尽，畅所欲言，然后将会议发言记录进行整理。

⑥筛选阶段。会议结束后的一天内，主持人应向与会者了解大家会后的新想法和新思路，以此补充会议记录，然后将大家的想法整理成若干方案，再根据设计的一般标准，诸如可识别性、创新性，可实施性等标准进行筛选，经过多次反复比较和优中择优，最后确定1～3个最佳方案。这些最佳方案往往是多种创意的优势组合，是大家的集体智慧综合作用的结果。

2. 综摄法

1952年，麻省理工学院教授威廉·戈登发明了旨在开发人的潜在创造力的技法，叫作综摄法，又称类比思考法，是通过已知的东西做媒介，将毫无关联、不相同的知识要素结合起来，来打开"未知世界的门扉"，勾起人们的创造欲望，使潜在的创造力发挥出来，产生众多的创造性设想。

（1）综摄法的基本原则。

①异质同化。新发明大都是现在没有的东西，人们对它是不熟悉的；然而，人们非常熟悉现有的东西。在创造发明不熟悉的新东西的时候，可以借用现有的知识来进行分析研究，启发出新的设想来，这就叫作异质同化。例如，在脱粒机发明以前，谁也没有见过这种机械，要发明这样一种机械，就要通过当时现有的知识或熟悉的事物来进行创造。脱粒机实际上是一种使物体分离（将稻谷和稻草分开）的机械，可以使稻谷分离的方法很多，根据用雨伞尖顶冲撞稻穗，把稻谷从稻禾上脱落下来的创造性设想，终于发明出一种带尖刺的滚桶状的脱粒机。

②同质异化。对现有的各种发明，运用新的知识或从新的角度来加以观察、分析和处理，启迪出新的创造性设想来，这就叫作同质异化。例如，热水瓶大家都很熟悉，将它改小成茶杯大小，就成了保暖杯。将电子表装在笔中，就发明出一种电子计时笔。

（2）综摄法采用的方法。在具体实施上述两种原则时，采用以下三种类比的方法：

①拟人类比。进行创造活动时，人们通常将创作的对象加以拟人化，挖土机可以模拟人体手臂的动作来进行设计，它的主臂如同人的上下臂可以左右上下弯曲，挖斗似人的手掌，可以插入土中将土抓起。这种拟人类比方法还被大量应用在科学管理中。

②直接类比。从自然界或者已有的成果中心与创造对象相类似的东西，例如设计一种水上汽艇的控制系统，人们可以将它同汽车类相比，汽车上的操纵机构和车灯喇叭，制动机构等都可经过适当改革，运用到汽艇上去。

③象征类比。所谓象征是一种用具体事物来表示某种抽象概念或思想感情的表现手法。在创造性活动中，人们有时也可以赋予创造对象一定的象征性使他们具有独特的风格，这叫象征类比。

（五）综摄法的适用范围

如果要寻求创新，或想要得到具有创造性的解决方案，综摄法是一种很好的选择。不过，这种方法也有一些限制因素。综摄法主要受到小组规模的限制，如果很多人卷入了问题情境，那么就无法组成一个小组来应用这种方法来解决问题，因为一个应用综摄法的小组的理想人数是6~8人。

综摄法运用于产品开发时收效最大。综摄法也同样适用于社会领域，如美国产业界和学术界的成员们就曾经利用这种方法研究“政府预算怎样进行分配”的问题。

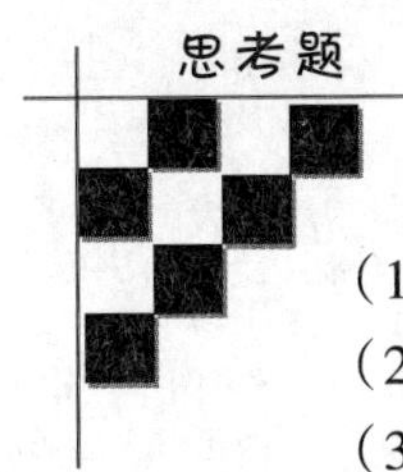

(1)创造性思维和创业行为的关系是什么？

(2)为什么好奇心和求知欲可以激发创造性思维？

(3)你最近一次头脑中有一个什么创意？是什么动机激发的？

第四章 创业者与创业团队

第一节 创业者

教学目标

(1)了解创业者的定义。
(2)掌握创业者应该具备的素质和能力。

教学内容

(1)创业者的定义。
(2)创业者的类型。
(3)创业者素质和能力。

案例导读 埃隆·马斯克的世界:跨领域创新者

随着自动驾驶技术的应用,特斯拉公司(Tesla Inc.)渐渐进入公众视线,其创始人埃隆·马斯克也开始被人们所熟知。然而,马斯克的成就不仅仅局限于特斯拉创始人。马斯克没有专注于某一个领域,他还关注互联网、清洁能源、太空等影响人类未来发展的领域。

1995年,马斯克在入读硕士学位的第二天决定离校创业。他和弟弟共同创办了互联网公司Zip2。不久,马斯克便卖掉了该公司,创办了一家提供在线金融服务和电子邮件支付业务的公司X.com。2000年,X.com公司与Confinity(康菲尼迪)公司合并后更名为PayPal(贝宝),这就是"移动支付"的前身。

一直以来,马斯克都没有放弃幼时关于火箭飞船和太空旅行的梦想,他曾表示:"一定要想办法把人类送上火星。"2002年6月,马斯克成立SpaceX(太空探索技术公司),其创办初衷是降低火箭发射成本,让人类能在未来实现移民火星。经过3次失败后,直到2008年9月第4次发射,马斯克命名的火箭"猎鹰1号"成功进入轨道。

研究火箭的同时,马斯克也做了其他事情。他遇到了电动汽车狂热者斯特劳贝尔(Jeffrey Straubel),二人一拍即合,创建了特斯拉汽车。2004年,马斯克出任该公司董事长,不久后又担任首席执行官;马斯克还和自己的表兄弟一起做了一个名为"太阳城"的清洁能源项目。

目前，SpaceX成为航空航天业最稳定的运营商，特斯拉已是全球最畅销的纯电动豪华汽车，太阳城也是最大的消费者商用太阳能电池板安装供应商。马斯克对自己产业的未来十分乐观。

创业者的背后，承载的是汗水。马斯克将工作看得比任何事情都重要，对员工也严格要求，"我们正在改变世界、改变历史，如果你不打算全力以赴，那你就别干了。"马斯克说。如果员工找借口，他会说："好吧，这个项目与你无关了。你的工作也由我来做，我都可以完成。"

马斯克总是充满激情地讨论着汽车、太阳能板和电池，因为他坚信科学技术能真正改善人类的生活。

创新是创业者力量的原动力。

一、创业者

（一）创业者的定义

法国经济学家Richard Cantillon首次提出创业者一词，并将其定义为"敢于冒险开创一项新事业并勇于承担责任的人"。法国经济学家Say（1800）明确给出了创业者的定义，他将创业者描述为"将经济资源从生产率较低的区域转移到生产率较高的区域的人，并认为创业者是经济活动过程中的代理人"。奈特（1921）赋予了创业者不确定性决策者的身份，认为创业者要承担由创业的不确定性所带来的风险。此后，创业者的内涵随着经济的发展而不断丰富和完善。目前，理论界大多倾向于这种观点：创业者是发现和利用机会，负责创造新价值过程的个体。

实际上，从更严谨的角度而言，创业者是指创业活动的推动者，或者是活跃在企业创立和新创企业成长阶段的企业经营者。在此需注意，创业者只是企业经营者，而不直接等同于企业家，因为多数创业者在创业初期并不完全具备优秀企业家所必备的能力，他们往往只拥有其中的一部分。而从中文的释义而言，凡能称得上"家"的，必是事业有成者，只有不断经历磨炼并摸索出自己成功的秘诀，才能从"创业者"迈向"创业小家"进而迈向"创业大家"。在创业的道路上没有康庄大道，创业者只有不断完善个人素质，带领企业获得商业上的成功，才可能逐步转变为真正的企业家。

（二）创业者的类型

按照不同的分类标准，可以将创业者分为不同的类型。从创业者的创业意图角度，我们可以将创业者分为以下五种类型：

1. 生存型创业者

生存型创业者是指为生活所迫，不得不开展创业行为的人群。比如，下岗职工、失地农民、城市其他失业人员等。这类创业者所从事的创业，多为科技含量相对较低的事业。

2. 管理型创业者

管理型创业者是指那些综合能力较强的创业者。他们精通专业知识，而且对企业管理、运作、市场、财务等十分熟悉，能够通过各种有效的企业管理手段，带动企业前进。

3. 市场型创业者

市场型创业者的一个重要特点就是注重市场，善于把握市场变化机会。在中国计划经济向市场经济转轨过程中，涌现出大批的市场型创业者。

4. 科技型创业者

科技型创业者多与高校和科研机构相关联，以高科技为依托创办企业。20世纪80年代之后，为了鼓励将科技成果转化为生产力，国家推出了一系列鼓励高等院校和科研机构创办企业的措施。如今的许多知名科技企业，其前身就是“校办企业”和科研机构创办的“所办企业”，如北大方正、清华同方以及联想集团等。

5. 金融型创业者

金融型创业者实际上是风险投资者，他们向企业提供的不仅仅是资金，更重要的是专业特长和管理经验。他们不仅参与企业的经营方针和规划的制定，而且还参与企业的营销战略制定、资本运营以及人力资源管理。

二、创业者素质和能力

（一）创业者素质

1. 良好的身体素质

身体是革命的本钱，一切工作都应建立在自身身体健康的基础上。拥有良好的身体素质，体力充沛，精力旺盛，思路敏捷，创业者才能更好地发挥自己的光和热。现代企业的创业与经营是复杂的，创业者面临着工作忙、时间长、压力大等问题，如果身体素质不好，必然力不从心，难以承受创业重任。

古希腊思想家苏格拉底在教学中有过这样一件事发生。在开学的第一天，苏格拉底对他的学生们说：“今天我们只做一件事，每个人尽量把手臂往前甩，然后再往后甩。”说着，他做了一遍示范。“从今天开始，每天做300下，大家能做到吗?”学生都笑了，这么简单的事，谁做不到呢。可是一年以后，苏格拉底再问的时候，他的全部学生中只有一个人坚持了下来，后来这个人继他之后成为新一代思想家，这个人叫柏拉图。要锻炼好身体，关键在于要有坚强的意志和坚持不懈的毅力。

2. 强大的心理素质

心理素质是指创业者个人的心理条件，由创业者的自我意识、气质、性格、情感、价值观等心理要素构成。由于创业者致力于创业活动的特殊性，往往要求创业者具有与常人不同的心理素质。创业的过程是艰辛并充满诸多不确定性的，面对无数的不确定性和未知的风险，只有保持良好的心态，才能避免患得患失，避免冲动行事，避免与目的背离的选择，从而更好地面对和解决困难。要具备强大的心理素质，一方面，要加强修养，多从历史经验中寻找答案；另一方面，要善于学习，恐惧往往来源于无知，只有不断地学习，才能减少无知，才能更加稳重。

3. 良好的知识素质

知识素质是指创业者所应该具有的较为丰富的企业管理知识，如营销、财务等方面的专业知识，以及极为丰富的企业管理经验和新创企业所涉及的技术、工艺知识，还应具备一定的外语知识，以及计算机、网络基础知识等。创业者的知识素质在企业经营活动中发挥着重大的影响，创业者必须具有良好的知识素质才能胜任创业管理活动。

良好的知识素质还包括良好的经验素质。创业者的经验素质是指创业者在创业过程及新创企业经营管理活动中实践锻炼和经验的积累。经验之所以对创业者具有重要意义，是因为经验是形成管理能力的中介，是知识升华为能力的催化剂。一个受过良好管理教育的人，只有与创业实践相结合，才能形成创业管理能力，成为成功的创业者。

（二）创业者能力

创业能力是一种特殊的能力，创业教育是提升创业能力的重要途径。创业能力这种特殊能力往往影响创业活动的效率和创业的成功与否。创业教育对创业者的创业能力有很大的提升。创业能力一般包括组织领导能力（战略管理能力、学习决策能力）、业务能力（经营管理能力、专业技术能力、交往协调能力和创新能力），如图4-1所示。

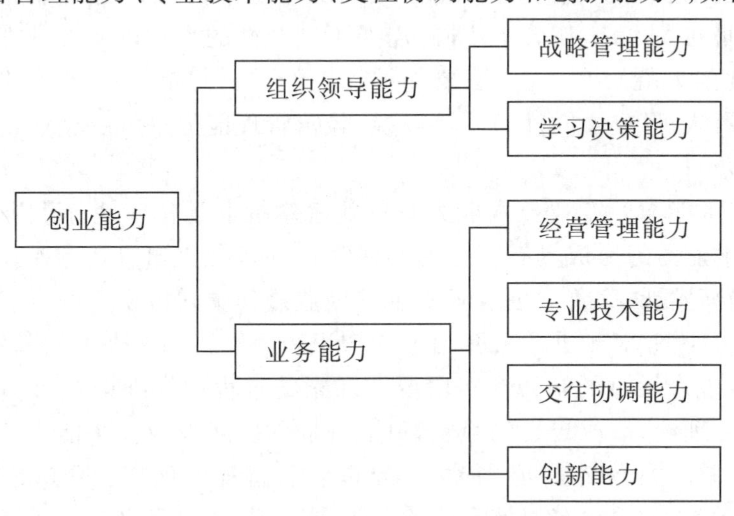

图4-1　创业者需要的创业能力

1. 组织领导能力

（1）战略管理能力。战略是依据企业的长期目标、行动计划和资源配置优先原则设定企业目标的方法。因为战略是为企业获取可持续竞争优势，对外部环境中的机遇和威胁以及内部的优势和劣势做出的反应，它是对企业竞争领域的确定，所以战略是企业的生命线，战略也是企业腾飞的起跳板。一个及时、果敢、英明的战略决策是企业由茧化蝶、由小到大、由平凡到伟大的最初推动力，而一个错误的战略会葬送一个企业。战略管理能力包括战略思维、战略规划和设计等，是一个创业者的核心领导能力。

（2）学习决策能力。正确决策是保证创业活动顺利进行的前提，尤其是有关创业机会的识别和选择。创业团队的组建、创业资金的融通、企业发展战略的确定以及商业模式的设计等重大决策，直接关系着对创业全局的驾驭和创业的成败。要决策正确，要求创业者具有较强信息获取和处理能力，能敏锐地洞察环境变动中所产生的商机和挑战，形成有价值的创意并付诸创业行动。特别要随时了解同行业的经营状况及市场变化，了解竞争对手的情况，做到“知己知彼”，以便适时调整创业中的竞争策略，使所创之业拥有并保持竞争优势。同时，通过不断进行创新思维和创新实践，进行反思和学习，总结创新经验，汲取失败教训，及时修正偏差和错误，进一步提高决策能力，促进企业健康成长。

2. 业务能力

（1）经营管理能力。经营管理能力是指对人员、资金以及企业的内部运营的能力。它涉及人员的选择、使用、组合和优化；也涉及资金聚集、核算、分配、使用、流动。经营管理能力是一种较高层次的综合能力，是运筹性能力，它包括团队组建与管理能力、市场定位与开拓能力、企业文化设计与培育能力、应付突发事件能力等。其中团队组建能力十分重要，一个企业需要细致的“内管家”、活跃的“外交家”、战略的“设计师”、执行的“工程师”、发散思维的“开拓者”、内敛倾向的“保守派”；需要技术研发、市场开拓和财务管理等方面的人才，工作分工不同，需要不同个性的人。创业者既需要能够把不同专长、不同个性的人凝聚在一起，更要能够让他们在一起融洽地、愉快地工作，组成优势互补的创业团队，形成协同优势。可以说，经营管理能力是解决企业生存问题的第一要素。

（2）专业技术能力。专业技术能力是创业者掌握和运用专业知识进行专业生产的能力。专业技术能力的形成具有很强的实践性。许多专业知识和专业技巧都要在实践中摸索，逐步提高发展、完善。创业者要重视创业过程中知识积累的专业技术方面的经验和职业技能的训练，对于书本上介绍过的知识和经验在加深理解的基础上予以提高、拓宽；对于书本上介绍过的知识和经验要在探索的过程中详细记录、认真分析，进行总结、归纳，上升为理论，形成自己的经验特色。只有这样，专业技术能力才会不断提高。

（3）交往协调能力。交往协调能力是指能够妥善地处理与公众（政府部门、新闻媒体、客户等）的关系，以及能够协调下属各部门成员之间关系的能力。创业者应该做到妥当地处理外界的关系，尤其要争取政府部门、工商以及税务部门的支持与理解，同时要善于团结一切可以团结的人，团结一切可以团结的力量，求同存异共同协调发展，做到灵活有度，善于巧妙地将原则性和灵活性结合起来。总之，创业者搞好内外团结，处理好人际关系，才能建立一个有利于自己创业的和谐环境，为成功创业打好基础。

（4）创新能力。创新是知识经济的主旋律，是企业化解外界风险和取得竞争优势的有效途径，创新是创业能力素质的重要组成部分。它包括两方面的含义：一是大脑活动的能力，即创造性思维、创造性想象、独立性思维和捕捉灵感的能力；二是创新实践的能力，即人在创新活动中完成创新任务的具体工作的能力。创新能力是一种综合能力，与人们的知识、技能、经验、心态等有着密切的关系，它取决于创新意识、智力、创造性思维和创造性想象等。具有广博的知识、扎实的专业基础知识、熟练的专业技能、丰富的实践经验、良好的心态的人容易形成创新能力。

第二节　创业团队与团队领导

教学目标

（1）了解创业团队。

（2）掌握创业团队的基本要素。

（3）知道如何组建和领导一个优秀的创业团队。

教学内容

（1）团队概述。

（2）创业团队的形成。

（3）创业团队的基本要素。

（4）领导创业团队。

案例导读　云南礼先生李宏军：创云南的知名礼品商

礼先生是云南知名互联网礼品满意度服务商、昆明礼品行业协会理事，由原云南省交通规划设计研究院设计师李宏军创办于2011年，服务交易品类涵盖礼品定制、礼品交付、企业满意度。提供线下礼品定制、线上积分商城、企业福利云平台、旅游文创资源等企业礼品满意度解决方案。礼先生作为西山茶马花街云南城投城市会客厅的运营顾问，拥有300平礼先生礼品文创展售厅，并设立西山团建服务中心，为企事业单位提供定制礼品、积分福利、团建拓展、满意度等全方位解决方案。礼先生服务过的企业有富滇银行、浦发银行、建设银行、苏宁易购、万科地产、中南地产、龙湖地产、云南移动、大地保险、大益茶业、一心堂、杨丽萍文化、云南大学、云南盐业等各类型企业。它也是洛可可设计集团核心合作伙伴、杨丽萍文化衍生品服务商、云南城投衍生品服务商、猪八戒云南战略合作伙伴、1911文创店战略合作伙伴。礼先生可为企业提供礼品方案策划、线上积分福利平台搭建、品牌衍生品文创、供应链配送及本地生活福利导入等企业满意度提升解决方案。

李宏军，礼先生创始人，原云南省交通规划设计研究院设计师，昆明私家车主公益行发起人，2011年辞去设计师工作，创立昆明密斯特礼商贸有限公司，品牌“礼先生”。依托礼先生这个新媒体平台，致力于创意和营销领域的研究和实践，创建云南知名互联网礼品商业网站。

礼先生是云南礼品满意度解决方案践行者。自2011年创立至今,其创业过程被视为历练之旅。从一开始的企业礼品定制,延伸到企业满意度提升解决方案的全程策划、解决。创立8年来,礼先生坚信平凡人做不平凡的事,团队从创业之初的六七个人到如今几十人。礼先生于2014年成为中国移动积分平台接入商,2015年创立云南扫石马购科技有限公司,创立品牌"马上惠"。马上惠成为互联网落地服务商,支付宝城市服务商,微信城市服务商,京东互联城市服务商。2016年创立云南饵块文化传播有限公司,致力于云南旅游文创产品开发。2019年创立云南寻访记科技有限公司,致力于寻访云南生态好物,并成功入驻由共青团云南省委指导,云南省青年创业协会牵头组建,云南省青年创业就业基金会参与运营的,以B2B为主要营销模式的基于有赞的微信端综合性电商服务平台——青创云品商城。

创业者通过公司发展不同阶段的特征,确立当前阶段的发展目标及路线,能够有效地把控公司发展方向,让礼先生从最初的礼品定制网站到现在的云南省多元化在线服务市场。创业者的有利智慧是礼先生的成功要素之一,创业者紧跟时代发展的步伐,志在市场发展的前沿,引导创业团队走向成功。

一、团队概述

众所周知,团队是由个体构成,并为了同一目标而共同努力的组织。叔本华曾说过:"单个的人是软弱无力的,就像漂流的鲁滨逊一样,只有同别人在一起,才能完成许多事业。"因此,团队力量往往比个人力量更能推动社会的前进发展。

(一)团队的定义

管理学家斯蒂芬·P·罗宾斯认为:团队就是由两个或者两个以上,相互作用相互依赖的个体,为了特定目标而按照一定规则结合在一起的组织。关于团队,威廉姆斯认为,它首先是一个群体,在此基础上,其成员具有高度的相互依赖性和共同性,团队是由更具有自主性、思考性和合作性的个体组成的群体。团队是任务群体的一种特殊类型,是指因为某项工作而使各个成员联合起来形成的在行为上有彼此交互作用、相互之间技能互补的、具有共同信念和价值观、并有彼此相互归属的感受和工作精神、愿意为共同的目的和业绩目标而奋斗的一群成员组成的群体。群体成员间通过相互的沟通、信任和承担责任,产生群体的协作效应,从而获得比个体成员绩效总和更大的团队绩效。

(二)团队的特点与作用

团队作为特殊的群体,通过不断努力和相互作用推动个人及团队的发展。高效的团队对要达到的目标有清楚的理解,并坚信这一目标包含重大的意义和价值,个人的力量是有限的,团队的力量是无限的。

团队不同于群体,它有着独有的特征和作用。团队中成员所做的贡献是互补的,而群体中成员之间的工作在很大程度上是互换的。团队的特点主要表现为以下几点,见表4-1。

表4-1　团队的特点

序　号	区　别	特　点
1	领导方面	团队发展到成熟阶段时，成员共享决策权
2	目标方面	团队成员除了共同的目标外，还可以有属于自己的目标
3	协作方面	团队对协作性要求较高，团队中有一种齐心协力的气氛
4	责任方面	团队中除了领导者要负责之外，每一个团队的成员也要负责，甚至要一起相互作用，共同负责
5	技能方面	团队成员的技能是相互补充的，把不同知识、技能和经验的人综合在一起，形成角色互补，从而达到整个团队的有效组合
6	结果方面	团队的结果或绩效是由大家共同合作完成的产品

团队的特点不仅讲求人员的协作，更讲求技能的提升，团队发展离不开有能力的领导者指挥方向，也离不开团队成员的努力协作。团队正是因为有着与个体不一样的特点而更加强大。团队的作用，可以说不言自明，主要表现在以下五个方面：

第一，增进沟通，能够更有效地激励员工，有助于组织更好地利用雇员的才能，提高组织运行效率，当团队发展中遇到问题，可以通过团队成员有效沟通而更快速地决定解决方案。

第二，有利于提高员工满意度，促进对共同目标的承诺，身处团队中必然需要多方面考虑团队成员的想法，使团队运作更加顺畅，更利于达成共同目标。

第三，有利于改善组织的沟通状况，使团队成员们加强交流，这有利于弥补组织的一些缺陷。

第四，有利于提高组织决策效率，当员工参与决策过程时，不仅可以增加组织的民主气氛，还可以提高员工的积极性，团队共同决策可以避免领导者武断抉择团队发展方案，使团队的发展更加稳定。

第五，团队打破了传统部门界限，可以快速地组合、重组和解散，因此它比传统的部门结构更灵活，应对情势的变化更迅速。

（三）团队的构成要素

一般来说，团队也是有其构成要素的，具体来说，包括团队目标、团队成员、团队定位、领导权限和团队计划五个要素。

1. 团队目标

团队应该有一个既定的目标，为团队成员导航，知道要向何处奋斗，没有目标这个团队就没有存在的价值。我们所在的组织可以说是一个大团队，因为我们有共同的使命、愿景与目标。同时，组织内部又可以划分为若干小团队，包括常设团队（如职能部门）和临时团队（如项目部、攻关小组）。组织的大目标分解成小目标，由各个小团队来承担，各个小团队的目标必须跟组织的目标一致，小团队目标还可以具体分解到各个团队成员身上，大家合力实现这个共同的目标。

2. 团队成员

人是构成团队最核心的力量。3个以上的人就可以构成团队。目标是通过人员具体实现的,所以人员的选择是团队中非常重要的一个部分。在一个团队中需要有人制定计划,有人出主意,有人实施,有人协调,还要有人去监督评价工作进展与业绩表现。不同的人通过分工来共同完成团队的目标,所以在人员选择方面要考虑团队的要求如何,人员的能力如何,技能是否互补,人员的经验如何,性格搭配是否和谐等。

3. 团队定位

团队的定位包含两层意思:一是团队的定位,团队在组织中处于什么位置,由谁选择和决定团队的成员,团队最终应对谁负责,团队采取什么方式激励下属等;二是个体的定位,作为成员在团队中扮演什么角色,是制定计划还是具体实施或评估等。

4. 领导权限

团队当中领导人的权力大小跟团队的发展阶段相关,一般来说,团队越成熟,领导者所拥有的权力相应越小,在团队发展的初期阶段领导权力相对比较集中。在确定团队权限时,要考虑组织规模、团队数量、业务类型,以决定授予何种权限及多大权限等。

5. 团队计划

计划有两层含义:一是目标最终的实现需要一系列具体的行动方案,可以把计划理解成目标的具体工作的程序;二是提前按计划进行可以保证团队的顺利进度。只有在计划的操作下团队才会一步一步地贴近目标,从而最终实现目标。

二、创业团队的形成

创业不仅需要机会和环境,还需要一个具有共同目标的创业团队。创业团队是指由少数具有互补技能的创业者组成,为了实现他们共同的创业目标,彼此担负责任,共同为达成高品质的结果而努力的共同体。创业团队具有以下几个特点:创业团队是一种特殊的群体;创业团队工作绩效大于所有成员独立工作绩效之和;创业团队对创业成功具有重要的价值;创业团队是高层管理者的团队基础和最初组织形式。

创业团队不是普通的群体,而是特殊的群体。创业团队工作绩效大于成员独立工作绩效之和,这表明创业团队对创业成功具有重要的价值,通过创业团队的不断前进,使创业者的创业理念得以实现。

组建一个创业团队,需要考虑很多的因素,但是主要考虑的是以下几个因素:

第一,寻找合适的合作伙伴。首先,考虑自己是否真的需要合作伙伴;其次,找出合作伙伴必须具备的才能和长处,必须能够和自身形成互补;最后,要确保合作伙伴与自己在同一条船上,朝着同一个方向努力。

第二,推选核心人物。有核心主导的创业团队很重要。核心人物首先要有过硬的素质和品格,具有亲和力,有涵养,能起到支柱作用。其次,核心人物凭借其在团队的威信和主导作用,能够及时协调、平衡团队成员之间的分歧,在一些重大问题上达成共识。核心人物的凝聚力能够更好地保证组织结构的紧密和向心力的强大。

第三，完善制度，形成优势互补的团队。团队成员应该有不同的分工，性格各异且互补的成员使团队更加有活力，工作时也能以不同的思考方式面对团队发展中出现的问题，提出各自的意见和方案，促进团队全面稳定的发展。

创业并不是一蹴而就的，创业团队在创业的过程中会遇到各种各样的问题，会遇到阻力，主要体现为以下几点：

（一）缺乏心理准备

由于团队社会经验不足，常常盲目乐观，没有充足的心理准备，对于创业中的挫折和失败，许多创业团队感到十分痛苦茫然，甚至沮丧消沉。以前大家看到的都是成功的例子，心态自然都是理想主义的。其实，成功的背后还有更多的失败。看到成功，也看到失败，这才是真正的市场，也只有这样，年轻的创业者们才能变得更加理智。若邻网创建于2004年，由软银投资，目标是模仿LinkedIn，成为中国最大的商务社交网站。在2004年到2006年那波商务SNS的Copy 2 China高潮中，若邻算是活下来了。不过中间经历了多次波折，创始人邹岭二进二出，公司一度裁员，几乎关站。若邻和其他的商务SNS一样，用户一直上不来。大家相信的所谓六度交友的人际关系理论，在实践中毫无成功的希望。一个普通人可能通过六度联系到奥巴马，但是这不代表他能认识奥巴马并寻求到实际的帮助，因此六度理论和庞氏骗局也差不多。更大的差别在于，美国是一个专业社会，尊重个人的履历和专业能力，这是LinkedIn崛起的社会学原因。而中国是个关系社会，权力决定了经济。如果你认识省委书记，你会主动把人脉介绍给别人吗？更何况，中国绝大部分掌握财富和权力的人，压根不会上这类网站。

（二）缺乏市场意识和商业管理经验

急于求成、缺乏市场意识及商业管理经验，是影响创业团队成功与否的重要因素。许多创业团队刚开始都了解一些理论知识，但终究缺乏必要的实践能力和经营管理经验。例如，e国团队作为2000年电子商务的明星企业，口号为“一小时配送到家”。e国1小时在获得用户称赞的同时也获得了同样多的怀疑：e国1小时带来了巨大的配送成本，e国还能赚钱吗？卖得越多不是亏得越多？没有新资金的介入，e国还能够支撑多久？实际上e国的悲剧在于在市场没有成熟前过早切入。2000年，中国无论是物流、支付、配送，还是网购人群都极不成熟。靠一家公司来撑起整个产业链，简直是天方夜谭。

（三）缺乏换位思维

创业团队是一个团队而不是个人，在创业的过程中成员之间对事物的看法难免产生分歧，如果不能妥善地处理，将会对整个团队产生无法估计的危害，阻碍创业的成功。视频网站当年的三杰之一——酷6，在李善友离职，盛大大规模清理了创始团队之后，陈天桥与李善友就酷6网的发展战略产生的分歧浮出水面。陈天桥希望酷6的发展方向是“视频资讯新闻”，而李善友则更希望坚持购买正版版权的“大片模式”，最终二人不欢而散。视频行业一向以“烧钱”著称，盛大在酷6身上已经投入了将近两亿美元，却颗粒未收，这或许正是促使酷6转型的最直接原因。烧了两亿美元，落得个尴尬转型。管理方与创始人理念不同，企业就不会有正确的方向和终点。

三、创业团队的基本要素

创业团队不仅仅指一群创业人员，而是有秩序有规格的团队。创业团队应该要具有团队的基本要素，如团队精神、团队领导、团队目标、团队沟通、团队激励、团队学习。这些基本要素在创业团队的发展中起着重要的作用，一环扣一环，创业团队的成功，必然少不了各个要素的作用最大化。

（一）团队精神

团队精神是指团队在共同的目标指引下，积极协作，共同努力工作，以期达到目标的一种精神状态，是团队成员的团队意识与集体态度。团队精神也称团队战斗力。团队精神是团队所有成员都认可的一种集体意识。团队精神的基础是尊重个人的兴趣和成就，要求团队的每一个成员都以提高自身素质和实现团队目标为己任。团队精神的核心是合作协同，目的是最大程度发挥团队的潜在能量，最高境界是全体成员的向心力、凝聚力，反映的是个体利益和整体利益的统一，并进而保证组织的高效率运转。

团队精神是高绩效创业团队中的灵魂。创业团队具有团队精神，即确立了大局意识、服务意识和协调意识。创业团队的团队精神不仅反映创业团队成员的士气，是创业团队所有成员价值观与理想信念的基石，还是凝聚团队力量，促进创业团队进步的内在力量。团队精神是企业管理效率高低的重要指标。有效的管理必须是由一群富有热情和力量、努力为共同目标而奋斗的人组成的战斗团体完成的，散漫的组织、互相冲突对立的个体，是无法体现集体合作精神的，也就无所谓团队精神和战斗力，企业目标的实现更难以完成。那么如何打造团队精神？主要从以下五个方面着手：

（1）培育团队灵魂。人的协作性不仅仅体现在实施过程中，还应该体现在实施前的准备中。没有充分的实施前的准备，就不可能真正赢得市场竞争的胜利。要赢得市场竞争性的预期目标就必须充分估计将来在实施过程中可能出现的所有问题，并有针对性地在不同的实施环节上做好充分准备。人在市场竞争中的协作性的发挥提前到实施前，体现在实施准备之中。这就要求团队必须始终保持高昂的团队灵魂面貌，要把培育团队灵魂作为企业整体营销核心竞争力的一项具体工作来对待。

（2）建立有效的沟通机制。创业团队在创业过程中会出现各种分歧，有效的沟通机制可以保障创业团队更好地前进，通过意见思想的相互交流，彼此增进信任，沟通中更加明确问题所在，寻求更好的解决方案。

（3）团队必须形成一个领导力、决策力、实施力在不同层次上的强强联合体。如果不是最佳组合就难以在竞争中发挥协作性，创业团队更是如此。不同的市场竞争形态对这个团队与人的知识和素质有着不同的要求，要求这个团队中的每一个人在不同的层面上对自身行业动态具备一定的了解和研究，创业团队应该明确各个成员之间的分工和任务，一同协调合作。

（4）从人的心理角度出发培养团队精神力量。从心理学的角度而言，如果要改变一个人的行为，有两种手段：惩罚和激励。惩罚导致行为退缩，是消极的、被动的，法律的内在机制就是惩罚。激励是积极的、主动的，能持续提高效率。适度的惩罚有积极意义，过度惩罚是无效的，滥用惩罚的企业肯定不能长久。这就要求创业团队应该建立一定的奖惩制度，成员根据制度进行自我约束，工作中保持最佳状态，通过奖惩制度来培养团队的精神力量。

（5）不断赋予团队精神新的内涵。团队精神作为企业的特有文化优势有着一以贯之的深刻内涵，如信念、士气、作风等。这些东西任何时候都不能丢，不能变。但团队精神的内涵并不是僵化的、一成不变的。随着世界工业经济变革的发展，传统的企业理念正在发生变化，团队精神的内涵也有了新的拓展。因此，在企业经营战略管理中，仅有"个人能力"是远远不够的。我们要在"国际视野""系统能力""智勇谋略"上去培养企业团队精神，努力打造一批具有"国际化管理"素质的优秀人才，使企业不同层面的人才在实施技能、知识积累、应变能力上适应时代发展的需求。

创业团队的团队精神的形成并不要求团队成员牺牲自我，相反，挥洒个性、表现特长保证了成员共同完成任务目标，而明确的协作意愿和协作方式则产生了真正的内心动力。团队精神是创业组织文化的一部分，良好的管理可以通过合适的组织形态将每个人安排至合适的岗位，充分发挥集体的潜能。如果没有正确的管理文化，没有良好的从业心态和奉献精神，就不会有团队精神。

（二）团队领导

团队领导是指负责为团队提供指导、为团队制定长远目标、在适当的时候代表团队处理与组织及其他部门之间关系的角色。他属于这个团队，是这个团队中的一员并且从团队内部施加影响。众所周知，一个成功的团队首先要有一个具有全面素质和能力的领导者，他是团队的核心，是团队的灵魂。如果领导者的能力不够，团队很难有出色的表现。相反，领导人如果具备全面的能力和高素质，团队就会大踏步地前进。创业团队也是如此。

一个创业团队的领导者必须做到以下几点：

（1）增强大家对创业团队的认同感，要让创业团队成员对于自己是团队的一员而感到自豪。如果团队成员有风雨同舟的感觉，将会对促进团队合作非常有利，如马云创业团队"十八罗汉"，从最初的小房间会议到阿里巴巴的正式上市，团队成员始终都跟随着团队领导马云坚持前进，克服各种困难，这才有今日的阿里巴巴。

（2）要让每个团队成员认识到他们之间的协作以及贡献对于团队获得成功是至关重要的，换句话说，没有他们的贡献，团队将会以失败告终，如腾讯公司的团队理念：为员工提供良好的工作环境和激励机制；完善员工培养体系和职业发展通道，使员工与企业同步成长；充分尊重和信任员工，不断引导和鼓励，使其获得成就的喜悦。

（3）要让每位团队成员的贡献都可以衡量，每个人都可以清楚地看到谁做了什么，而且每位成员都对自己的行为负责。

（4）团队领导者要以身作则。榜样的力量是无穷的，团队领导者就是团队成员的榜样。他的一言一行都备受下属的关注。

（三）团队目标

对于团队而言，一个时期的战略目标必须是明确、清晰的。只有这样，才能让团体成员明确努力的方向，才能对他们产生巨大的激励作用，从而保证团队能始终朝着既定的目标前进。团队管理不是“官理”,因此,团队目标的制定不能一厢情愿地单凭领导的意志行事。离开了共识,团队的目标方向就会面临触礁——团队成员的目标方向与团队的目标方向相分裂。团队目标有其独特的制定规则和原则。

目标是一个有意识地选择并能清楚表达出来的方向,它运用团队的才能和能力,促进组织的发展,使团队成员有一种成就感。创业团队的目标更是创业团队前行的指路标。

一个高绩效的团队的关键是需要所有的成员分享同一个目标,而且这个目标必须高于并脱离团队本身的存在和发展,它必须从总体上配合组织更远大的目标。创业团队的目标则应是团队业务发展的目标,是团队业务能力在现有水平的基础上应达到的目标水平。团队目标对于创业团队的作用主要有以下三个方面:

首先,只有当创业团队设立了目标后,团队成员才能明确未来的方向,并为实现该目标而努力奋斗。其次,只有当创业团队明确自己的目标后,才能针对该目标细化各项任务,团队中成员才能各司其职,这有利于提高团队的绩效。最后,事物的发展并不是一帆风顺的,但是只要团队有了目标,并在努力实现目标的过程中不断克服挫折,从中吸取经验,就能实现团队的螺旋式上升。确定团队目标,应遵循以下原则:

(1)使用明确的语言描述目标。所谓明绩效就是要用具体的语言清楚地说明要达到的行为标准。明确的目标几乎是所有成功团队的一致特点。有很多团队不成功的重要原因往往就是目标模棱两可,或没有将该目标有效地传达给相关成员。

(2)目标应有明确的衡量方法。目标应该是明确的、可衡量的,而不是模棱两可的,应该有一组明确的数据作为是否实现目标的衡量标准。

(3)目标要有一个完成期限。目标必须有一个完成期限,没有时间限制的目标是没办法考核的,或者会带来考核的不公平。上下级之间对于目标轻重缓急的认识程度可能不同。例如,一项工作上司非常重视,希望尽快实现目标,但下属并不知情,在一定的时限内未能完成目标,上级可能会很气愤,而下属也会感觉委屈。同时,这种没有明确时间限定的方式也会带来考核的不公正,破坏工作关系,降低下属的工作热情。

(4)目标要与实际相符。制定目标时,领导总是希望越高越好,但目标必须建立在拟行人的能力之上,是能够被执行人所接受的,是要符合实际情况的。如果管理者利用行政手段或者权力的影响力把自己所制定的目标强压给下属,下属典型的反应是心理和行为上的抗拒。另外,管理者乐观地估计了当前的形势,低估了实现目标所需要的条件,也会导致下达高于下属实际能力的指标。还有一种可能是,管理者花了大量的时间、资源,甚至人力成本,最后确定的目标却根本没有多大的实际意义。这些都是不当的行为。

团队目标制定主要有五大步骤,见表4-2。

表4-2　制定团队目标的步骤

步　骤	具体措施
1	了解由谁确定团队的目标。团队目标的确定需要几方面成员的参与:管理者、团队的核心成员,有时团队的全体成员都要参与

（续表）

步　骤	具体措施
2	制定的团队目标必须与团队的文化方向相一致
3	必须建立目标运行的程序，以便随时纠正偏差或修正目标。目标确定后不一定是准确的，所以必须随时根据监督、检查的情况做出相应的调整
4	把有效目标实施分解，把团队的目标落实到团队中的个人
5	把目标传达给所有成员及相关人员。相关人员可能是团队外部成员，如相关的团队，有业务关系的团队，也可能是团队的管理者

团队目标的制定并非易事，是需要团队成员根据团队现阶段发展状况，经过多次协商讨论而定下的。团队发展目标是团队近期或长期工作的指南针，明确团队目标，团队则能够更有效率地完成各项工作。

（四）团队沟通

团队沟通就是出于共同的工作目标而组成的，团队成员之间凭借一定形式的媒介，共同分享信息、意见、评价、思想，事实等，相互影响，从而有利于团队任务完成的互动过程。这里的团队沟通是指为了达到团队目标而进行的所有沟通行为和过程。创业团队作为团队的一种形式，加强团队沟通也是必不可少的。创业团队之间的沟通应该要围绕创业团队在创业过程中所遇到的问题和困难，通过团队成员之间的相互沟通，明确相对应的解决方案。

团队沟通的目的就是提高团队的工作效率。团队沟通是一个行为过程，它包括以下几个方面：

第一，信息。信息也就是要传递的东西，如情感、建议、评价、思想、意识等。

第二，沟通主体。沟通主体即信息的发送者和信息的接收者，二者缺一不可，如一个人自言自语就构成不了沟通。

第三，沟通载体。沟通载体就是信息的发送者向接收者传递信息的媒介，如电话、信件、视频、网络及其他工具等。对一个有效的团队来说，清晰的方向、明确的目标、融洽的人际关系、统一的工作流程、团队责任感、充足的资源、准确的信息以及适当的培训和报酬等，都是关系到团队能否成功的关键因素。

沟通对团队至关重要。它可以反映人们的思想和感情，即使是那些隐藏的思想和感情也能够呈现出来。沟通有利于双方产生新的观点和思想，在其他方面的交流也有利于促进和加强相互间的关系，有利于问题的解决和相互间的学习。具体地说，团队沟通对创业团队发展起着非常重要的作用。

第一，通过团队沟通，可以提升团队精神，增强团队目标的导向性和凝聚力，促进成员对企业精神和文化的理解与共识，认同企业共同的使命，完成团队的共同愿景。

第二，通过团队沟通，可以激励成员，振奋士气，提高工作效率。在团队的沟通中，成员们了解团队的现存问题、工作业务的进展情况，可以积极提出自己的看法主张，使得成员对团队工作的满意度提高，从而激发他们的工作积极性和创造性。

第三，通过团队沟通，可以建立良好的人际关系和团队氛围。良好的沟通可以减少团队内的冲突和摩擦，促进成员之间以及与管理层之间的和谐与信任，相互促进，相互体谅，紧密合作，最终达到整体目标优化的效果，提高团队效率。

第四，通过团队沟通，有利于管理者做出正确的决策。在沟通中，成员们可以集思广益，收集大量的信息情报，在思想的碰撞中，说不定会产生新的火花，激发成员们的创新思维，为管理者和成员决策提供参考。有效的沟通可以减少决策的成本，在一定程度上使团队规避风险。

（五）团队激励

在现代企业中，管理者要建设一支有效率、技术过硬的团队，还需要采用有效的激励措施。激励措施的好坏，会直接影响到团队的士气，进而影响到整个团队的发展。在团队中，如果管理者能采取有效的团队激励措施，这个措施可以直接代替命令。

当然，激励的方式是多种多样的。比如，管理者通过在团队中树立榜样，通过培训、表扬、奖励，联欢、组织庆祝活动等方式，既可以增强员工的团结意识，也可以有效地增强员工的工作积极性。当然，在实际的工作中，具体要采取何种激励方式，一定要根据现实情况进行综合分析，再做出决定。

团队激励的一般方法有竞争激励、奖励激励、个人发展激励和薪酬激励。

1. 竞争激励

竞争可以使团队的表现越来越出色，可以强烈地刺激每一位团队成员的进取心，迫使他们力争上游，发挥出最大的潜能。需要强调的是，竞赛激励是要鼓励先进，促进发展而不是优胜劣汰，对于后进者应当通过合作给予帮助。竞争激励的方式主要有以几种：

第一，优秀员工榜。优秀员工榜是很多团队采取的一种激励方式。优秀员工榜可以分月评和季评，但绝不是轮流坐庄，否则就达不到预期的效果。对于优秀成员，可以把他的照片放大粘贴在醒目的位置，这对他们是一个很大的精神鼓励，同时对其他的员工也有很大的激励作用。

第二，竞赛。竞赛的方式有很多，例如，设立全团队的业绩排行榜，每个月或每个季度将成员的销售业绩或生产业绩进行排名，对排名第一的给予奖励；也可以设“榜主奖”，对连续三个月都名列第一的给予重奖。类似的竞赛方式还有销售额比赛，质量比赛、利润比赛、明星大赛等。通过采取这些竞赛的方式，同样也可以起到激励团队成员的作用。

2. 奖励激励

奖励有时要比竞争或压力更能影响人的行为。然而，在团队管理中最困难的是如何设计合理的奖励制度和采用何种恰当的方式。比支付给员工更多现金、改善外部工作环境更重要的，是培育员工的创业精神和创业意识，同时让他们看到公司发展的前景和个人职业成长的希望。奖励激励的方式通常有以下几种：

第一，加薪。加薪是一种较普遍的激励方式。应当将基本工资、津贴、奖金结合起来，为团队提供一个有竞争力、公平、有依据的总体奖励制度。就薪酬设计来说，作为初创企业,首先要考虑的是,要能够确保支付的薪酬可以覆盖员工的正常生活支出(包括精神生活,特别是对新生代员工和智力型员工更是如此)。

第二,公司股份与期权。分配公司的股份和期权是一种较为普遍的激励方式,它是将公司若干股份作为奖励,让成员以股权、股票的方式持股。通过这种股权激励的方式,可以让成员感觉到自己在团队中的主人翁地位。但由于股权变化比较灵敏,有时候代价会很高,操作的难度也相对较大。

第三,旅游。旅游激励属于较高层次的奖赏,这需要员工暂时离开工作岗位,组织起来比较耗费时间和精力,且成本较高。

第四,休假。休假对员工来说很重要,它关系到团队成员的休息放松和生活、工作的质量问题。假期长短和时间的选择以及公众假日,都可以用来激励成员。

第五,其他形式的奖励。奖品、出其不意的认可等形式的奖励也已成为领导者激励团队成员的主要方法。这样的激励形式很多,如举办"员工狂欢夜"、与员工合影、团队共进午餐、装饰工作场所、颁发证书、给予特殊成就奖等。

3. *个人发展激励*

在团队管理中,最好的激励方式是对成员个人发展的激励。个人发展激励将团队成员自我发展的目标与团队的目标融为一体,具有长久性、持续性和稳定性的特点,有利于团队的长远发展。对于初创企业来说,提供适当的工作环境固然重要,但是不能由此传递享受的信号,腐蚀艰苦奋斗的意志和精神。相对于建立舒适的工作环境来说,建立大家同舟共济、休戚与共、一起攻坚克难的精神和信念更重要。个人发展激励有以下几种主要方法:

第一,培训及其他学习机会。培训及其他学习机会也可以作为对成员杰出贡献的奖励。挑选优秀的员工去参加同行的专业或学术研讨会,可以使员工扩大知识范围,学习新的技能,并拓宽与同行之间的交往,同时也为团队的发展带来全新的视角。安排员工进行培训或攻读学位能够使员工承担更大的责任和接受更具挑战性的工作,并为其提升到更重要的岗位创造条件。在许多著名公司里,培训已经成为一种正式的奖励。

第二,工作内容激励。用工作本身来激励员工是一种有趣的激励方式。如果能让员工喜欢他从事的工作,那么他就能产生工作的激情和兴趣。

第三,组织荣誉。不管是成为明星个人的荣誉,还是成为明星团队的荣誉,都非常振奋和鼓舞人心,并能提高团队的士气。为了激励团队成员,一些团队建立了关于成员出色业绩和成就的表彰体系,如领导者亲自表扬和感谢,在内部刊物上发表贴有成员照片的文章,以广告形式公开表彰,授予团队荣誉称号等。

4. *薪酬激励*

根据国外调查,在对影响员工生产率的80项激励方式所进行的研究中,以报酬作为刺激物使生产率水平提高的程度最大,达到30%,其他激励方法仅能提高8%~16%。

薪酬激励不仅能够满足团队成员的生活需要,还能传递组织战略和团队追求方向等信息,引导团队成员按照团队目标的要求行事。同时,薪酬激励也是表彰团队成员个人贡献,使其个人价值得以体现的较佳方式,还是创造团队合作环境的关键因素。因此，必须强调用薪酬激励方式来激励团队成员的重要性，必须设计科学的薪酬激励机制来促使成员按照团队目标的指引努力工作、积极合作，从而增强团队的协同效应，提升团队的整体绩效和产出水平。

对于创业团队来说，团队激励也不外乎包括竞争激励、奖励激励、个人发展激励和薪酬激励等。创业团队发展过程中，也贯穿着竞争激励、奖励激励、个人发展激励和薪酬激励等团队激励的方案。当团队专业性技术有突破性进展时，则会对此项技术开发成员进行奖励。同时团队中也鼓励小组之间或者部门之间的良性竞争，良性的内部竞争和外部竞争能够促进团队在一定时间内快速发展。

（六）团队学习

团队学习是指一个单位的集体性学习，是发展团队成员整体配合和实现共同目标能力的过程。它是学习型组织进行学习的基本组成单位，便于单位成员之间的互相学习、互相交流、互相启发和共同进步。团队学习对组织与个体来说是双赢的选择，也是双赢的结果。团队学习是全体成员全身心投入的学习，是合作基础上的学习。团队合作要有整体搭配能力，团队学习要有统一的目标。团队学习的意义主要有以下几点：①团队学习能够帮助团队解决创业过程中所遇到的复杂问题；②创业团队在不断学习的过程中，会凝聚团队的力量，形成团队精神；③团队学习也能磨砺创业团队成员的品质，磨合彼此之间的工作习惯；④通过团队学习可以提升团队的专业水平，提升团队智力；⑤团队学习可以将学习的内容转化为业务的生产能力。团队学习是创业团队成功必不可少的要素。

四、如何领导一个创业团队

创业团队是由一群有目标、有理想的创业者组成的群体，而创业团队领导是这个团体中的领袖人物。那么团队领导又该如何领导创业团队呢？领导创业团队的做法如图4-2所示。

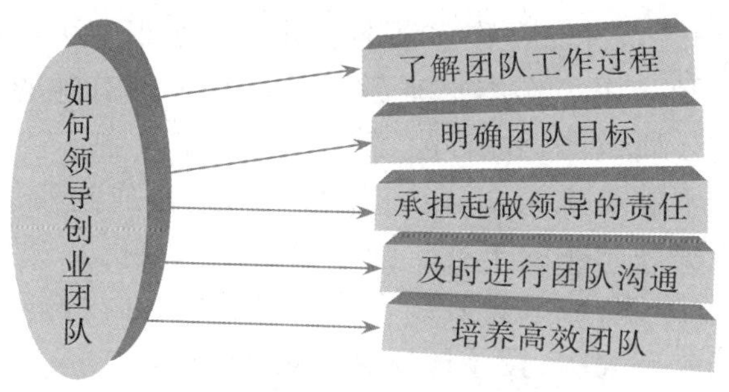

图4-2　领导创业团队的做法

作为团队领导，首先需要了解团队的整体工作进程，深谙自身团队的运作流程。其次，团队领导需要提供一个未来的愿景，而后将愿景细化成团队的目标，并争取获得共识，在往后的团队工作中，有意识地提醒团队成员向着目标迈进。再次，有权必有责，团队领导在执行领导职权的同时，必须勇于承担责任，塑造人格魅力。再次，团队领导要善于沟通，在团队工作中难免发生矛盾冲突，团队领导需要通过沟通来缓和氛围，沟通的作用还在于帮助团队成员在迷失时找回工作的动力。最后,一个高效的团队是创业成功的先决条件,团队领导需要懂得如何培养高效团队。

(一)了解团队工作过程

如今的企业比以往任何时候都注重团队合作,打造高绩效的工作团队,然而团队合作与真正的团队绩效并不是一码事。事实上,众多的团队在实际运作中显示出其难以预测、难以控制的一面,团队的管理者也常常因此遭遇意料之外的失望和气馁。所以,如果团队领导者掌握了团队工作流程,一旦出现问题便能够及时发现,随后指挥团队成员共同解决问题。

创业团队的领导者一方面是整个团队的核心,另一方面其自身可能就是组织最薄弱的环节。企业组织在起步期间,各种经营制度、运营方式以及团队间沟通渠道尚未步入正轨,这就要求领导者自身具有很强的协调能力,而协调成员间工作的前提是团队领导必须对团队工作过程了如指掌。只有团队领导了解团队成员的工作效率、工作特点、个人能力,并了解团队的工作过程才能够起到协调团队成员的作用。

此外,初创企业在有限内外部资源的条件下,也迫使创业团队领导者必须身兼许多本身并不精通的职务,这也要求团队领导者对团队工作过程保持完整的认知,在团队成员匮乏的情况下,放下权威,加入到日常的团队工作中去,同团队成员们打成一片,在工作过程中与团队成员建立密切的关系,塑造创业团队领导的亲和力,增强团队凝聚力。同时,当团队工作发生问题时,掌握团队工作过程的领导者能够迅速地发现问题所在,及时地采取相应的措施进行补救。

毫无疑问,刚刚起步的企业非常仰赖其创业团队的领导者,对于团队领导者而言,掌握团队工作过程的意义不仅仅在于协调团队成员和增强团队凝聚力,只有对团队工作过程了如指掌的团队领导者才能了解团队阶段性运营的需要(即对人力、物力、财力的需要),才能够根据实际情况对此时有限的资源进行合理的调度,使其发挥最大的功效。

(二)明确团队目标

创业团队的目标是由创业愿景衍生而具体细化出来的。所谓创业愿景,是创业初期或者说还没有开始创业时对结果的一个期望值,是创业者对企业前景和发展方向一个高度概括的描述,由核心理念(核心价值观、核心目的)和对未来的展望(未来10~30年的远大目标和对目标的生动描述)构成。建立愿景有多种方法,其中包括目标论证法,即根据企业敌情(主要竞争对手情况)、行情(行业发展情况)和我情(包括企业年度目标,三年目标,五年目标或其他战略目标),制定多年后的战略目标,进行目标论证,然后对目标进行归纳提炼,得出愿景。所以说,愿景中原本就包含了目标的存在。

一般而言,愿景大都具有前瞻性的计划或开创性的目标,作为企业发展的指引方针。在西方的管理论著中,许多杰出的企业家大多具有一个特点,就是强调企业愿景的重要性,因为唯有借助愿景,才能有效地培育与鼓舞团队内部所有人,激发个人潜能,激励员工竭尽所能,增加组织生产力,达到让顾客满意的目标。团队愿景由团队领导制定,通过团队讨论,获得组织一致的共识,形成大家愿意全力以赴的未来方向。随后需要进行愿景管理,即结合个人价值观与组织目的,通过开发愿景、瞄准愿景、落实愿景(细化成具体目标)的三部曲,建立高效团队,迈向团队成功,促使团队力量极大化发挥。团队愿景形成后,团队领导应对团队成员做简单、扼要且明确的陈述,以激发团队内部士气,并落实组织目标和行动方案,具体推动。

在创业团队形成的时候,由于团队的共同目标和行为规范都尚未建立,此时的团队成员就如同一张白纸一般,没有任何描绘过的痕迹。然而,成员都期望处于没有管理人指导、没有领导就能运行的自我管理团队中,但这些团队往往错漏百出,陷于无关紧要的冲突而不能自拔,没有明确的方向,效率低下。因此,创业团队领导在团队起步阶段需要描绘出一个动人的愿景,而后将这一愿景分割成阶段性的、具体的目标,而这些阶段性的目标会提供给成员一种连续的、愿景可达的感觉,可以联结组织现在和美好的未来。之后,团队领导需要通过明确每一个团队成员具体的角色和任务要求,指导和激励下属向着既定的目标活动,并向员工阐述绩效的标准,这意味着领导者希望从员工那里得到什么,如果满足了领导的要求,员工也将得到相应的回报。这种情况下,团队成员都有为之奋斗的共同的团队目标,在目标达成的前提下能够获得一定的激励,这样的团队往往能够事半功倍。

(三)承担起做领导的责任

说到"领导",人们往往会联想到权力,好像权力就是领导的全部。其实,权力从另一个角度来看就是责任,权力越大,责任就越大,没有人可以只享有权力,不承担责任。只有把权力给了别人的时候,你才能有真正的权威。当你懂得倾听、懂得尊重、懂得承担责任的时候,别人一定会听你的,你也才会有权威。

创业团队领导应该明确表示自己会承担团队所犯错误带来的后果,汲取教训,并且保证以后会做得更好。在荣誉面前,马云经常会说"我们" 做了哪些事情,并且突出强调团队的努力;而在犯错误时,他却说"我"错了,独自一人站在团队的前面,这也是他令阿里巴巴的员工心悦诚服的原因之一。当自身犯下领导错误时,无论是出于哪一方面的原因,如果不肯承认,想方设法隐瞒,就会影响企业全局的发展。一个不勇于承认错误、承担责任的领导,很容易使员工越来越缺乏全局观念,导致工作效率降低,运营成本增加。

人之所以不会主动承认自己所犯的错误,主要的原因有两个:一是顾及自己的面子,二是害怕承担责任。承认错误其实很简单,只要动一动嘴皮子就可以,而说出之后要面临的事情就不简单了。一名领导,即使经常承认错误,态度也很好,但永远只是说说,而不是真正承担起应负的责任,那么他也不能成为一名好领导。马云有一个CEO理论:"平时你不是CEO,只有在两种情况下你是CEO,一是你做决定的时候,二是在你犯错的时候。CEO犯错误的时候要敢于承担责任,而不能说成功的时候就是我一个人的功劳,失败的时候是你们执行力不行。"

(四)及时进行团队沟通

卡耐基曾说:"无论何时,管理者应将沟通视为最重要的工作,职位越高,沟通工作越为重要。"20世纪中叶以来,团队工作成为管理的热点,团队使人们工作更有效率,对工作和组织有更高的满意度,更能发挥他们的积极性和创造性,使组织高效率运作。保持一个团队的高效率运作,涉及一个重要的问题——团队沟通。有效沟通是一个团队高效率运作的保障和基础,一个团队如果不注重沟通,则其管理和经营的高效率将是一句空话。团队沟通的意义:统一思想,达成共识;融洽团队,促进和谐;集合智慧,提升业绩。

1. 达成共识,统一思想

一个好的团队绝不仅仅是一群人的简单组合,团队领导要想提高团队的效率,完成团队目标,在很大程度上依赖于团队内部成员的构成和沟通的有效性等因素。只有沟通,才能将团队中所有人的思想统一到团队的意志上来,才能完成团队的共同目标。

2. 融洽关系,促进和谐

任何一个企业管理者和员工之间都存在矛盾或分歧,管理人员必须高度重视沟通工作。有效的沟通能化解矛盾于无形,能保证管理者和领导者倾听群众意见,及时沟通和反馈信息,消除误会,增进了解,融洽关系,保持和谐的劳资关系,提高员工士气,建立团队协作精神。

3. 集思广益,提升绩效

一个团队的绩效和其沟通力密切相关。沟通力是整个团队前进的一股特殊力量,它能将个人的智慧和力量都融合在一起,形成合力,大大提升团队的工作业绩,完成那些仅凭个人力量无法完成的伟大事业。

马云认为:不管什么时候,团队内部的顺畅沟通都是最为重要的,如同人体的血管组织,只有血流通畅无阻,营养方可四通八达,照顾每一个细胞所需,传达大脑的每一道命令。在马云艰难创业的历程中,多次的化险为夷,巧渡难关,正是得益于他高超的沟通艺术。2015年,马云在与员工沟通未来战略时,向员工发出公开邮件,坦承:“阿里从来不是一家追求热点的公司,成立15年来,我们放弃了短信、门户、游戏……一心一意专注于电子商务。”他也进一步指出,正是这种坚持和努力,才得以让电子商务成为当下大家追逐的热门对象。这是成功企业重视高效沟通的典型。

对于创业团队领导而言,必须积极倡导团队成员之间的交流和沟通,使得创业团队成员之间能够相互共享彼此的情感,同时也促进了成员之间的互动,从而在团队内部形成一种积极的、开放的、乐于讨论和分享的团队气氛。在这一基础上,团队领导再进一步培养团队成员对团队的外部环境、企业、团队以及自身的正确理解,并通过与团队成员交流和沟通关于团队的看法和意见固化这种理解,最后在创业团队中逐渐形成统一的认识。而后团队领导通过制定团队计划和设置团队目标,并调整团队战略,激励团队成员,最终让团队成员对于自身的使命、目标、任务和工作方法达成一致共识,进而形成其完成工作和任务的动机。团队的协作过程,也就是团队成员将各自的知识、能力和技能合成团队智慧的过程。在这一过程中,团队领导也需要通过沟通交流,让成员之间相互了解,使得团队成员的能力与其角色要求进行匹配,并倡导和推动团队成员之间的相互合作,从而最终实现团队的共同目标。

(五)培养高效团队

高效团队是指发展目标清晰,完成任务前后对比效果显著增加,团队成员在有效的领导下相互信任、沟通良好、积极协同工作的团队。例如,华为的一线团队"铁三角"便是高效团队的代表。

2006年,在苏丹电信竞标中完全出局的惨败,对华为来说无疑是当头棒喝。华为北非团队深刻反省,最终探索出了"铁三角"的创新管理模式,在项目上逐渐取得了一些优势,并在日后整个华为得到广泛运用。"铁三角"是由客户经理、解决方案专家和交付专家组成的面向客户的作战单元,分别负责前期与客户沟通、中期产品设计和后期交付。不同于简单的团结协作,客户经理、解决方案专家和交付专家全程参与工作流程的每一环节,但各自的工作侧重有所不同。他们之间信息资源共享,传达通畅,而非画地为牢,各自为政。如此一来,能够有效提升客户的信任,深入理解客户需求,关注良好有效的交付和及时的回款。"铁三角"的精髓是为了目标打破功能壁垒,形成以项目为中心的团队运作模式,这是华为在探索管理组织创新的道路上迈出的重要一步。"铁三角"在内部管理上实现了三大转变:首先是由单兵作战到小团队作战,各有专长、分工明确、相互配合,打破原有职能和功能上的壁垒,提高了工作效率;其次是由后台决策到一线决策,通过授权,"铁三角"团队拥有一定的决策权,提高了市场反应速度;最后是由总体考核到小团队考核,除了考核成功率,还考核失败率,将失败的次数也作为一个考核指标,形成更加直接有效的激励。

1. 高效团队的特征

高效团队的特征符合"perform"原则。

第一,明确的目标——P(purpose)。高效的团队拥有明确的目标,主要有四点:团队成员能够描述并且献身于这个目标;目标十分明确,具有挑战性,符合SMART原则;实现目标的策略非常明确;面对目标,个人角色十分明确,或团队目标已分解成个人目标。

第二,赋能授权——E(empowerment)。赋能授权指团队已从集权向分权的方向过渡,团队成员感觉个人拥有了某种能力,整个群体也拥有了某种能力。赋能授权体现在两个方面:团队在组织中地位提升,自我决定权也在提高,支配权很大;团队成员已经感觉到拥有了某些方面的支配权。

比如说麦当劳,过去员工没有权利给顾客超过两包以上的番茄酱,而要请示主管,而近些年来麦当劳已经改变这种方式,员工可以自己做主了。

第三,关系和沟通——R(relation and communication)。在关系和沟通方面,高效的团队表现出的特征是:成员肯公开而且诚实表达自己的想法,哪怕是负面的想法;成员会表示温情、了解与接受别人,相互间的关系更融洽;成员会积极主动地聆听别人的意见;不同的意见和观点会受到重视。

第四,弹性——F(flexible)。团队成员能够自我调节,满足变化的需求,这就表现出一种弹性和灵活性。团队成员需要执行不同的决策和功能,当某一个角色不在的时候要有人主动去补位,分担团队领导的责任和发展的责任。

第五，最佳的生产力——O(optimal productivity)。团队有了很好的生产力，产出很高，产品品质也达到了卓越，团队决策的效果也会很好，显然具有了明确问题的解决程序，这样的团队做任何一件事情或处理任何危机都有科学的程序。

第六，认可和赞美——R(recognition)。当个人的贡献受到领导者和其他成员的认可和赞美时，团队成员会感觉到很骄傲；团队的成就涉及所有成员的认可，团队的成员觉得自己受到尊重，团队的贡献受到了组织的重视和认可。从个人到团队都受到一种认可，人们的士气就会提升。

第七，士气——M(morale)。每个人都乐于作为团队中的一员，都很有信心，而且士气高昂。如果团队成员对于自己的工作都引以为荣，而且很满足时，团队的向心力就会很强，士气高昂。

2. 团队领导建立高效团队做法

第一，合理分工。对于创业团队领导而言，建立一个高效的团队是成功创业的基石。因此团队领导需要识别团队成员的优势和劣势，并把他们安排到最能发挥其潜能的位置上。在团队中一般有九种角色定位：创造者，产生创新思想。一般来说，此种角色要求富有想象力，善于提出新观点或新概念，独立性较强，喜欢自己安排工作时间，按照自己的方式、节奏进行工作；倡导者，倡导和拥有所产生的新思想，他们乐意接受、支持新观念，在创造者提出新创意之后，他们擅长利用这些新创意，并找到资源支持新创意；开发者，分析决策方案，他们有很高的分析技能；组织者，提供结构，他们会设定目标，制定计划，组织人力，建立起种种制度，以保证按时完成任务；生产者，提供指导并坚持到底，他们坚持按时完成任务，保证所有的承诺都能兑现，他们引以为荣的是，自己生产的产品合乎标准；核查者，检查具体细节，他们善于核查细节，并保证避免出现任何差错；支持者，处理外部冲突和矛盾，他们在支持团队内部成员的同时会积极地保护团队不受外来的侵害，他们能够增强团队的稳定性；建议者，寻求全面的信息，他们在鼓励团队作决定之前充分搜集信息，而不是匆忙决策，起着非常重要的作用；联络者倾向于了解所有人的看法，他们是协调者，是调查研究者，他们不喜欢走极端，而是尽力在所有团队成员之间建立起合作关系。通常团队成员只愿意承担2~3种角色，因此，管理者必须要进行个人优势分析，将人格特质、个人偏好和角色要求适当匹配，打造一辆能高效运转的“团队战车”。

第二，为员工提供深造的机会。只有一个懂得不断充实自我的学习型团队，才能在发展的社会创造出更多的“奇迹”。彼得路圣吉在《第五项修炼》一书中讲到，作为团队来说，组织学习的特点是什么？实际上就是五项修炼，一个学习型组织的理论、工具和方法就是分出的三个领域，这三个领域是对核心能力的支持。把它形容为一个3条腿的凳子，3条腿都非常重要，如果拿掉一条腿，凳子就会倒，左边那条腿叫作欲望，右边的是心智模式和团队学习，中间就是系统思考。每一条腿都非常重要，也就是说每个核心能力都非常重要。总体来说，团体的智慧总是高于个人的智慧。当团体真正在学习的时候，不仅团体能产生出色的效果，其个别成员的成长速度也比其他的学习方式更快。

第三，鼓励团队成员的创造力。只有不断地创新才能保持团队竞争优势，但是创新能力从哪里来呢？做教育培训，这是提高人才团队创新能力的重要手段。因为抓好教育培训是提高成员知识水平和综合素质的重要途径，而成员的知识技能是激发创新能力的前提条件。尤其在知识经济时代，在产品科技含量高的行业企业，这一点体现得更为明显。其实创新能力也体现在企业管理的各个方面，是一个综合性概念，也只有综合性的创新能力，才是真正的有竞争优势的创新能力。人才培养不只是重视知识技能方面，还要考虑品德、情感、志趣等精神层面的东西，考虑企业文化，考虑人才队伍的凝聚力和团队精神，这是只有企业综合性的教育培训才能做到的。谁在这方面把握得好、做得好，谁就能在竞争当中保持长久的整体创新优势。

第四，灵活授权，及时决策。随着团队的建设和发展，领导要通过授权让团队成员分担责任，使团队成员更多地参与项目的决策过程，允许个人或小组以自己更灵活的方式开展工作。首先，通过灵活的授权，显示了领导对团队成员的信任，也给团队成员学习与成长的空间。这种信任可以奠定团队信任的基础，也是团队精神在领导与团队之间的体现。其次，授权有利于充分发挥团队成员的积极性和创造性。每个人都有实现自我价值的愿望。富于挑战性的任务，使他们不断地拓展自己的知识技能，发掘他们的创造潜力。每一项工作的成功，不仅是领导管理的成功，更是所有实现自我价值的团队成员的成功。最后，灵活授权，有利于及时决策。

延伸阅读

《王者荣耀》创业团队

《王者荣耀》到底有多火？最直观地说，二级市场的研究员们已经开始讨论这款游戏今年会给腾讯贡献100亿利润还是120亿利润了。

除了30亿月流水，8000万DAU，一款皮肤日流水1.5亿这些令人咋舌的商业数据以外，用Questmobile统计的巅峰DAU和用户单日使用时长来计算，中国玩家每天在《王者荣耀》这一款游戏上花的时间是《阴阳师》的6.8倍，是《梦幻西游》的11.9倍。毋庸置疑，这是一款中国手游历史上从未出现过的庞然大物。

从商界大佬到邻居小学生，一个春节的时间，《王者荣耀》完成了病毒式的传播，在被网易手游按在地上摩擦了整整一年之后，腾讯终于以王者归来的姿态重新开始垄断iOS流水榜冠军。

很多人把《王者荣耀》的成功归结于腾讯的“幸运”和姚晓光的“才华”，那么我们不禁思考：为什么腾讯做出的是《王者荣耀》？创始人背后有哪些不为人知的故事？

1. 一定要做网游

17岁生日那天，姚晓光请同学来家里庆祝。吃过饭，三个人一起打暴雪的《暗黑破坏神》。一个加血，一个加蓝，他自己操作鼠标，玩得好不乐乎。最后打赢大菠萝那一刻，姚晓光心想，什么时候我也能做一款这样的游戏？

上了大学，姚晓光经常模仿《暗黑破坏神》做些demo，在网上小有名气，也有人找他做外包。2000年初，有个上海的创业者融了300万美金，委托姚晓光和他的同学做一款叫《炸弹狗史丹莫》的游戏，说准备做一个像米老鼠一样的动漫IP。俩人兴致勃勃做得差不多了，专门去了趟上海。结果对方掂掂钱袋子，觉得资金不充裕，又说不做了。这个人叫陈天桥。

那几年姚晓光在网上以NPC6的名字行走，认识了一批游戏开发者。其中有一个叫云风，后来在网易游戏干了十年。2000年底，云风介绍姚晓光去单机公司“创意鹰翔”做游戏。姚晓光待一个多月，对这帮充满理想主义的游戏人很是佩服，但又想起来他的前老板，后来17Game的创始人戴红跟他讲过：“一定要做网游。”

第二年开春，姚晓光跑到福州，加入了一家叫“天晴数码”的公司，做一个叫《幻灵游侠》的回合制网游项目。天晴数码的创始人叫刘德建。他后来给集团公司取了个新名字，叫“网龙”。2002年初《幻灵游侠》上线，没多久就冲到几万人同时在线。“智冠”的人闻到钱味，跑来包销点卡，直接给了天晴300万。

同一时间，刚逃过被“摘牌”大劫的网易发布了《大话西游》。作为复牌前后的重磅产品，公司预期很高，但没想到客户端问题一堆，完全被《幻灵游侠》比下去了。云风那时正好在网易，做《大话西游》的客户端。后来他和姚晓光见面聊天，听姚晓光说他每个月能拿3万奖金。云风只有在《大话西游》第一代快结束时拿到过一次慰问性质的奖金，大概不到1万的样子。

赚到一点钱的姚晓光，没多久就离开了天晴。他始终觉得不自由。只要钱不是自己出的，他就感觉很受限制。姚晓光和两个同事回北京搞了个工作室，开始自己做一款叫《暗黑在线》的游戏。

那时候盛大代理的韩国游戏《传奇》风头无二；网易《大话西游2》上线之后，一年里股价涨了一百多倍，紧接着又出了《梦幻西游》……谁还会去玩一款3个人开发的、准专业级的游戏呢？

姚晓光索性不做作品了，开始研究新技术，搞3D引擎。又过了半年，盛大抛来橄榄枝，姚晓光终于进了一家大公司，连人带引擎。到了盛大，姚晓光在办公室墙上贴了个纸条，写道：“让我们悄悄超过BLIZZARD（暴雪）。”

2. 被腾讯狂撩一年多

盛大代理的《传奇》爆火之后，和传奇韩国开发商的版权纠纷闹得沸沸扬扬。陈天桥越来越觉得自研重要，找来姚晓光做《神迹》，又找来圈内著名少年天才林海啸做《英雄年代》。做了一年多，两款游戏上线测试。不收费的情况下，数据都能跑到12万、15万；一收费，马上掉到一两万。战略巨人陈天桥从这个时候开始考虑免费游戏的模式，这应该是要比史玉柱早的，当然这是后话。

《神迹》上线之后，姚晓光住院了。这次一检查，病情挺严重的，整个2004年姚晓光花了很多时间养病。《神迹》和《英雄年代》失利之后，不断有人从盛大这堆优质制作人里淘金。姚晓光2005年初复工，腾讯副总裁唐毅斌专门来拜访他，希望他加入，姚晓光没答应。

也是2005年初，史玉柱用重金和20%的股份把林海啸挖走了，顺带整个《英雄年代》团队。半年后巨人的《征途》上线，跟《英雄年代》有道不明说不清的关系。2007年，巨人上市。林海啸被史玉柱请出局，但身价已经十亿。他和另一个从盛大到巨人的同事岳弢一起移民到了新加坡，俩人还一起买了限量版的宝马750。他最后一次接受采访，是三年后，媒体说他准备投资酒店行业。

而姚晓光被腾讯持续撩了一年多，终于松口，加入了腾讯，第一款产品就是2008年发布的《QQ飞车》。

3. 没有比姚晓光更合适的了

2012年下半年，微信已经拿下两亿用户，无人可挡。马化腾出去演讲，说腾讯要做一个移动互联网开放平台。讲了很多，大家只记住一句话，“移动互联网最先规模化盈利的可能在移动游戏方面”。COO任宇昕说，不能再像页游那样上来就搞开放平台了，得先自己做。负责发行的马晓轶说，你让我先忙着别代理国外作品，可以，但你得保证自研作品的质量。最后定下来，先开发5款精品，整合微信、手Q和应用宝的资源，全力扶持，不容有失。谁来做？任宇昕看了一圈，也没有比姚晓光更合适的了。

这其实是个苦差。要在一家千亿美金的公司里调度这么多跨部门的资源，非常复杂。何况集团里根本没有一支具备手游开发经验的团队。姚晓光从腾讯上海要了一支专门研究手游，但几乎没有产品经验的团队，成立一个新的手游工作室，取名“天美艺游”。这支团队核心成员本身就是收购回来的，内部有点官僚主义。姚晓光挑了两个核心产品线的人，集体出差到深圳开发。后来因为身为《刀塔传奇》创始人的女朋友而“被离职”的策划陈小花，也在这个team里。

开发期间，有一次张志东见到姚晓光，问他，“你们团队够不够拼啊？ 张小龙他们，前11周，没有一个人晚上12点之前回家的”。姚晓光笑笑，“我们也从开发第一天，就没有人12点前下过班”。不下班不是不想下班。前三款“天天系列”游戏，开发周期只有5个月，还经常有各种突发情况。比如在SDK对接的事情快完成的时候，微信那边突然改了个接入方式。

和张小龙的微信团队配合大概不是件容易事。原本《天天爱消除》是要作为首款微信游戏亮相的，结果等到微信5.0上线那天，团队一看，才知道微信自己搞了个“打飞机”，流量一下子被吸到那边去了。“我们要感谢小龙，《打飞机》帮助玩家建立了送心、比拼等玩法习惯，为‘天天系列’手游提供了很好的玩家教学基础。”姚晓光对来采访他的记者说。后来这段开发故事被写进了一本叫《腾讯方法》的书。

“天天系列”最后的成绩很不错。打完这场仗，姚晓光接管的工作室也越来越多。2014 年八大工作室重组，改成四大工作室群，琳琅、天美艺游和卧龙工作室，都并到天美，由姚晓光总负责。并入天美之后，卧龙工作室只花了7个月，做了一款手游版LoL，叫《英雄战迹》。结果互娱底下的光速工作室也做了一款手游LoL，叫《全民超神》。两个游戏还在同一天开启测试。狭道相逢，《英雄战迹》被痛扁了一顿，各项数据都不如对方，去别的部门要资源也要不过人家。整个卧龙工作室全民皆兵，又花一个多月的时间，把3V3模式改成5V5。10月上线前，顺便把名字也换了，改叫《王者荣耀》。

2016年，王者荣耀全年收入为68亿，日活跃4000余万用户，可谓是手游市场的大赢家。对此腾讯互娱拿出了约1亿人民币犒赏员工，王者荣耀项目组人均分得140万元，最低分红60万元，核心员工最多分到了290万元人民币。

这两年微信红包的研发故事也被当成经典案例，翻来覆去地讲。但姚晓光的故事始终没有被外界熟知。

4.《王者荣耀》——一张王牌

在游戏市场上，老对手网易游戏还在虎视眈眈。从年度营收来看，2016年腾讯来自游戏的收入为708亿元，网易游戏的收入为280亿元。如果仅仅是从财务指标来说，网易追上腾讯还有很远的距离。但要知道腾讯游戏2016年增长了25.09%，网易游戏2016年增长61.85%。在增速上，网易明显高于腾讯。

腾讯已经是世界上最赚钱的游戏公司了，体量巨大的它相对成熟，增速也相应放缓。但作为一家有“危机感”的公司，腾讯必然不会忽视网易的步步紧逼。可以想象一下，如果没有《王者荣耀》，App Store畅销榜上的TOP4全被网易的《阴阳师》《梦幻西游》《大话西游》《倩女幽魂》包揽。这难道对于腾讯来说不也是一场灾难？

好在救场的人又出现了，上一次是张小龙和微信，这一次是姚晓光和《王者荣耀》。

思考题

(1)你认为在创业团队组建的过程中，哪些因素最为重要？列举出五个并进行排序，谈谈你的理由。

(2)不同年代的创业者和创业团队身上凝聚了不同时代的环境特点和社会差异，你觉得90后的创业团队与马云等六七十年代的创业者和他们的团队有何不同？

(3)企业发展壮大后，团队领导该如何继续领导最初的团队？

第五章 创业机会

第一节　创业机会识别

教学目标

(1)了解影响创业机会选择的因素。
(2)掌握识别创业机会的路径和方法。

教学内容

(1)创业机会要素。
(2)创业机会分类。
(3)识别创业机会的方法。

案例导读　创业的第一步——识别创业机会

小王是一名应届毕业生,临近毕业,对未来有些迷茫,小王在校成绩十分优异,班主任期望他能够继续深造,考取研究生,有一个更好的发展平台。小王觉得自己一直在学校里读书,缺乏实践经验,希望早日获得一份工作。小王与项目组的同学跟着导师一起申请了一项专利技术,导师告诉他们该项技术十分前沿,目前处于行业领先地位,国家也鼓励该技术的应用,但技术刚研发出来,尚未进行商业运作,目前缺乏推广资金。小王与室友在校外经营一家酒吧,小王这几年的学费和生活费都是靠酒吧的营业收入支持的,目前室友已经找到工作,小王面临着接管酒吧或者将其盘出去的选择。

各位同学,你来帮小王出出主意,他应该怎样选择呢?

创业第一步就是识别创业机会,简单一点说就是筛选创业项目。很多同学在大学里会参加各种各样的创业大赛,有的甚至获得了不少奖项,就认为可以将这些比赛项目转化为创业项目;也有不少同学,认为毕业后在公司上班,三点一线,受人约束,希望毕业后能自己创业,自己平常喜欢做个小手工,与其上班不自由,不如在学校门口开个奶茶店或者饰品店;甚至有部分同学是找不到工作被同学拉去创业,没过两年,项目做不下去,还欠了不少外债。这些同学都有一个共性,就是对创新创业没有一个正确的认识。

一、创新与创业

虽然创新与创业经常被一同提起，且具有一脉相承的特点，但创新与创业是两个不同的概念，创新强调的是思维上的创造性和新颖性，而创业则是从商业价值方面考虑，强调价值的创造性。

（一）创新

创新的范围较广，所需条件较低。创新是指以现有的思维模式提出有别于常规或常人思路的见解为导向，利用现有的知识和物质，在特定的环境中，本着理想化需要或为满足社会需求，而改进或创造新的事物、方法、元素、路径、环境，并能获得一定有益效果的行为。它既是一个过程，也是一个结果。包括三个方面：第一，更新；第二，创造新的东西；第三，改变。创新既可以是观念方面的，也可以是技术层面的，还可以是对原有产品升级换代。

创新一般具有两个特征：新颖性、创造性。

1. 新颖性

新颖性是指该创意不属于现有技术，也没有任何单位和个人在此之前提出过相同的想法或技术。

2. 创造性

创造性是指该想法或技术的提出，与以往相比有显著不同，使得原有观念改变、技术更新或产品升级。

因此不难看出，提出与他人不同的想法、更新技术和改造产品，都可以称之为创新。

（二）创业

创业机会是具有商业价值的机会选择和行动。创业相当于创办一个微型企业，虽然在规模上比一般企业小，但创办前的准备工作与创办流程与普通公司无疑，一个项目要想生存最核心的要素就是满足客户的核心需求。创新不等于创业，也许你有一个非常好的想法，但是没有市场需求，或者你有一个非常好的产品，技术也是一流的，但是市场不买单，就不是一个好的创业项目。因此，在创业前，我们要认真思考一个问题，这是否是一个好的创业机会？

很多同学在确定项目的时候都会选择向长辈请教或者跟同学商量。为什么要听从他人的建议呢？是希望了解筹划的项目是否是一个合适的创业机会吗？那同学们是否想过我们自己应该从哪些方面判断创业机会是否合适呢？

二、创业环境概述

（一）创业环境概念与特征

1. 创业环境的概念

创业环境是指以创业者开展的创业为中心，开展创业活动的范围和区域以及所面临的外部压力和挑战。它是对创业者创业思想的形成和创业活动的开展能够产生影响和发生作用的各种因素和条件的总和。创业环境对发现创业机会,评价创业机会起着十分重要的作用。好的创业环境能够给予创业者更多帮助,应对挑战。

2. 创业环境的特征

(1)机遇与挑战并存。不同的创业环境对创业机会有着不同的影响,既可能给创业者带来机遇,也可能给创业者带来挑战。例如近些年来,国家开放的二胎政策,作为一个背景条件,带动了母婴产品和教育产业创业的井喷,这个时候选择在母婴领域或教育领域创业的,就是顺势而为,成功率相对较高;同样的,习主席提出的“金山银山,不如绿水青山”,表明了国家对环境的高度重视,如果选择高污染的领域创业就会受到较大的限制,很有可能创业失败。所以同学们在创业之前,需要了解自己即将进入领域的创业环境并对自己要进入的领域做一个创业环境评估。并且创业环境随时都在变化中,创业者需要敏锐地嗅到创业环境的改变对创业机会是机遇还是挑战,适时地调整创业项目的前进方向,抓住机遇,应对挑战。

(2)利益与风险同在。高收益往往伴随着高风险,这在创业领域同样适用。一个项目投入成本大,应对的挑战大,往往也有着较高的收益;同样的,投入低,成本低,风险小的项目,利润也相对较低。同学们在选择创业项目时,也可以根据自身对风险的承受能力,决定是否开展创业活动。

【阅读案例】

SPACE X公司开发火箭回收技术

特斯拉的合伙运营者埃隆·马斯克,同时也是SPACE X太空探索技术公司和SolarCity公司的CEO。2013年被美国著名财经杂志《财富》评为“2013年度商业人物”。2016年荣获“2016年最具影响力CEO”荣誉。马斯克出生于南非,后移民去了加拿大,他最为人们熟知的是研发了环保跑车——特斯拉,并将电动汽车带入了大众视野,使得电动汽车成为人们购买汽车的又一新选择。特斯拉成功上市后,马斯克并未止步,而是迅速瞄准了新的目标——太空运载。马斯克计划用15~20年的时间,实现以50万美元一张票的价格,将8万名地球人送往火星。马斯克此举最为疯狂的事情不在于自造火箭上太空,而是能够大大降低成本。NASA曾估算送5个人上火星来回的成本是500亿美金,照NASA的运营成本几乎无人能付得起去火星的钱,马斯克画了两个圈,左边的圈是能够支付费用去火星的人,右边的圈是想要移民火星的人,两个圈的交集就是目标客户。按照NASA的估算,送1个人去火星的成本需要100亿美金,高昂的费用难以满足人们移民火星的愿望,要想实现移民火星100万的目标,最重要的是降低成本,目标是50万美金。这样目标客户的范围就大大扩张了,商业营运的可能性也大大提高。但没有人相信马斯克能实现这一目标,成本缩减2万倍,在世人看来是天方夜谭,何况马斯克并不是专业的火箭专家,但马斯克以自有的1亿美金投资开始造火箭。根据专家的研究,火箭最大的成本是第一级推进器,占整个成本的70%,如果能反复使用的话,这样去火星的成本可以降低100倍,于是SPACE X公司开始反复试验火箭的可回收技术,以及在轨道上给飞船加燃料及火星上制造推进器等方式逐步降低去往火星的成本。经过反复试验,猎鹰1号研发出来了,但猎鹰1号发射了3次全都失败了,马斯克的钱也所剩无几,来自全社会的否定和媒体的攻击,让马斯克几近崩溃,马斯克多次在媒体面前落泪。苦心人天不负,2018年2月7日4点45分,马斯克旗下SPACE X公司的“重型猎鹰”运载火箭在美国肯尼迪航天中心首次成功发射,并成功完成两枚一级助推火箭的完整回收。第4次猎鹰1号火箭发射回收成功了! SPACE X公司随即收到来自NASA的16亿美金的订单,要求完成定期给国际空间补给的任务,SPACE X公司终于活了下来,并获得了巨额利润。

(3)适应与创新共求。创新带动进步,创新改变世界,但在鼓励创新过程中,我们也应留心身边的创业机会,观察所做的项目是否与创业环境相匹配,如果项目过于超前,有可能无法与整体环境相适应,从而导致项目失败。如在Uber公司的股东大会上,公司CEO达拉·科斯罗沙希表示,一些股东认为餐饮外卖服务比网约车更有前途。试想一下,如果将外卖服务放到经济较为落后的国家,还能有如此大的市场吗?在经济尚不繁荣的市场,第三产业的发展是相对缓慢的,用钱购买服务的消费理念相对难以接受。因此在追求创新的同时,也应与创业环境相适应。

(二)创业环境分析

创业离不开所处的大环境,创业者随时都受到所处的政治、经济、社会人口、技术和生态环境的制约,如果环境与创业方向一致,则起到促进作用;若相反则起到遏制作用,因此在创业前要分析目前的政治、经济、人口、技术等环境对创业项目是否起到促进作用。

1. 政治与政府因素分析

政治与政府因素多表现为政府对经济运行的管理和服务上。在改革开放初期,政府积极招商引资,促进经济活跃,就为创业提供良好的政治环境,又如李克强总理提出“大众创业、万众创新”,在政策就税收等多角度向创业者倾斜,就给予了众多创业者宽松的创业机会。再比如二胎政策的放开,就给予母婴产品和教育类产品更多的创业机会,这些政治或政府因素或从宏观角度或从微观角度,给予了创业者更多的创业机会,因此在创业环境分析中,我们需要掌握现有政治环境是否适宜创业,或者现有政策对创业者所要创业的领域是否有促进作用。

2. 宏观经济环境分析

资本总是逐利的,宏观经济的发展情况也是创业者要考虑的重要内容,例如网上购物的兴起对传统百货业的冲击较大,这个时候进入百货领域的投入成本就比较大。再比如中国倡导的“一带一路”及“命运共同体”的背景下,与“一带一路”相关的创业项目的创业机会就会比较多。

3. 社会和人口环境分析

社会进步和人口的增长拉动了市场需求的增多,新生人口带动了发展中国家的消费需求层次升级。同样的,人口寿命的延长也会使得老年人市场比较有前景。同学们也不妨考虑一下,你觉得在现有的社会和人口环境背景下,未来什么行业会成为创业风口?

4. 技术环境分析

科学技术的发展对经济的发展有着巨大的促进作用,互联网的出现极大地改变了人们的生活方式,短短数十年的时间,互联网与人们的生活已经紧密地联系在了一起,人工智能甚至取代了部分岗位,传统技术受到了巨大的挑战,因此创业者在考察创业环境时,需要具体了解所要进入领域的技术发展水平,摒弃落后的技术,在新技术新手段中寻找创业机会。

5. 生态环境与环保要求

尽管中国的自然资源较为丰富,但能源与环境又总是相生相克,占有能源的同时,难免对环境造成损害,而绿水青山是人类生存的根本,未来的创业机会一定是污染小,能耗小的项目。

(三)进入机会壁垒

进入机会壁垒是创业环境中的重要一环,进入机会壁垒是指阻止竞争对手进入市场且持续存在的障碍,如果有一个非常好的创业机会,政治经济等多方因素都对项目有促进作用,但进入门槛很低,没有任何壁垒,那么项目的可复制程度很高,竞争就十分激烈,很难成功。机会壁垒可以是政策准入限制,也可以是特许经营许可、排他许可使用权或独占许可使用权或者是专利技术。每个企业都试图制造壁垒,使得竞争对手难以进入市场。如果你拥有某项专利技术,那么这种技术所对应的知识产权就会成为竞争对手进入该领域的巨大阻碍。专利技术是较为常见的进入壁垒,哈罗德·德姆塞茨指出还有一些潜在的进入壁垒,具体包括:市场规则、独家分销协议、无弹性需求、掠夺性定价、沉没成本及切换成本①。此外,成本优势、客户忠诚度、对资源的控制也是进入壁垒的一种表现形式。海底捞以其贴心的服务,很快征服了广大消费者,形成自己的品牌特色,使得人们一提到火锅就能联想到海底捞,从而牢牢锁定了客户,形成了自己独特的机会壁垒。进入机会壁垒增加了市场进入成本,有助于强化现有参与者的市场地位和竞争力。因此,在形成创意或发现机会后,一定要试图建立某种进入机会壁垒,使得你的创意优于其他替代方案,从而保护自己的创意,进入壁垒越高,竞争对手就越难以进入该市场或者试图占据市场重要地位。

课堂小组讨论:

找一找小组项目的进入机会壁垒。

①DEMSETZ H. Barriers to Entry[J]. American Economic Review, 1982, 72(1): 47-57.

三、创业机会的要素

判断一个创业项目的好坏，应该看它是否具有创业机会的核心要素，即是否具有创业价值，好的创业项目应具备：有潜在客户、可以满足客户的核心需求以及目前市场尚未饱和等等多重要素。

（一）项目是否有潜在客户

我们在创业初期，经常会混淆客户和用户的概念，试想一下，假如我是一个卖婴儿服装的商家，谁是我的用户而谁又是我的客户呢？这时我们会发现我们的衣服是卖给婴儿的父母，穿在婴儿身上。而实际购买我们商品的其实是父母，父母就是我们的客户，是我们主要服务对象，满足了客户的核心需求，更有助于客户为我们的产品或服务买单。而用户体验是客户购买的一个较好反馈，用户体验效果佳，会促成更多客户购买。假设父母的核心需求是安全，那么主打安全，不含甲醛及其他成分材质的婴幼儿服装最能打动他们，促使他们购买，如果这些服装不仅安全，而且舒适，婴儿穿上它能够安睡，用户体验性强，那么客户购买力会更强。这里客户的核心需求是第一位的，能够打动客户的产品，往往取得较好的创业效果。但不少同学在创业之初，往往会忽略这一问题，只考虑自身感受或者用户感受，没有找到自己的客户，也没有了解客户需求，使得产品或服务的购买力较弱。

大家都知道，近些年来餐饮业的创业门槛比较低，创业效果比较好，但不同的餐饮食品的潜在客户是不一样的，例如盖浇饭在写字楼卖得好，披萨类在小区附近的商业圈卖得更好，鸡扒类小吃类在学校附近是爆翻状态，这就是客户不同所带来的创业效果的不同。

【阅读案例】

魏老爸创业

魏老爸是抖音上新晋的网红，微博粉丝量20万，抖音号“老爸测评”粉丝量1018.3万，魏老爸原名魏文锋，毕业于浙江大学物理系，曾在浙江出入境检验检疫局从事产品安全检测和产品认证工作十余年，因女儿学校要求学生包书皮，魏老爸在市面上购买了几款书皮纸，发现是三无产品，随后自费拿去检测，经检测书皮纸不仅是三无产品，而且含有有毒有害物质，于是在抖音上发布了其检测结果的相关视频，引起了广泛关注，在证实了女儿的包书皮有毒后，魏老爸检测了近20所学校的跑道，检测了全国16个城市共20所学校的校服，检测了很多家长委托的家具、板材、底板等，甚至把孩子餐桌上的食品也作为了重点检测目标。随着检测的产品越来越多，魏老爸的粉丝数量也越来越多，魏老爸要给“老爸评测”招募微股东，每份1万元，每位家长限投两份。2019年1月16日，众筹路演还不到1小时，老爸检测就以203万元的总金额“超募”了。不仅众筹股东，老爸测评还有了自己的微商城，卖那些送检合格的物品，价格透明，顾客自己决定价格。就这样；魏老爸被13万家长推上了创业的“贼船”。

魏老爸的创业之路最大的成功之处就是找对了自己的潜在客户，抓住了客户的核心需求。魏老爸创业的第一步就以一个父亲的身份关注了所有父母都最为关心的儿童健康成长问题，以最为科学的方式证实哪些是安全的，哪些是对儿童成长有害的，牢牢锁住自己的客户——关心儿童健康成长的父母，并且获得了成功。

（二）产品是否满足客户的核心需求

创业的方式有很多，但最为重要的两种是产品和服务。产品是为用户提供能够被人们使用和消费，并能满足人们某种需求的任何东西，包括有形的物品、无形的服务、组织、观念或它们的组合。服务是产品中的一种，一方提供给另一方的不可感知且不导致任何所有权转移的活动或利益，它在本质上是无形的，它的生产可能与实际产品有关，也可能无关。例如，英国KAZ Designs团队设计出一款名为KAZbrella的反方向雨伞（图5-1），利用反方向收伞的设计，减少收伞时所需空间，同时确保伞上雨水不会溅到身上。反向雨伞的最大收益人群是开车一族，我们知道普通雨伞的开合需要一定的空间，对于有车一族来说，雨天打开车门，雨水就会灌进车里，而门缝开合太小，雨伞就没法打开，常常会弄得非常狼狈。而反向雨伞就能很好地解决这个问题，雨伞在开合时上大下小，避免了空间的浪费，用户只需将车门开一个小口将伞伸出去就能很好地实现雨伞的开合。KAZ Designs团队的设计就是向用户提供了一种产品，满足有车一族在雨天的用伞需求。再如我们同学都会使用的淘宝来说，同学们在淘宝上买各种各样的产品，淘宝作为一个平台，为我们提供一种服务，就是在它的平台上购买商品的服务，它就像一个“百货商场”，但同学们足不出户就可以购买到“百货商场”里的各种商品，它满足了需要购买商品而又没时间逛街的人群的需求。因此，我们不难看出，无论你是提供产品还是服务，你都需要满足你的潜在客户的核心需求，核心需求就是我们常说的痛点，只有痒点没有痛点，就是产品尚不足以表现出客户最为关心的价值点，不足以让客户产生强烈的购买欲。而潜在客户就是能为你的产品或服务买单的人，只有能为这部分人提供产品或服务，才能创造价值，产生收益。所以，同学们讨论项目的第一步应该问问自己，我的客户是谁？我要为他们提供产品还是服务？我提供的产品或服务能否满足他们的需求？

图5-1　反方向雨伞

（图片来源：网络。）

(三)在产品上是否具有创新能力或优势

谈创业一定离不开人的因素,确切地说是创始人的因素,创始人在创业时,除了考虑自己的产品是否能够满足客户的核心需求,还应考虑自己在做这个产品时是否有一定能力或者优势。比如有位同学十分热衷于打游戏,希望毕业后开创一家游戏公司,但其自身既非计算机及相关专业的毕业生,也不会编程,打算雇人进行游戏开发,前期投资资金也没有来源,这样的创业偏离自身能力,只能化为一纸空谈。因此同学们在识别创业机会时,也应结合自身的能力,寻找契合的创业机会。自身因素包含家庭背景、专业特长和环境因素等。

(四)创业机会是否在机会之窗敞开之时

之前我们提到,有创新不一定能创业,也不是所有的创业都具有创新性。有不少创业项目,尽管创新性不高,但时至今日,依旧能够获得较好的创业效果,关键就在于在机会之窗敞开时进入,即我们俗称的"蓝海"。例如,随着近年来二胎政策的放开,婴幼儿及儿童产品再一次进入到蓝海领域,成为不少创业者选择的创业机会。机会之窗往往不是始终敞开,有可能转瞬即逝,把握好时机十分重要,过早或过晚进入,都有可能导致项目的失败。例如,马云并不是进驻中国电子商务的第一人,但马云成功了,马云的成功得益于当时的"非典",人们不敢出门,逐步开始尝试网上购物这一新型的购物方式,而在马云之前的人,因为市场尚未能接纳这一新兴事物而导致失败。如果市场进入的太晚,有可能竞争太过激励,市场已进入"红海"领域,要想再创业,成本就非常的高了,而且难度更大,例如近些年来陆续倒闭的快递公司。

(五)创业机会是否具有可持续性

好的创业项目应该要具有可持续性,即能够长期稳定地运作下去,奥巴马在2008年竞选美国总统时,印有"Yes, We Can"口号的T恤衫供不应求,两年后,奥巴马人气下降,支持率到历史新低,印有竞选口号的T恤开始滞销,所以印有"Yes, We Can"竞选口号的T恤衫代表着一种有时限性的商品,即不持久的创业机会。

四、创业机会的分类

(一)根据创业机会来源分类

根据创业机会来源不同,可将创业机会分为问题型机会、趋势型机会和组合型机会三种类型。问题型机会是指创业者在发现问题的过程中寻找到商机,从而识别创业机会,开始创业。趋势型机会是根据社会发展出现的新的变化趋势而产生的创业机会。例如近年来的大数据、人工智能、区块链等,都是随着社会发展产生了一系列新的趋势,这些趋势带来社会的变革,产生新的创业机会。更较为常见的是趋势和问题相结合的创业机会,通常情况下,新的趋势一定会带来新的需求,为满足新的需求又常常伴随新的问题,在趋势中发现问题,寻找创业机会。

【阅读案例】

共享单车

当地铁在越来越多的城市普及后，乘坐地铁的上班族也越来越多，能够建设地铁的城市无论在人口规模还是在地理环境上都有一定的要求，这就带来一个问题，地铁没有办法覆盖生活的全部角落。一个城市的地铁与公交车系统再完善，也没法将“最后一公里”的问题完美解决。作为每天通勤上下班的上班族来说，地铁站或公交站之间的最后一公里一直是难以解决的伤痛。在短距离出行方面极具优势的自行车，正好能弥补交通末端的缺陷。自己的自行车难以带上地铁，政府主导的共享自行车，其“借、还”必须依赖于特定的还车点和固定的车桩，灵活性和便利度受到了限制。共享单车在趋势中发现问题，在城市里大量投放共享自行车，共享单车不需要像市政自行车一样办理烦琐的证件，或归还规定地点。只需二维码一扫，即扫即用，非常方便。骑到地方，顺手停在路边。对于上班族来说，下了地铁，即可在手机上查看到附近停放的共享单车，骑到公司后，随停随还，不用刻意寻找归还地点，大量节省上班途中的时间和精力。这种解决用户痛点，给用户带来方便的举动无疑是让所有人都乐见其成的事情。所以，共享单车成功了。

（二）根据创业机会发现方式不同

根据创业机会发现方式不同，可以将创业机会分为识别型、发现型和创造型三类。识别型创业机会是指创业机会已经明确，创始人只要识别出来即可，通常表现在趋势型创业机会中，创始人只要识别出某种趋势，或者识别出某种供需矛盾不能被目前市场所满足，即可识别创业机会。例如，江小白创始人发现现在的“80后”、“90后”的饮酒文化与“70后”和“60后”有很大的不同，不再喜欢劝人喝酒，朋友之间喝酒也是适可而止，而常规酒的包装往往是一斤装，不适合朋友小聚，据此江小白推出小瓶装白酒，一举占领了年轻人的白酒消费市场，获得了成功。

发现型创业机会是指在已有机会中，发现商机，创造价值。通常一项技术被开发出来，但尚未有具体的商业化产品出现，需要通过不断尝试来挖掘出市场机会。例如，张小龙开发出语音信息功能，通过市场运作，推出微信，成为目前人们交流的主要沟通软件。

创造性创业机会通常针对不明朗的各种机会，通过创造市场，从而带动创业。例如，在苹果手机之前，人们对于手机的最大需求是结实耐用，而苹果通过对iOS系统的开发，优化用户界面，改变用户习惯，创造客户需求。

五、识别创业机会的方法

（一）头脑风暴法

在确定项目前，可以单独或跟小组成员一起进行一场头脑风暴，从一个产品出发，尽力想出所有相关的企业，可以是与销售产品相关的企业，也可以是与制造产品相关的企业,或者与产品间接相关的企业、与产品服务相关的企业。可以准备一张大白纸,将产品写在中间,延伸出4条线,分别是销售线、制造线、服务线和副产品线,每条线上你能想出哪些产品,你可以一直想下去,直到不能产生新的想法为止,然后从中挑选更有市场的产品,这里一定要注意,虽然有4条线,但千万不要试图做一个产品的全产业链,在头脑风暴后要冷静思索挑选出一个核心产品,可以借助市场调研等方法。

(二)市场调研

市场调研是创业前期准备中的一个核心环节,无论什么项目在创业前都应该做好市场调研,了解市场需求。

1. 调研现有客户或潜在客户

客户需求是创业的核心,所以在创业前应该先发觉潜在客户,了解客户需求,找到维系客户的方法,从而将潜在客户转变为客户,并牢牢锁住客户。可以通过问卷调查,与客户聊天,帮客户解决产品问题或困难等多种方法,做客户调研。

2. 调研竞争对手

在了解客户需求后,应该关注下现有市场是否有同类产品或者企业,即你的竞争对手。了解竞争对手的产品是否能够满足客户的需求,或者解决客户的困难,在哪些方面竞争对手已经做得很优秀,难以超越,哪些方面还有欠缺,不能满足客户需求,或者会给客户带来麻烦和问题。难以超越部分即不适宜再创业,或者创业成本较高,而还有欠缺或者不足的,就是创业项目可以改进,适宜创业的内容。如果该领域尚未有人创业,就需要考虑为什么其他人没有在此领域创业,是现有技术不支持,还是市场需求量不大?具体分析情况,能帮助我们很好地识别创业机会。

3. 调研你的供应商或批发商

专业市场和批发市场的信息比较集中、全面,比大学生创业者有更为宝贵的经验和市场洞察力,创业之前,可以先向自己产品上游的成品、半成品或原材料的供应商调研,看看他们对于行业未来趋势如何看待,如果你做这个项目,他们的供应有保障吗,供应成本是多少,库存和运输方面如何保障?

4. 从关键信息提供者了解情况

关键信息提供者是对你准备进入的企业领域很了解或对你的潜在顾客很了解的人,关键信息提供者可能是大公司的经理或采购人员、机构的行政人员、你的主要客户、政府机构人员、非政府组织人员、行业专家等。他们往往对某一领域十分熟悉,可以成为决策的关键信息提供者。

(三)利用各种问题

如果你在学习、生活或者工作中,发现存在某种问题,给人们带来不便,或者尚无人解决,这恰恰是一个好的创业机会,不要担心问题的存在,问题本身也是机遇,了解问题的存在也是把握机遇的开始。你可以通过在与客户聊天的过程中,或者于生活中等角度发现问题,寻找创业机会。

（四）借助互联网

互联网为创新创业打开了一扇门，以往很多的商业发展都可以借助网络焕发新机，即使是传统农业，也借助互联网有了新的发展。同时，互联网上的信息和资源很多，创业者可以在网络上学习相关知识，了解行业动态，掌握资源分布，发现创业机会。

六、市场分析与调查

创业离不开市场，不同的行业市场体量也不一样，创业者在创业前如果想了解创业环境，找到合适的创业机会，并且正确地评价创业机会，就必须要做市场调研，没有充分的市场调研，就好比闭门造车，盲目创业不仅会打击创业者的积极性，还有可能造成巨大损失。而一个充分的市场调研，可以帮助创业者了解客户需求，发现商业价值，避免创业风险，因此，市场调查与分析应该是创业者开展创业活动的第一步，也应根据市场环境的不断变化，经常性地进行调研分析。

（一）市场调查

市场调查是一个来自于市场营销学科的概念，美国市场营销协会（AMH）认为：市场调查是一种通过信息将消费者、公众和营销者联系起来的职能，这些信息用于识别和确定营销机会及问题，从中提炼出营销活动，评价营销业绩，增进人们对营销过程的理解。美国学者菲利普·科勒认为，市场调查是一种收集、分析和提取数据资料，并提交跟公司所面临的特定的营销状况有关的调查结果的活动。我国将市场调查分为广义和狭义两种，广义的市场调查是以市场营销的每一个阶段作为调查研究的对象，并对市场营销的相关功能、作用进行评价，它是企业整体营销的出发点和基础；狭义的市场调查主要是针对消费者进行的调查，尤其是以商品的购买和消费商品的个人或行业为研究对象，了解和探索人们在商品购买、消费过程中的各种事实、意见和消费动机。

综上，我们认为，市场调查是围绕创业者即将开展的创业活动展开的，用以识别和确定营销机会和问题的信息收集、分析和提取数据资料的社会活动。

市场调查工作是一项严谨而又科学的工作，需要我们在调查前做充分且科学的设计，才有可能保证调查结果的真实和可靠程度。市场调查可以在设计时预先设定目标对调查对象进行研究，并遵循一定的程序，这样可以保证调查的效率和调查的正常进行。

（二）市场调查的方法

市场调查的方法主要有访问法、观察法、实验法和德尔菲法。

1. 访问法

通过对客户或潜在客户的直接访问、邮寄调查、电话询问或者发放调查问卷的方式了解客户需求或者了解产品信息的反馈。面谈法能够直接听取客户意见，表现更为直观和灵活，但人力成本较高，且调查结果受访问者技术水平的影响；邮寄调查成本低，但回收率也很低；电话询问速度快、成本低但客户数量受限，整体性不高。问卷调查的方式是适用度较高的一种调查方法。

2. 观察法

观察法是实地调研的一种方法，通过在市场上对同类产品或者自身产品的销售等情况进行观察，了解市场需求。观察法分为直接观察和实际痕迹测量两种方法。直观观察是观察者在现场有目的、有计划、有系统地对调查对象的行为、言辞、表情进行观察记录，其特点是可以在自然环境下获取第一手资料，所得信息真实生动，缺点是可能会基于被观察者的特殊性而使得观察结果过于片面。实际痕迹测量是依据某一行为或事件所留下的痕迹来观察调查，一般用于对用户流量、广告效果等的调查。

3. 实验法

通过将新产品投入到市场上进行试营销，了解用户反馈，通过市场表现来探索创业机会的大小。实验法较常用于产品推广上，例如，我们常见的新产品的试吃或试用，通过测算用户在试吃或试用后的购买率来了解产品的市场接受程度，并作推广是较为真实反映市场的一个有效手段。

4. 德尔菲法

德尔菲法又称专家调查法，是通过邀请行业专家，征询意见、回收意见、并整理出综合意见，随后将综合意见和预测问题再次反馈给专家并征询意见，各专家依据综合意见修改原有意见后再次反馈汇总，反复多次后，逐步取得一个较为一致的预测结果的决策方法。德尔菲法专家之间不互相讨论，只与调查员单线联系，从而避免了决策的交叉影响，通过专家就所提问题反复征询意见、修改和归纳，最终形成较为一致的意见构成预测结果，是一种较为广泛也较为可靠的方法。

（三）市场调查数据分析方法

市场调查数据分析方法包括对比分析方法、细分分析方法、转化法。

1. 对比分析方法

对比分析法是通过数据比对，形成结论的一种方法，通常做同比和环比的数据比对，例如，每年的“双十一”就会对当日销售额与去年同期相比是否增长、增长多少做对比，从而观察客户消费习惯是否改变、同业竞争是否更加激烈等，这就是同比数据比对。而公司内部每月做的数据比对即为环比，是本期统计数据与上期统计数据做对比。

2. 细分分析方法

细分分析方法是就某一具体问题或具体对象进行分析的分析方法，常见的细分分析方法是针对客户数细分、客单价细分的。客户数细分是反映一段时间新老客户量。新客户量能够反馈出产品的引流效果，而老客户则是产品质量、服务质量和客户维护等关键信息的综合反馈。

客单价细分也是重要的数据考量之一，客单价的高低能够反映消费者的承受能力，单价过低，会摊薄利润，单价过高有可能丧失客源，通过对一段时间人均成交数、成交价等信息的反馈，能够有助于找到合适的定价区间和维持客流量。

3. 转化方法

转化法是电商领域较为常用的一种统计方法，通过分析进入店铺人数—浏览过商品的客户数—购买的客户数—交易成功的客户数，得出相应的结论，在上述四个步骤中，有三个转化率，需要注意哪个转化率高、哪个转化率低、历史趋势如何。

（四）市场分析

市场分析是根据获取到的市场调查数据，运用统计学等方法来分析市场和销售情况的一种手段。市场分析的主要是目的是客观地反映产品的市场表现或客户的满意程度，从而为企业决策提供依据。市场分析与市场调查紧密相连，缺一不可，是市场预测的前提与准备。

狭义的市场分析就是市场调查研究，它是以科学方法收集消费者的购买和使用商品的事实、意见、动机等有关材料，并进行研究分析的手段；而广义的市场分析就是对商品从生产到消费这一过程中全部商业活动的资料、情报和数据做系统的收集、记录、整理和分析，以了解商品的现实市场和潜在市场。因此，广义的市场分析不仅要研究购买者或用户的心理和行为，还要对各种类型的市场营销活动的所有阶段加以研究①。

通过市场调研提炼出有用的数据，再根据数据分析洞察这个市场行情，不仅在项目选择上给予创业者帮助，更能在产品运营、市场预测等多个角度，为创业者提供有效决策。

（五）市场分析的主要内容

通过数据分析，市场分析主要在宏观和微观两个方面观察消费者和生产者的商业活动，从而揭示他们各自在市场活动中的行为和其遵循的规律。宏观环境可以从政治、经济、社会、技术四个维度来分析市场环境。微观环境则是细微地观察企业生存与发展的具体环境。

1. 宏观环境分析

宏观环境因素包括政治因素、经济因素、社会因素、技术等因素。这些因素的发展或制约着创业者创业，或给创业者带来更多的机遇，是创业者在整个创业过程中所必须了解并作出判断的外部依据。

政治因素是指能够影响经营活动的实际或潜在的政治力量，包括政策和法律等相关因素。如近些年国家鼓励“大众创业、万众创新”，对创新创业呈更为开放的态度，对《公司法》也进行了相应的修改，在注册公司时，由原先的实缴制改为认缴制，大大降低了注册公司的成本。此外，国家给予中小企业更多的优惠税收政策，这给中小企业的生存发展减轻了负担。更为开放的政策环境对创业者来说就是很好的机遇和环境保障。

创业者在考察政治因素时，应多考察所处的政治制度、体制、外交关系、环境保护制约、政府与企业关系、产业政策、知识产权保护等，甚至也与政府财政支出、政府换届、政府预算及其他政策和法规密切相关。

①缑婷，鲍洪杰，刘泽文．市场分析与创业机会识别［M］．经济管理出版社，2017.

经济环境因素与一国的经济制度、经济结构、产业布局、能源资源、经济发展水平和经济发展趋势密切相关。构成经济环境的关键要素与其国内生产总值(GDP)的发展趋势、通货膨胀、利率、汇率、居民可支配收入、能源成本、市场供需情况和市场机制的完善程度紧密相关。通常情况下,市场机制越完善,能够吸引到的外资更多,在对市场机制完善的地区投资的安全系数相对更高。如果一个国家或者地区处于战乱的情况,即使投资能够获得较高的收益,也有可能因为市场的不安全性导致投资失败。

社会因素是企业或组织所在社会中成员的民族特征、文化传统、价值观念、宗教信仰、教育水平以及风俗习惯等。构成社会因素的主要要素包括人口规模、年龄结构、种族结构、收入分布、消费结构和水平、人口流动等。社会因素体现消费偏好,不同的社会文化,表现出不同的价值观,也体现着不同群体的不同社会态度、行为和爱好,从而表现出不同的市场需求和不同的消费行为。社会因素也与创业者最直接相关,通过研究社会因素,有助于创业者把握创业机会,分析客户喜好,在细分市场上深耕。例如,藏族同胞的生活受藏传佛教的影响很深,生活习性与宗教发展紧密相连。在西藏,丰田越野车占据绝对的市场份额,原因是牛是藏族的吉祥动物,而丰田越野车的标识形似牛头,因此,深受广大藏区同胞的喜爱①。由此可见,社会因素有助于我们分析细分市场的客户偏好,是创业者不可忽视的重要因素。

技术因素包括引起革命性变化的发明,与企业生产有关的新技术、新工艺、新材料的出现和发展趋势以及应用场景。技术的变革给人们生活带来的变化是最显而易见的,在通信行业,从电话到传呼机,从大哥大到手机,从传统手机到智能手机,每一次技术变革都给人民的生活带来了便利,同样的,技术更新也带动了产业的升级,旧产业淘汰,新产业占据市场,如果创业者不能把握住技术更新趋势或者产业发展趋势,则有可能导致创业失败。

【阅读案例】

诺基亚遭淘汰

老牌手机帝国诺基亚曾经一度占据手机市场绝对份额,直至2007年,诺基亚依旧是手机行业的领军者,在当时无论诺基亚推出哪款机型,都会受到市场的追捧,直至iPhone的出现,一款全触摸屏幕的手机,这使得诺基亚的N95看上去也不再那么吸引人了,但这并未引起诺基亚内部过多的恐慌,诺基亚的工程师表示iPhone生产成本太高,而且只能运行2G网络,相比诺基亚的3G技术实在原始。他们认为iPhone甚至没法通过诺基亚严格的跌落测试。但这些缺陷并未影响iPhone的热销,甚至在第二年,手机行业整体洗牌了。诺基亚陈旧的塞班系统被市场淘汰,尽管诺基亚的技术部门也紧锣密鼓地开始研发新系统,但为时已晚,诺基亚帝国一夜之间分崩离析,退出历史舞台,而掌握新技术的苹果公司,取代诺基亚成为新一代的龙头,在此期间,在技术上有所更新及突破的其他手机公司也迅速生长,与苹果公司争夺市场份额,这里面的核心竞争力就是各自手中所掌握的新技术。

①缑婷,鲍洪杰,刘泽文. 市场分析与创业机会识别[M]. 经济管理出版社,2017.

2. 微观因素分析

微观因素同样对创业机会有着重要的影响作用。通常微观因素包括市场需求、竞争环境、资源环境等内容。

市场需求表现为所处环境向企业提出的需求,既包括现实需求也包括潜在需求。现实需求表现为客户有产品需求和购买欲望,并有现实支付可能性的需求,现实需求体现在产品的销售份额上。潜在需求是指需求处于潜在状态,或由于某些原因不能现实支付,但有可能在未来具备支付能力或购买需求从潜在状态进入现实状态的需求,潜在需求决定企业未来的市场。

竞争环境表现在竞争对手的数量和实力、竞争规模和竞争程度等方面。包括同行业竞争、跨界竞争、购买者竞争和供应者竞争等方面。同业竞争和跨界竞争表现为行业内部市场份额的竞争或者替代产品的竞争上,如长期以来,康师傅和统一两大方便面巨头长期占领着方便面的主要销售市场,且不分伯仲,份额基本持平,但近些年在国内市场份额下降,其主要原因是美团、饿了么等外卖行业的兴起改变了人们原有的饮食消费习惯,也给方便面行业带来了巨大的冲击。因此,有些时候改变产品的不一定是同行,也有可能是跨界。

(六)竞品产品改进分析

之前我们提到过创业需要在机会之窗敞开时进入,过早或过晚都有可能因为时机的不对导致项目失败。过早,市场接受度低,培养客户的成本高、难度大;过晚市场已成红海,竞争激烈,进入成本高。机会之窗敞开时期的特点表现在市场上已有同类产品在销,但产品性能还不完善,尚有改进的地方,或现有产品无法满足全部客户的需求,可以在细分市场项下继续深挖。这就给我们带来一个机遇,同时,我们在市场调研阶段应该尤为重视竞争产品(以下简称竞品)分析。通过竞品分析,了解市场行情、竞品战略以及功能等资料信息,了解产品与竞品之间的差距,或者分析竞品市场份额,寻找自身产品的目标客户,以及用于产品的研发和迭代,增强自身产品的核心竞争力。

1. 竞品产品分析要点

竞品分析是要通过对竞争产品的分析找到一个合适的创业切入口,或改进产品,或改进商业模式。

(1)改进产品。很多创业者在创业初期总有一个想法,研发一款性能完备且全面的产品,但往往在核心功能上不聚焦,产品迟迟不能推出市场,导致错失商业机会。通过竞品分析可以很好地帮助我们了解市场现有产品的优势和不足,从而改良产品,聚焦产品核心竞争力,找到合适的创业机会。

(2)改进商业模式。有些时候产品的设计已经较为完善,或较为适用于现有环境,或改进空间较小,或团队在新产品研发上有难度,这个时候,也可以通过对竞争产品的运作方式进行研究,通过战略调整,寻找创业机会。

2. 竞品分析步骤

竞品分析需要遵循一定的步骤,只有在充分且全面的调研基础上做客观的分析,才能达到竞品分析的目的。竞品分析前,应先确定分析的主线是在产品功能上还是在产品战略方面,我们希望通过竞品分析达到什么样的目的,根据我们的需求进行市场调研,在收集调研数据的基础上,画出竞品结构图和竞品用户使用流程图。竞品结构图和竞品用户使用流程图的目的是弄清楚我们与竞品之间的不同,再做相应的战略分析。

(1)竞品核心功能用户使用路线流程比较分析。任何一款产品都有其独特的能够满足客户需求的核心功能,缺乏核心功能的产品往往容易被复制,从而失去市场份额。如格力电器“格力打造核心科技”的口号,彰显了格力电器对于技术的掌控,技术是格力的核心,掌握核心技术的格力不仅占据市场重要地位,还能在技术上实现垄断。我们可以找竞品最核心的一个或数个用户使用路线流程来对比。在流程图中,进行产品的功能、外观等方面的比较,然后结合用户评论和市场数据进行综合比较,得出自己产品和竞品的优劣对比,并提出自己的改进意见。

(2)非核心功能的用户使用路线流程比较分析。找到竞品的非核心使用功能用户路线流程进行比较,目的在于考察核心功能之外的产品特点,再结合用户评论和市场数据进行综合比较,得出结论和改进意见。

(3)产品与竞品不同用户使用流程或功能点分析。竞品没有而我们有的用户使用流程或功能点,或者竞品有而我们没有的用户使用流程或功能点,也是值得我们深入研究的。我们可以主要分析一下:

为什么对方不具备该项功能,是尚未研发出来还是成本过高,或者此项功能与他们业务的紧密性不高?

为什么我们要设计这些功能,是为了满足客户需求还是攻克了技术难题,或者解决了成本问题?这个功能能不能帮助我们从竞争对手那里获取客户资源,还是可能使我们丧失已有的客户资源?

结合已有的市场调查数据和用户评论进行综合比较分析,得出结论及改进意见,并给出理由。

(4)竞品商业模式比较分析。通过对竞品的历史发展过程、迭代更新、运营模式、成本、用户量、合作商等内容进行分析,结合已有的市场调查数据和用户评论,得出结论及改进意见,并给出理由。

第二节　创业机会评估

教学目标

(1)掌握创业机会的评估要素。

(2)理解创业机会与个人(团队)的匹配重要性。

(3)了解创业机会评估常见的模型工具。

教学内容

(1)创业机会的评估要素。

(2)创业机会评价模型与工具。

案例导读　小袁创业

袁××同学为某旅游院校2012级旅游管理专业学生，在2015年年初。大三最后一学期，小袁和其他毕业班的大学生一样忙于实习和参加招聘会，实习和几场招聘会下来，小袁都未找到自己满意的工作。在实习过程中，该生遇到了其他高校学生，特别是从美国归来的人员畅谈建立二手物品收购转卖网络平台理念，逐渐产生了创业的想法。几天后，小袁回校咨询老师，组建创业团队，构建网络平台基本框架、工作计划和运营模式等。在咨询过程中，该生说自己想要搭建的网站平台是专门针对上海二手物品买卖，为买家和卖家之间构建一个实时的双向平台，也是一个环境保护方向项目。在构建完成后，小袁和交大、复旦几位同学以及美国归国人员确定公司名称、运作方式、人员分工等。接下来的一段时间，小袁拜访了很多同学老师，走访了十几家企业，把自己的理念想法逐一介绍，想筹措近50万的融资。前期，项目进展较为顺利，得到了很多人和企业的认同，其想法也得到了家人的支持；但在后期发现，一切并没有想象中那么容易，其中最让她头疼的就是团队建设和资金问题。一方面，团队成员都不是专业技术人员出身，网络平台设计不出；另一方面，资金很难筹集，对于二手用品买卖，政策方面也不够完整完善，无法开展下去。后来，小袁宣布创业失败，投身到去公司就业的大部队中去了。

根据国家统计局2018年估算，2017届大学生中约有21.3万人选择了创业，比例为2.9%，与2016届、2015届基本持平，但是在浩浩荡荡的创业大军中，成功率低得吓人。数据显示毕业半年后自主创业的应届本科毕业生，3年后超过半数的人退出创业，我国大学生创业成功率不到5%。事实上，在创业项目开始实施前，虽然创业团队与投资者均对创业机会前景寄予极高的期待，对新创业机会未来所可能带来的丰厚利润抱持高度的信心，但正如我们所知，几乎九成以上的创业梦想最后都会落空。

成功与失败之间，除了"不可控制的运气"因素之外，显然一定有许多创业机会在开始的时候，就已经很大程度上注定未来失败的命运。虽然创业本身是一种边做边学的高风险行为，而且失败也可能奠定下一次创业成功的基础，但失败的结果又是创业者极力想避免的。如果创业者能先以比较客观的方式对创业机会进行评估，那么许多类似错误就不至于一直重复上演，创业成功的概率也可以因此而大幅提升。

成功的创业活动是创业者与创业机会的高度结合产物。只有创业者和创业机会之间进行恰当的匹配，创业活动才最可能发生，也更可能取得成功。大公司对机会的识别和评估往往与个体创业者具有很大的差别。大公司对创业机会的评估往往比较周密而规范，而个人对创业机会的评估往往直觉和经验起到很大的作用。有些企业初创者常常是通过直觉捕捉到创业机会，然后进行一系列的假设和简单的计算，最终完成创业机会的评估。不规范周密的创业机会评估很容易出现缺陷，甚至导致项目最终失败，但优点是可以达到快速部署和实施的目的，有很多缺陷和问题也是在项目实施过程中解决的。一般情况下，周密规范的创业机会评估要比简单的评估更能降低创业失败的风险。

创业机会的评估是实施创业计划的重要环节。创业机会实施的成败受到多种因素的影响,创业机会评估的内容也没有统一的标准,但对创业机会的评估需要考虑到一些基本的评估要素。

一、创业机会的评估要素

(一)市场评估

1. 市场规模与创业机会渗透时机评估

如果把建立在创业机会之上的创业项目比作鱼,那么市场规模就是养鱼的鱼池,市场规模大小决定了所养鱼的极限产量。一般而言,市场规模比较大并且处于快速成长中的市场,通常也是一个充满机会的市场,进入障碍就相对比较低,市场竞争激烈程度也比较低,适合具有较高创业抱负的创业者把握相关创业机会进行切入。如果创业者要进入的是一个已经趋于成熟的市场,即使市场规模很大,如若没有特别的可行创意,这样的创业机会就很难成功。

2. 预期市场占有率

新创业机会预期可达成的市场占有率可以显示这家新创企业未来的市场竞争力。要在同一个市场保持较高的竞争力,不同的行业要求的市场占有率不同,这和企业的规模效应紧密相关。以互联网商城为例,其所能覆盖的用户数理论是无上限的,所以“边际成本”会不断递减,最终接近于零,这样的企业往往市场占有率排前几名的才有可能继续生存下去,最终形成赢家通吃的局面,处在这个行业的新创企业必须要拥有能够成为市场占有率前几名的潜质,才具有更好的被投资价值。

3. 企业与市场环境因素的关系

企业与周围生存环境的关系实质上就如同生物个体与其环境的关系,本质上都是一种相互依赖和相互制约的关系。企业融入市场的过程是企业不断适应外部环境,探寻自我定位和发展的能动过程,是企业与各种环境因素持续进行调适的复杂过程。企业在市场中的环境因素可包括投资者、上游厂商、顾客、渠道商、同行业竞争者等。企业和这些外部环境因素的关系直接影响到企业的生存状态和竞争力。

(二)效益评估

1. 毛利率与税后净利

毛利率高的新创业机会,相对风险较低,遇到决策失误或市场产生较大变化的时候,企业往往具有较好的承压能力。一般而言,对于初创企业可预期的毛利率不宜低于20%,最好要高于40%。

一般而言,具有吸引力的新创业机会,在可预期的将来至少需要能够创造15%以上税后净利。如果新创企业预期的税后净利太低,那么这就不是一个好的投资机会。

2. 资本需求量与投资报酬率

基于创业活动的高风险性,从投资者的角度考虑,资金需求量较低的新创业机会,一般会比较受到投资者的欢迎。而对于创业者而言，引入的资本额过高可能还会带来股权稀释或高负债运行的负面效果，因此在创业开始的时候，对于绝大多数行业不宜募集太多的资金，最好通过盈余积累的方式来创造资金。通常，越是知识密集的新创业机会，对于资金的需求量越低，投资报酬会越高。

3. 退出机制

投资的目的都在于取得回报，投资者并不一定伴随企业的全生命周期，因此退出机制与策略的完备程度就成为一项评估新创业机会的重要指标。一个具有吸引力的新创业机会，应该要为投资者制定好退出机制。

（三）风险评估

当创业机会面临某种损失的可能性时，这种可能性及引起损失的状态便被称为创业机会风险。构成创业机会的风险要素主要包括：风险因素、风险事件、风险损失三部分。风险因素是风险事故发生的潜在条件，是造成风险损失的内在或间接原因；风险事件是造成风险损失的直接的或外在的原因，是风险因素综合作用的结果；风险损失是指非故意的、非预期的、非计划的经济利益的减少，这种减少通常可以用货币衡量，它由风险事件直接导致。

1. 创业机会风险的分类

创业机会风险可按多种形式划分，常见划分方式见表5-1。

表5-1　创业机会风险的分类

划分依据	种　类
按风险来源的主客观性划分	主观风险和客观风险
按风险影响程度的范围	系统风险与非系统风险
按照风险的可控程度	可控风险和不可控风险
按创业的过程分类	机会的识别与评估风险、团队组建风险、确定并获取创业资源风险、准备与撰写创业计划风险和创业企业管理风险
按风险内容的表现形式分类	机会选择风险、环境风险、人力资源风险、技术风险、市场风险、管理风险和财务风险等

系统风险与非系统风险是常用的名词，在创业机会的描述中系统风险主要指创业环境中的风险（市场变化、竞争、资本市场、政策法规等风险）；非系统风险主要指创业者自身的风险（决策风险、创新风险、管理风险、人的风险等）。

2. 风险评估过程

根据我国GB/T 24353和国际标准化组织（ISO）的相关标准描述，风险管理过程可分为明确环境信息（建立环境或评估基础以确定风险准则）、风险评估、风险应对、沟通和记录、监督和检查组成等过程，如图5-1所示。风险评估主要包括风险识别、风险分析和风险评价三个步骤，是进行风险管理的重要环节。

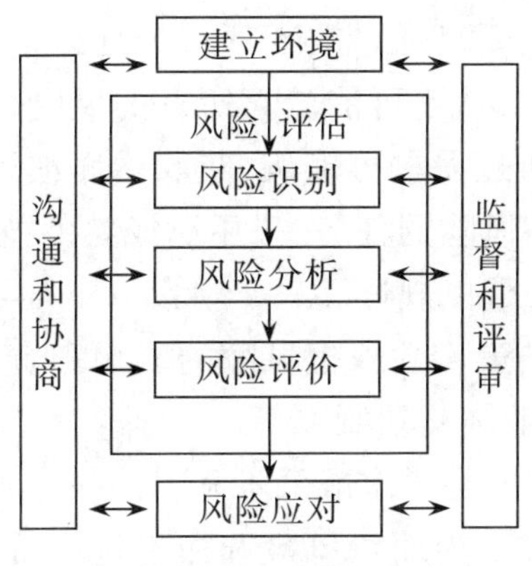

图 5-1　风险管理过程

风险的识别过程中不论风险事件的风险因素是否在组织的控制之下，或其原因是否已知，都应对其进行识别。进行风险识别所采取的识别工具和技术应当适合于其目标、能力及其所处环境。

风险分析是根据风险类型、获得的信息和风险评估结果的使用目的，对识别出的风险进行定性和定量的分析，为风险评价和风险应对提供支持。一般情况下，进行风险分析可首先采取定性分析，初步了解风险等级和揭示主要风险。适当时，进行更具体的定量的风险分析。风险的定量和定性分析各有其优缺点（表 5-2）。

表 5-2　风险定性和定量分析的优缺点

	定性风险分析	定量分析
优点	不必精确计算、量化指标少，易于理解和执行，推荐的措施比较有弹性	指标量化程度高、可以为成本效益审核提供精确依据，量化的资产价值和预期损失易理解
缺点	主观性强，其结果高度依赖于评估者的经验和能力，对关键资产财务价值评估参考性较低，并不能为安全措施的成本效益分析提供客观依据	信息量大，计算量大，方法复杂，依赖于工具和数据，投入大，费时费力

风险分析要考虑导致风险的因素、风险事件的正反面、风险损失及其发生的可能性等，制定一个全面的风险列表。识别风险不仅要考虑风险可能带来的损失，也要考虑其中蕴含的机会。在风险分析中，应考虑组织的风险承受度及现有专家观点和分析所用模型中的分歧和局限性。在某些情况下，可能需要多个指标来确切描述不同时间、地点、类别或情形的后果。

风险评价是将风险分析的结果与组织的风险准则比较，或者在各种风险的分析结果之间进行比较，确定风险等级，以及做出风险应对的决策。如果风险是新识别的风险，则应当制定相应的风险准则，以便评价该风险。风险评价的结果应满足风险应对的需要。风险的应对可以先制定相关的预案，在一定条件下触发实施相关的应对措施。关于风险的应对常采用以下策略：

(1)规避策略。该策略主要是通过改变项目计划以消灭风险或保护项目目标免受影响。在实际的策略运用中虽然不可能消灭所有的风险,但对具体风险来说是可以避免的。例如,某些风险可以通过需求再确认、获取更详细信息、增强沟通、增派专家、缩小项目工作范围、避免某些高风险的任务、采用更成熟的技术方案而非先进但尚未成熟的方案、减少固定资产等方法得以规避。

(2)转移策略。该策略是策略性地把风险的影响和责任转嫁给第三方。如签署风险分担合同、购买保险、执行业绩奖罚制度等。

(3)减轻策略。该策略主要是谋求减低不利风险发生的可能性和(或)影响程度。

(4)接受策略。该策略表现为面对风险选择不对项目计划作任何改变或干脆无计可施。面对一些风险企业可以选择积极地接受,制定应急计划,监视风险征兆并在风险发生时执行。制定应急计划可以大大减少处理麻烦的费用。

关于风险应用的策略也可以根据发生频率及影响程度采取相应的策略。应对的方法也可以分为风险避免、风险预防、风险抑制、风险转嫁等。不同的划分方法在应对策略上采用的实质内容基本相似。

【阅读案例】

华为的“备胎”

2019年5月15日,美国总统签署了一项行政命令宣布国家紧急状态,禁止本国公司购买“外国敌人”生产的电信设备。2019年5月16日,美国商务部工业与安全局(BIS)将华为列入“实体清单”,被列入名单的企业或个人购买或通过转让获得美国技术需获得有关许可。但如果美国认为技术的销售或转让行为危害所谓“国家安全”或外交政策利益,则会拒绝颁发许可。这意味着可能导致美国公司被禁止与华为做生意。华为作为全球领先的电信设备供应商和一流的智能手机销售商,它在很大程度上依赖于美国的许多先进组件(包括半导体和软件等),所面临的形式很可能就是被“卡脖子”。

面对美国的封杀行为,其实华为也早就有所预备。华为表示,由于美国挤压了华为及其中国主要竞争对手中兴通讯,华为在过去一年中一直在增加库存,以此作为美国供应中断的保险措施。

2019年5月17日,华为海思总裁发表了给员工的一封信中就提到:多年前,还是云淡风轻的季节,公司做出了极限生存的假设,预计有一天,所有美国的先进芯片和技术将不可获得,华为仍将持续为客户服务。为了这个以为永远不会发生的假设,数千海思儿女,走上了科技史上最为悲壮的长征,为公司的生存打造“备胎”。今天,是历史的选择,所有我们曾经打造的备胎,一夜之间全部转“正”!

试想,如果华为当初没有进行相关的风险评估并制定相关的预案,被美国“卡脖子”将是什么样的结果呢?!事实上我国的有些企业就曾经被“卡”的半死。积极评估风险,采取有效的措施才能保障企业的健康发展。

(四)个人(创业团队)评估

在创业项目的实施过程中,团队的作用是项目成功与否的关键。个人作为创业团队的有机组成部分,一般要考虑清楚自己在创业项目实施中能够付出的机会成本及对风险的承担能力,还要考虑到创业项目是否适合自己的偏好和与个人发展目标的契合程度。事实上,一个创业项目的成功与否往往在考验创业团队的质量。评估创业团队的质量应该着重考虑以下几个方面:

(1)创业团队的组织质量。在评估创业团队的组织质量时,着重考虑团队的内聚力、决策水平、组织运行效率甚至团队的价值观等因素,即考查团队的组织水平。

(2)创业团队的搭配状况。评估团队的搭配状况需要考虑到创业机会实施团队的显性及隐性知识结构搭配情况、产业经验与专业背景等。

(3)团队的(特别是领导者)的品质。在信息越来越透明的今天,创业团队特别是领导者的人品、道德观等特质成为一项影响新创业成败的关键因素。重视诚信、正直、无私、公平等基本做人处事原则的创业领导者,对于投资者评价新创业机会通常都具有显著加分的效果。

(五)竞争优势面评估

一个好的新创业项目,往往需要具有相对竞争优势才能在激烈的竞争环境中成长起来。创业机会的竞争优势面可着重考虑以下几个方面:成本优势、产品价值竞争力、市场控制力、进入障碍。新创业机会所呈现的成本竞争力,将是评价这项创业最后能否获得成功的重要指标。如果产品不能产生成本竞争优势,那么提供差异化的产品,为顾客创造独特的价值也可以增加创业机会的落地能力。对于市场的产品价格、客户、渠道、零件价格等市场的控制力,攸关企业的竞争优势,一个缺乏市场控制力的新创业机会,他的投资吸引力也一定会比较低。

竞争优势的评估需要特别注意的就是进入障碍的评估及设计。高进入障碍的市场,对于新创企业相对比较不具有吸引力。同样的,新创业如果无法制造进入障碍,往往也不是一个好的投资机会。新的创业机会如果能在实施的过程中人为地制造能够保护项目成长的障碍,往往能够很大程度上提高项目的成活率。制造进入障碍的方式包括专利、核心能力、商誉、高品质低成本、掌握稀有资源、快速创新等。缺乏进入障碍的新市场,往往容易吸引大量的竞争者,如果被其他资源雄厚的大企业盯上,对于新创企业往往具有灾难性的后果。因此具有吸引力的创业机会,进入的应该是一个障碍还不太高的新市场,但进去以后就需要具备制造进入障碍的能力,以用来保护自身的市场利益,提高创业项目的成活率。

(六)策略特色评估

一个具有吸引力的创业机会,通常都需要具有某些特色,而这些特色往往能够成为新创企业未来成功的策略性优势。比如创业团队能否更好地利用资源,是否具有团队优势,是否技术领先,是否具有渠道优势,是否在恰当的时机进入创业,是否具有特殊竞争能力的商业模式等。

二、创业机会与个人(团队)的匹配

创业的过程可以看作内外环境的相互作用过程,外部环境即有创业条件的出现,内部环境即为具有创业能力团队的存在。同样一个项目在不同的团队手中可能产生成败的截然不同的结果,同样道理,一个团队实施不同的项目也可能会有成有败。因此,个人或者团队和创业机会的匹配就非常重要。

在进行创业机会和个人(团队)的匹配过程中,个人(团队)经验的广度和深度、社会关系网络状况、风险收益认知等都会影响到匹配结果。

在进行个人(团队)和创业机会的匹配过程中,不妨问自己或者团队一些问题来进行思考,或者制定相关的模型来评定个人(团队)和创业项目的匹配程度。比如可以问自己的团队:你们的团队能为此项目提供哪些独特的能力?为什么你们的团队更适合这个项目?你们的团队实施该创业项目具有哪些困难,可以克服吗?

在创业的过程中,个人(团队)与创业机会的匹配不恰当而导致失败的案例比比皆是。当然这种匹配有时候又是动态可变的,个人(团队)有时候也是在摸着石头过河,这个过程个人和团队都在成长,创业机会经过一段时间和当初也可能有所不同。

三、创业机会评价模型与工具

一般而言,有吸引力的创业项目需要具有吸引力、持久性、及时性、依附于为买者或终端用户创造或增加价值的产品、服务或业务。对创业机会的评价,相关研究比较多,一般的流程是经过评价目标的确定、影响因素的分析、评价指标体系的构建、评价方法的选择、评价实施、评价反馈几个过程。在创业机会评价方面,现在已经形成了多个模型或框架,比如标准打分矩阵法、Westinghouse 法、Hanan Potentionmeter 法、Baty 的选择因素法等。美国蒂蒙斯教授提出的创业机会评价框架是比较完善的创业机会评价指标体系,涉及行业和市场、经济因素、收获条件、竞争优势、管理团队、致命缺陷问题、个人标准、理想与现实的战略差异等八个方面的53项指标(表5-3)。

表5-3 蒂蒙斯教授的创业机会评价框架

分 类	指标描述
行业和市场	(1)市场容易识别,可以带来持续收入。 (2)顾客可以接受产品或服务,愿意为此付费。 (3)产品的附加价值高。 (4)产品对市场的影响力高。 (5)将要开发的产品生命长久。 (6)项目所在的行业是新兴行业,竞争不完善。 (7)市场规模大,销售潜力达到1000万到10亿。 (8)市场成长率在30%~50%甚至更高。 (9)现有厂商的生产能力几乎完全饱和。 (10)在五年内能占据市场的领导地位,达到20%以上。 (11)拥有低成本的供货商,具有成本优势

（续表）

分　类	指标描述
经济因素	(1)达到盈亏平衡点所需要的时间在1.5～2年以下。 (2)盈亏平衡点不会逐渐提高。 (3)投资回报率在25%以上。 (4)项目对资金的要求不是很大,能够获得融资。 (5)销售额的年增长率高于15%。 (6)有良好的现金流量,能占到销售额的20%～30%以上。 (7)能获得持久的毛利,毛利率要达到40%以上。 (8)能获得持久的税后利润,税后利润率要超过10%。 (9)资产集中程度低。 (10)运营资金不多,需求量是逐渐增加的。 (11)研究开发工作对资金的要求不高
收获条件	(1)项目带来的附加价值具有较高的战略意义。 (2)存在现有的或可预料的退出方式。 (3)资本市场环境有利,可以实现资本的流动
竞争优势	(1)固定成本和可变成本低。 (2)对成本、价格和销售的控制较高。 (3)已经获得或可以获得对专利所有权的保护。 (4)竞争对手尚未觉醒,竞争较弱。 (5)拥有专利或具有某种独占性。 (6)拥有发展良好的网络关系,容易获得合同。 (7)拥有杰出的关键人员和管理团队
管理团队	(1)创业者团队是一个优秀管理者的组合。 (2)行业和技术经验达到了本行业内的最高水平。 (3)管理团队的正直廉洁程度能达到最高水准。 (4)管理团队知道自己缺乏哪方面的知识
致命缺陷问题	不存在任何致命缺陷问题
个人标准	(1)个人目标与创业活动相符合。 (2)创业家可以做到在有限的风险下实现成功。 (3)创业家能接受薪水减少等损失。 (4)创业家渴望进行创业这种生活方式,而不只是为了赚大钱。 (5)创业家可以承受适当的风险。 (6)创业家在压力下状态依然良好

（续表）

分　类	指标描述
理想与现实的战略差异	(1)理想与现实情况相吻合。 (2)管理团队已经是最好的。 (3)在客户服务管理方面有很好的服务理念。 (4)所创办的事业顺应时代潮流。 (5)所采取的技术具有突破性,不存在许多替代品或竞争对手。 (6)具备灵活的适应能力,能快速地进行取舍。 (7)始终在寻找新的机会。 (8)定价与市场领先者几乎持平。 (9)能够获得销售渠道,或已经拥有现成的网络。 (10)能够允许失败

（资料来源:姜彦福,邱琼. 创业机会评价重要指标序列的实证研究[J]. 科学研究,2004(1):59-63.）

蒂蒙斯教授的创业机会评价模型是一种经典的定性分析工具,对于创业机会的评价比较全面但也比较复杂,针对不同行业、不同的创业项目以及创业项目的不同阶段,有些指标并不适用,需要使用者灵活加以处理。例如,王庆良在研究"ATS(Associational, Teacher-less, Standard)英语"培训项目的创业机会评价中,为达到对"ATS英语"培训项目的创业机会进行评价,采用蒂蒙斯教授评价模型并从其中的8个部分筛选出30个指标对该项目进行评价(表5-4)。

表5-4　王庆良对"ATS英语"培训项目的评价指标表

分　类	指标描述
行业与市场	(1)市场容易识别,可以带来持续收入。 (2)顾客可以接受产品或服务,愿意为此付费。 (3)产品的附加价值高。 (4)产品对市场的影响力高。 (5)将要开发的产品生命长久。 (6)项目所在的行业是新兴行业,竞争不完善。 (7)市场规模大,销售潜力达到1000万～10亿元。 (8)市场成长率在30%～50%甚至更高。 (9)拥有低成本的供货商,具有成本优势
经济价值	(1)达到盈亏平衡点所需要的时间在1.5～2年以下。 (2)盈亏平衡点不会逐渐提高。 (3)项目对资金的要求不是很大,能够获得融资。 (4)运营资金不多,需求量是逐渐增加的。 (5)研究开发工作对资金的要求不高
收获条件	项目带来的附加价值具有较高的战略意义

（续表）

分　类	指标描述
竞争优势	(1)固定成本和可变成本低。 (2)竞争对手尚未觉醒,竞争较弱。 (3)拥有专利或具有某种独占性。 (4)拥有杰出的关键人员和管理团队
管理团队	(1)创业者团队是一个优秀管理者的组合。 (2)管理团队知道自己缺乏哪方面的知识
致命缺陷	不存在任何致命缺陷
创业者的个人标准	(1)个人目标与创业活动相符合。 (2)创业者可以做到在有限的风险下实现成功。 (3)创业者可以承受适当的风险。 (4)创业者在压力下状态依然良好
理想与现实的战略性差异	(1)在客户服务管理方面有很好的服务理念实。 (2)所创办的事业顺应时代潮流。 (3)具备灵活的适应能力,能快速地进行取舍。 (4)能够允许失败

（资料来源:王庆良.“ATS”英语培训项目创业机会评价研究[D]. 南京:南京理工大学,2018:43.）

使用蒂蒙斯教授的创业机会评价模型需要灵活选择和处理评价指标,不必拘泥于形式和具体的指标评价。在国内,刘常勇教授则围绕市场和汇报两个层面提出了一个比较简便的评价方法(表5-5),也可供创业机会评价借鉴使用。

表5-5　刘常勇教授提出的创业机会评价框架

市场评价	(1)是否具有市场定位,专注于具体顾客需求,能为顾客带来新的价值。 (2)依据波特的五力模型进行创业机会的市场结构评价。 (3)分析创业机会所面临市场的规模大小。 (4)评价创业机会的市场渗透力。 (5)预测可能取得的市场占有率。 (6)分析产品成本结构
回报评价	(1)税后利润至少高于5%。 (2)达到盈亏平衡的时间应该低于2年。 (3)投资回报率应高于25%。 (4)资本需求量较低。 (5)毛利率应该高于40%。 (6)能否创造新企业在市场上的战略价值。 (7)资本市场的活跃程度。 (8)退出和收获回报的难易程度

（资料来源:刘常勇. 创业管理的12堂课[M]. 北京:中信出版社,2002:64-70.）

事实上，类似的评价框架还存在于一些管理咨询公司中，在现实创业机会的评价过程中也并不一定能把一个评价模型的所有指标评价完毕，对于创业机会的评价过程，往往是主观或者直觉结合评价框架的部分指标的分析过程。

第三节　商业模式与创新

教学目标

(1)理解商业模式概念、特征、类型。
(2)了解商业模式核心原则与设计。
(3)掌握商业模式创新方法。

教学内容

(1)商业模式概念、特征、类型。
(2)商业模式核心原则与设计。
(3)商业模式与盈利模式。
(4)商业模式发展的演变及影响因素。
(5)商业模式创新与方法。

案例导读　人人车——"九死一生"的C2C坚挺地活了下来

企业介绍：人人车是用C2C的方式来卖二手车，为个人车主和买家提供诚信、专业、便捷、有保障的优质二手车交易。

创新性：它首创了二手车C2C虚拟寄售模式，直接对接个人车主和买家，砍掉中间环节。

该平台仅上线车龄为六年且在10万公里内的无事故个人二手车，卖家可以将爱车卖到公道价，买家可以买到经专业评估师检测的真实车况的放心车。

点评：C2C虚拟寄售的模式被描述为"九死一生"，是因为：

第一，二手车属非标品；

第二，卖车人和买车人两端需求是对立的；

第三，国内一直缺乏第三方中立的车辆评估，鱼龙混杂。

因此二手车C2C交易困难重重、想法大胆又天真。人人车不被看好却能逃过"C轮死"的魔咒，是因为其省去所有中间环节，将利润返还与消费者。创始人李健说："如果我能成功，B2C都要失业了。"

一、商业模式概念

作为企业存在的最基本要素,商业模式已经成为创业者和风险投资者嘴边的一个名词。所有人都确信,好的商业模式是企业成功的保障。到底什么是商业模式?它包含什么要素,又有哪些常见类型呢?简而言之:商业模式就是公司通过什么途径或方式来赚钱。比如,汽车公司如何通过卖车来赚钱,食品公司如何通过卖食品来赚钱;快递公司如何通过送快递来赚钱;网络公司如何通过关注度和相关消费来赚钱;通信公司如何通过收话费来赚钱;超市如何通过平台和仓储来赚钱等。只要有潜在或直接的盈利环节,就有商业模式存在。

商业模式是一个比较新的名词。尽管它第一次出现在20世纪50年代,但直到20世纪90年代才开始被广泛使用和传播。今天,虽然这一名词出现的频度极高,关于它的定义仍然没有一个权威的版本。目前相对比较贴切的说法是:商业模式是一种包含了一系列要素及其关系的概念性工具,用以阐明某个特定实体的商业逻辑。它描述了公司所能为客户提供的价值,以及公司的内部结构、合作伙伴网络和关系资本(relationship capital)等,借以实现(创造、推销和交付)这一价值,并产生可持续盈利收入的要素。

从而多数情况下将商业模式定义成——为实现客户价值最大化,把能使企业运行的内外各要素整合起来,形成一个完整的高效率的具有独特核心竞争力的运行系统,并通过最优实现形式满足客户需求、实现客户价值,同时使系统达成持续赢利目标的整体解决方案。泰莫斯定义,商业模式是指一个完整的产品、服务和信息流体系,包括每一个参与者和其在其中起到的作用,以及每一个参与者的潜在利益和相应的收益来源和方式。在分析商业模式过程中,主要关注一类企业在市场中与用户、供应商、其他合作办的关系,尤其是彼此间的物流、信息流和资金流。

在很多著作之中对于商业模式的讨论往往模糊了两种不同的含义:方法和概念。一类作者简单地用它来指公司如何从事商业的具体方法和途径,另一类作者则更强调模型方面的意义。这两者实质上是有所不同的:前者泛指一个公司从事商业的方式,而后者指的是这种方式的概念化。后一观点的侧重者们提出了一些由要素及其之间关系构成的参考模型(reference model),用以描述公司的商业模式。企业经营者比较倾向于将商业模式的讨论定位于方法,而研究者比较倾向于将商业模式描述为一种模型。总体上看,商业模式是一个非常宽泛的概念,通常所说的跟商业模式有关的说法很多,包括运营模式、盈利模式、B2B模式、B2C模式、“鼠标加水泥”模式、广告收益模式等,不一而足。

商业模式是一种简化的商业逻辑,无论如何定义,依然需要用以下十种元素来描述这种逻辑:

(1)价值主张(value proposition):公司通过其产品和服务,所能向消费者(用户)提供的价值。价值主张确认公司对消费者的实用意义。

(2)消费者目标群体(target customer segments):公司所瞄准的消费者群体。这些群体具有某些共性,从而使公司能够(针对这些共性)创造价值。定义消费者群体的过程,也被称为市场划分(market segmentation)。

(3)分销渠道(distribution channels):公司用来接触消费者的各种途径。这里阐述了公司如何开拓市场,它涉及公司的市场和分销策略。

(4)客户关系(customer relationships):公司同其消费者群体之间所建立的联系。通常所说的客户关系管理(customer relationship management)即与此相关。

(5)价值配置(value configurations):资源和活动的配置。

(6)核心能力(core capabilities):公司执行其商业模式所需的能力和资格。

(7)合作伙伴网络(partner network):公司同其他公司之间为有效地提供价值并实现其商业化,而形成合作关系网络。这也描述了公司的商业联盟(business alliances)范围。

(8)成本结构(cost structure):所使用的工具和方法的货币描述。

(9)收入模型(revenue model):公司通过各种收入流(revenue flow)来创造财富的途径。

(10)资本增值(increase the capital value):伴随用户规模、品牌价值、市场份额方面的成长,项目本身估值也不断增加,被潜在觊觎者收购也将成为一种创造财富的路径。

除上述元素结构,商业模式还有八大要素极为关键,“客户价值最大化”“整合”“高效率”“系统”“赢利”“实现形式”“核心竞争力”“整体解决”这八个关键词,也就构成了成功商业模式的八个要素,缺一不可。其中,“整合”“高效率”“系统”是基础或先决条件,“核心竞争力”是手段,“客户价值最大化”是主观追求目标,“持续赢利”是客观结果。

二、商业模式特征

任何企业、公司经营也有“道、法、术、器”四个层面,商业模式就是“道”,是商道的最高境界。如果企业总是沉湎在“法、术、器”里找出路的话,就会像爬山一样,总在山脚、山腰打转,很难直达山巅;而企业只有以商业模式——“商道”的高度,从上往下看时,就会豁然发现,通往山巅的捷径随处可见。企业的出路在于认知的高度,高度决定思路,思路决定出路。

因而商业模式必须具有以下两个特征:首先商业模式是一个整体的、系统的概念,而不仅仅是一个单一的组成因素。如收入模式(广告收入、会员费、服务费),向客户提供的价值(在价格上竞争、在质量上竞争),组织架构(自成体系的业务单元、整合的网络能力)等,这些都是商业模式的重要组成部分,但并非全部。其次商业模式的组成部分之间,必须有内在联系,这个内在联系把各组成部分有机地关联起来,使它们互相支持,共同作用,形成一个良性的循环。

三、商业模式类型

根据商业模式特征,可把商业模式分为两大类:

(一)运营性商业模式

重点解决企业与环境的互动关系,包括与产业价值链环节的互动关系。运营性商业模式创造企业的核心优势、能力、关系和知识,主要包含以下两个方面的主要内容:

(1)产业价值链定位:企业处于什么样的产业链条中,在这个链条中处于何种地位,企业结合自身的资源条件和发展战略应如何定位。

(2)赢利模式设计(收入来源、收入分配):企业从哪里获得收入,获得收入的形式有哪几种,这些收入以何种形式和比例在产业链中分配,企业是否对这种分配有话语权。

(二)策略性商业模式

策略性商业模式对运营性商业模式加以扩展和利用,涉及企业生产经营的方方面面。

1. 业务模式

企业向客户提供什么样的价值和利益,包括品牌、产品等。

2. 渠道模式

企业如何向客户传递业务和价值,包括渠道倍增、渠道集中/压缩等。

3. 组织模式

企业如何建立先进的管理控制模型,如建立面向客户的组织结构,通过企业信息系统构建数字化组织等。

每一种新的商业模式的出现,都意味着一种创新、一个新的商业机会的出现,谁能率先把握住这种商业机遇,谁就能在商业竞争中先拔头筹。商业模式具有生命性,一个世纪前,某公司通过赠送产品来赢得财富,创造了一种新的商业模式,而今天当各商家都用打折或买一送一的方式来促销时,这就不再是一种商业模式;商业模式具有可移植性,如果今天我们生产剃须刀片的企业仍然通过免费赠送剃须刀来卖刀片,它就不能称之为商业模式,而当新型的网络企业通过各种免费方式赢得眼球时,我们就能称这种免费形式为网络企业的新商业模式。在企业的创办过程中,每一个环节上有多种创新形式,偶尔的一个创新也许就能改变企业的整个经营模式,也就是说企业的商业模式具有偶然性和广阔的衍生性。

四、商业模式的核心原则

商业模式的核心原则是指商业模式的内涵、特性,是对商业模式定义的延展和丰富,是成功商业模式必须具备的属性。企业能否持续赢利是我们判断其商业模式是否成功的唯一的外在标准。持续赢利是对一个企业是否具有可持续发展能力的最有效的考量标准,赢利模式越隐蔽,越有出人意料的好效果。一个成功的商业模式不一定是在技术上的突破,而是对某一个环节的改造,或是对原有模式的重组创新,甚至是对整个游戏规则的颠覆。商业模式的核心原则是指商业模式的内涵、特性,是对商业模式义的延伸和丰富,是成功商业模式必须具备的属性。它包括:客户价值最大化原则、持续赢利原则、资源整合原则、融资有效性原则、组织管理高效率原则、创新原则、风险控制原则和合理避税原则等八大原则。

（一）客户价值最大化原则

一个商业模式能否持续赢利，是与该模式能否使客户价值最大化有必然关系的。一个不能满足客户价值的商业模式，即使赢利也一定是暂时的、偶然的，是不具有持续性的。反之，一个能使客户价值最大化的商业模式，即使暂时不赢利，但终究也会走向赢利。所以我们把对客户价值的实现再实现、满足再满足当作企业应该始终追求的主观目标。

（二）持续赢利原则

企业能否持续赢利是我们判断其商业模式是否成功的唯一的外在标准。因此，在设计商业模式时，赢利和如何赢利也就自然成为重要的原则。当然，这里指的是在阳光下的持续赢利。持续赢利是指既要"赢利"，又要能有发展后劲，具有可持续性，而不是一时的偶然赢利。

（三）资源整合原则

整合就是要优化资源配置，就是要有进有退、有取有舍，就是要获得整体的最优。在战略思维的层面上：资源整合是系统论的思维方式，是通过组织协调，把企业内部彼此相关但却彼此分离的职能，把企业外部既参与共同的使命又拥有独立经济利益的合作伙伴整合成一个为客户服务的系统，取得1+1>2的效果。在战术选择的层面上：资源整合是优化配置的决策，是根据企业的发展战略和市场需求对有关的资源进行重新配置，以凸显企业的核心竞争力，并寻求资源配置与客户需求的最佳结合点，目的是要通过组织制度安排和管理运作协调来增强企业的竞争优势，提高客户服务水平。

（四）创新原则

三星董事长李健熙说："除了老婆和孩子外，其余什么都要改变！"时代华纳前首席执行官迈克尔·邓恩说："在经营企业的过程中，商业模式比高技术更重要，因为前者是企业能够立足的先决条件。"一个成功的商业模式不一定是在技术上的突破，而是对某一个环节的改造，或是对原有模式的重组、创新，甚至是对整个游戏规则的颠覆。商业模式的创新形式贯穿于企业经营的整个过程之中，贯穿于企业资源开发、研发模式、制造方式、营销体系、市场流通等各个环节，也就是说，在企业经营的每一个环节上的创新都可能变成一种成功的商业模式。

（五）融资有效性原则

融资模式的打造对企业有着特殊的意义，尤其是对中国广大的中小企业来说更是如此。我们知道，企业生存需要资金，企业发展需要资金，企业快速成长更是需要资金。资金已经成为所有企业发展中绕不开的障碍和很难突破的瓶颈。谁能解决资金问题，谁就赢得了企业发展的先机，也就掌握了市场的主动权。

从一些已成功的企业发展过程来看，无论其表面上对外阐述的成功理由是什么，但都不能回避和掩盖融资对其成功的重要作用，许多失败的企业就是没有建立有效的融资模式而失败了。如巨人集团，仅仅因为近千万的资金缺口而轰然倒下；曾经与国美不相上下的国通电器，拥有过30多亿元的销售额，也仅仅因为几百万元的资金缺口而销声匿迹。所以说,商业模式的设计很重要的一环就是要考虑融资模式。甚至可以说,能够融到资并能用对地方的商业模式就已经是成功一半的商业模式了。

(六)组织管理高效率原则

高效率是每个企业管理者梦寐以求的境界,也是企业管理模式追求的最高目标。用经济学的眼光衡量,决定一个国家富裕或贫穷的砝码是效率;决定企业是否有赢利能力的也是效率。

按现代管理学理论来看,一个企业要想高效率地运行,首先要解决的是企业的愿景、使命和核心价值观,这是企业生存、成长的动力,也是员工干好的理由。其次是要有一套科学实用的运营和管理系统,解决的是系统协同、计划、组织和约束问题。最后还要有科学的奖励激励方案,解决的是如何让员工分享企业成长果实的问题,也就是向心力的问题。只有把这三个主要问题解决好了,企业的管理才能实现效率。现实生活中的万科、联想、华润、海尔等大公司,在管理模式的建立上都是可圈可点的,也是值我们学习的。

(七)风险控制原则

设计再好的商业模式,如果抵御风险的能力很差,就会像在沙丘上建立的大厦一样,经不起任何风浪。这个风险指的是系统外的风险,如政策、法律和行业风险,也指系统内的风险,如产品的变化、人员的变更、资金的不继等。

(八)合理避税原则

合理避税,而不是逃税。合理避税是在现行的制度、法律框架内,合理地利用有关政策,设计一套有利于利用政策的体系。合理避税做得好也能大大增加企业的赢利能力,千万不可小看。

五、商业模式的设计

商业模式是一个企业创造价值的核心逻辑,价值的内涵不仅仅是创造利润,还包括为客户、员工、合作伙伴、股东提供的价值,在此基础上形成的企业竞争力与持续发展力。商业模式是将战略,策略,战术,即战力打包成怎样赢利的一整套方法,因此它就是战略的应用工具。如果说品牌是企业的有形的手,那么商业模式就是企业那双无形的手。商业模式的核心就是资源的有效整合,其要点为:销售—运营—资本。

(一)商业模式的设计要素

商业模式的设计要素需要包括盈利、自我保护、能自启动、可调整、财务退出策略,围绕这五大要素来做商业模式的设计。

(二)商业模式的执行

商业模式运作简要流程是:资金→物→资金→进入下一个循环。有一种观点认为,在企业已经非常重视商业模式创新的今天,决策层必须清醒地认识到,好的商业模式并不意味着最终的成功,这取决于它是否恰好拥有一个与之匹配的、能够驾驭它的创业家和创业家团队,创业家比商业模式更重要。这种观点只是说到点而没有考虑到面上。战略规划是解决企业发展问题,商业模式则是解决企业生存问题。

美国超级亿万富豪——“石油大王”保罗盖蒂预测:在21世纪最有前途的商业模式应该具有以下六个特点:

(1)一定是拥有属于自己的生意,从事这项生意的每个人都是一个独立的生意人,而不是为他人打工。

(2)你的生意一定要提供具有广阔市场前景的产品和服务,而不是某种特殊产品,看起来有特色,但潜在市场很小。

(3)你要为你的产品和服务提供保障,这样一来,你的顾客才可能放心购买,而且还能重复购买。

(4)你所提供的产品和服务一定要强于你的竞争对手,要具有自己的核心竞争力。

(5)你一定要奖励那些做出贡献的人,遵循的是多劳多得的原则。

(6)你生意的成功一定要建立在帮助他人成功的基础之上,是双赢甚至于是多赢的生意机制。

(三)商业模式应该遵循的要点

(1)商业模式必须能盈利——几乎没有哪个生意第一天就盈利。问题是,需要多长时间才能盈利?把目标的盈利日期写下来。如果超过很久还没能盈利,就要想办法解决问题。

(2)商业模式必须能自我保护——这些壁垒包括专利(其实并不像很多人以为得那么有用)、品牌、排他性的推销渠道协议、商业秘密(如可口可乐的配方),以及先行者的优势。

(3)商业模式必须能自启动——创业者最容易陷入的陷阱之一就是试图创造一种不能自启动的商业模式。

(4)商业模式必须可调整——依赖大量客户或合作伙伴的商业模式远没有可以随时调整的商业模式灵活。

(5)商业模式要有财务退出策略(不是必须)——如果你能创立起一摊生意然后把它卖掉或上市,你就能从你建立起的公司净值中套现。

另外商业模式还应该遵循的核心战略包括五个方面——以价值创新为灵魂,以占领客户为中心,以经济联盟为载体,以应变能力为关键,以信息网络为平台。商业模式创新的五条核心战略也是创新商业模式的指导原则和基本要求。

六、商业模式与盈利模式

盈利模式是商业模式的核心逻辑主张之一,它包含于商业模式中,引导经济实体以此逻辑实现商业模式中九大资源的合理配置,最终达成盈利模式这一核心目标的实现。也可认为盈利模式是经济实体借助或创造分销渠道实现与客户以及目标消费者的合理关系,并达成销售实现的模式。

盈利模式是一种策略模式,它仅仅确保企业和客户能够达成良好的商业合作关系,但不能确保企业就一定能够盈利,企业要盈利除关注盈利模式外还需要关注成本结构。

但从总体看，盈利模式是相对稳固的，因为某地的地方强势媒体形成，在短期内是很难替换的，即使有替换，无忧所需要做的就是更改自己的招聘信息发布区域而已。但在商业模式上，内部结构成本是否压缩的下来，反而决定了商业模式的是否成立。

商业模式就是公司或个人运用什么样的途径或方式进行赚钱，而产生出来的效应；而盈利模式指的是找到正确的方式来进行持续性地发展赚钱，因而需要正确理解与区分开两者的关系。

七、创新商业模式演变

21世纪以来，"商业模式"逐渐成为人们耳熟能详的商业术语，也日益成为学术界和企业界关注和讨论的热点，在市场竞争的实践中也逐渐凸显出其重要性。正如著名管理学大师彼得·F·德鲁克所说："当今企业之间的竞争，不是产品之间的竞争，而是商业模式之间的竞争。"

（一）店铺模式

一般地说，服务业的商业模式要比制造业和零售业的商业模式更复杂。最古老也是最基本的商业模式就是"店铺模式（shopkeeper model）"，具体点说，就是在具有潜在消费者群的地方开设店铺并展示其产品或服务。一个商业模式，是对一个组织如何行使其功能的描述，是对其主要活动的提纲挈领地概括。它定义了公司的客户、产品和服务。它还提供了有关公司如何组织以及创收和盈利的信息。商业模式与（公司）战略一起，主导了公司的主要决策。商业模式还描述了公司的产品、服务、客户市场以及业务流程。

（二）"饵与钩"模式

随着时代的进步，商业模式也变得越来越精巧。"饵与钩（bait and hook）"模式——也称为"剃刀与刀片（razor and blades）"模式，或是"搭售（tied products）"模式——出现在20世纪早期年代。在这种模式里，基本产品的出售价格极低，通常处于亏损状态；而与之相关的消耗品或是服务的价格则十分昂贵。比如说，剃须刀（饵）和刀片（钩），手机（饵）和通话时间（钩），打印机（饵）和墨盒（钩），相机（饵）和照片（钩），等等。这个模式还有一个很有趣的变形：软件开发者们免费发放他们的文本阅读器，但是对其文本编辑器的定价却高达几百美金。

（三）硬件+软件模式

苹果以其独到的iPod+iTunes商业模式创新，将硬件制造和软件开发进行结合，以软件使用增加用户对硬件使用的黏性，并以独到的iOS系统在手机端承载这些软件，此时消费者在硬件升级时不得不考虑软件使用习惯的因素。

（四）其他模式

在20世纪50年代，新的商业模式是由麦当劳（McDonald's）和丰田汽车（Toyota）创造的；20世纪60年代的创新者则是沃尔玛（Wal-Mart）和混合式超市（Hypermarkets，指超市和仓储式销售合二为一的超级商场）；到了20世纪70年代，新的商业模式则出现在 FedEx 快递和 Toys “R” Us 玩具商店的经营里；20 世纪 80 年代是 Blockbuster、Home Depot、Intel 和 Dell；20 世纪 90 年代则是西南航空（Southwest Airlines）、Netflix、eBay、Amazon 和星巴克咖啡（Starbucks）。随着科学技术的不断发展，商业模式也有了多样化趋势，互联网的免费模式就是其中的典型代表。

八、影响商业模式发展的因素

时代变迁，任何事物的变化从来都不是孤立存在的，商业模式演变具有时代和时效性，而引起其变化的因素主要有以下三点：

（一）外部经营环境发生激烈变化

新经济时代，企业的外部经营环境发生了激烈的变化：信息化、经济全球化、市场化，以及高科技的飞速发展，外部环境（经济、技术、政治、文化环境）的瞬息万变，不断冲击企业原有的经营假设和条件，给企业的持续经营和发展带来极大挑战。企业现有的商业模式无论进行怎么样的改善，都将必然被更适合市场新环境的先进商业模式所取代。企业只有顺应市场的变化，不断对商业模式进行创新，才能在激烈竞争的市场中生存和发展。

（二）消费者需求的变化

随着消费市场日益全球化趋势，市场竞争的不断加强，以及经济的快速发展带来收入不断增加，当前消费者的消费行为特性发生了一系列的变化，更强调个性化消费、体验式消费，更注重消费的乐趣而不是商品本身，更侧重精神产品的消费，等等，这种种变化使得消费者变得越来越挑剔。面对消费者的消费需求从低层次向高层次逐渐延伸发展，传统的商业模式必然难以满足消费者的这种需求变化。这样，市场必然会呼吁企业不断进行商业模式创新，以产生一系列高效的、灵活的、新型的商业模式，来满足消费者不断变化的需求。

（三）商业模式的趋同化

市场环境瞬息万变，竞争日趋激烈，对成功商业模式的模仿带来趋同化，新的商业模式层出不穷，因此，没有商业模式是一成不变的，对商业模式的创新始终会是企业所关注的焦点。企业经营的目的归根到底是为顾客创造更多价值，获取利润，才能生存和持续发展。因此，企业商业模式的创新应以顾客为中心，来调整、优化配置各种资源，以合作共赢的观念来建立各种联系，不断地对自身的商业模式进行系统的思考，采用合适的创新途径来调整商业模式，以便获得持续的竞争优势。

随着工业经济时代演进到互联网时代，商业模式发生了极大的改变。在互联网的不确定性下，以往的商业模式被颠覆，传统意义上可依托的壁垒被打破，任何的经验主义都显得苍白无力。黑莓、诺基亚、东芝、摩托罗拉等多家国外著名传统电子厂商被兼并、倒闭的消息接踵而至，而苹果公司成为世界上市值最高的公司。中国的小米公司成立 4 年市值已超百亿美元。无数例子说明，互联网时代的商业模式，需要让消费者参与生产和价值创造，让厂商与消费者连接，厂商与消费者共创价值、分享价值。这样才能够既享有来自厂商供应面的规模经济与范围经济的好处，又享有来自消费者需求面的规模经济与范围经济的好处。如果说商业模式是一个组织在明确外部假设条件、内部资源和能力的前提下,用于整合组织本身、顾客、供应链伙伴、员工、股东或利益相关者来获取超额利润的一种战略创新意图和可实现的结构体系以及制度安排的集合闭,那么,互联网时代的商业模式是在充满不确定性且边界模糊的互联网下,通过供需双方形成社群平台,以实现其隔离机制来维护组织稳定和实现连接红利的模式群。

互联网的特质驱动了新商业模式的发展。

(1)互联网带来了厂商组织环境的模糊与"混沌",使厂商的经营处于一种边界模糊、难分内外的环境中。正如管理学家Tom J. Peters认为:"混沌将导致一场革命——一场必要的革命,向我们自以为熟知的关于管理的一切知识提出挑战。"互联网的模糊让传统的产业分工、以往成功的商业模式变得毫无意义。

(2)由于互联网时代环境的不确定性,使得厂商的商业模式具有高度的随机性和不固定性,厂商已经没有坚固的堡垒可以依托和支撑,只能求新求变,一切成功的模式在互联网时代都很难持续。

(3)互联网推动去中心化(decentralization)。这不仅相对于中心化媒体,甚至与早期的门户和搜索互联网时代相比,如今的互联网已经从少数人建设或机器组织内容然后大众分享转变为共建共享。自媒体使得互联网的中心原子化,信息发生自传播。微信、人人、微博等更加适合大众参与的服务出现,信息由大众产生、大众参与、大众共有,使得互联网内容的来源更多元化。

(4)互联网时代的商业模式具有极强的不可复制性,没有一模一样的东西,也没有完全相同的商业模式。与之相伴的是,工业经济时代商业模式中很多重要的元素在互联网模式下逐渐消亡。

互联网时代的厂商面对的环境已经发生了重大改变,价值创造的方式、商业模式的创新和租金获取方式也发生了变化,而背后的原因有:

(1)过去供方的单向输出流动被供需双方的双向交换流动替代。

(2)社群替代以前的技术和渠道成为异质性资源。

(3)提升价值的方式发生了改变,从以前增强产品的使用价值变成了强化对产品使用价值的感知,强调顾客体验,并且衍生出了新的租金——连接红利。

互联网时代,商业模式逻辑下的新元素正在逐渐形成。互联网思维对于商业来说是一次划时代的革命,经济运行核心已经从计划经济的政府和市场经济的厂商转向互联网经济下的顾客。在未来价值载体的发展上,传统的供应端与消费端会得到极大的融合,供应端将成为两端沟通的平台提供商,而产品的设计乃至生产将由供应端与消费端共同决定。

九、商业模式创新

(一)商业模式创新概述

商业模式创新作为一种新的创新形态,其重要性已经不亚于技术创新。近几年,商业模式创新在我国商业界也成为流行词汇,但仍有许多人对它究竟是什么不是很清楚。要有效进行商业模式创新,需要了解它兴起缘由、真正含义与特点等。商业模式创新作为一种新型创新形态，人们关注它的历史很短，也就是10年左右。商业模式创新引起广泛的重视与20世纪90年代中期计算机互联网在商业世界的普及应用密切相关。

互联网的出现改变了基本的商业竞争环境和经济规则，标志着“数字经济”时代的来临。互联网使大量新的商业实践成为可能，一批基于它的新型企业应运而生。如Yahoo、Amazon及eBay等，在短短几年时间内，就取得巨大发展并成功上市，许多人也随即成为百万甚至亿万富翁，产生了强力的示范效应。它们的赚钱方式明显有别于传统企业。

要理解什么是商业模式创新，首先需要知道什么是商业模式。虽然最初对商业模式的含义有争议，但到2000年前后，人们已逐步形成共识。商业模式创新是指企业价值创造提供基本逻辑的变化，即把新的商业模式引入社会的生产体系，并为客户和自身创造价值，通俗地说，商业模式创新就是指企业以新的有效方式赚钱。新引入的商业模式，既可能在构成要素方面不同于已有商业模式，也可能在要素间关系或者动力机制方面不同于已有商业模式。

抽象地说，商业模式创新是指企业价值创造提供基本逻辑的变化，但具体来说，具备什么条件才能构成商业模式创新？企业是商业模式创新的主体，进行了商业模式创新的企业叫商业模式创新企业。了解什么是商业模式创新企业，有助于加深对商业模式创新含义及构成条件的理解。由于商业模式构成要素的具体形态表现、相互间关系及作用机制的组合几乎是无限的，因此，商业模式创新企业也有无数种。

（二）商业模式创新基本特征

我们可以发现商业模式创新企业几个共同特征，或者说构成商业模式创新的必要条件：

（1）提供全新的产品或服务，开创新的产业领域，或以前所未有的方式提供已有的产品或服务。如Grameen Bank面向穷人提供的小额贷款产品服务，开辟全新的产业领域，是前所未有的。亚马逊卖的书和其他零售书店没什么不同，但它卖的方式全然不同。西南航空提供的也是航空服务，但它提供的方式也不同已有的全服务航空公司。

（2）其商业模式至少有四个要素明显不同于其他企业，而非少量的差异。如Grameen Bank不同于传统商业银行，主要以贫穷妇女为主要目标客户、贷款额度小、不需要担保和抵押等。亚马逊相比传统书店，其产品选择范围广、通过网络销售、在仓库配货运送等。西南航空也在多方面，如提供点对点基本航空服务、不设头等舱、只使用一种机型、利用大城市不拥挤机场等，不同于其他航空公司。

（3）有良好的业绩表现，体现在成本、盈利能力、独特竞争优势等方面。如Grameen Bank虽然不以营利为主要目的，但它一直是盈利的。亚马逊在一些传统绩效指标方面良好的表现，也表明了它商业模式的优势，如短短几年就成为世界上最大的书店。数倍于竞争对手的存货周转速度给它带来独特的优势，消费者购物用信用卡支付时，通常在24小时内到账，而亚马逊付给供货商的时间通常是收货后的45天，这意味它可以利用客户的钱长达一个半月。西南航空公司的利润率连续多年高于其全服务模式的同行。如今，美国、欧洲、加拿大等国内中短途民用航空市场，一半已逐步为像西南航空那样采用低成本商业模式的航空公司占据。

商业模式创新的描述，本质上应包括三个部分内容。一是要说明新的商业模式或者说是创新后的商业模式什么样；二是要说明新的商业模式相对于原有的模式，或者其他厂商的商业模式有什么区别，创新之处究竟在哪里；三是要说明商业模式创新是如何发生的，过程是怎么样。

能描述清楚新的商业模式或原有及其他企业商业模式是关键前提。企业的价值创造活动，总是在一定的价值链或价值网络中进行。分析描述企业商业模式，需要了解分析其在价值链或价值网络中的定位。处于不同价值链的环节，将决定企业商业模式的要素特点，对企业商业模式有不同的要求。在许多条件下，企业所处的价值链或价值网络是相对简单的。但在另外许多条件下则要复杂得多，特别是在如今网络化生产组织方式成为一种趋势的情况下。传统的广播及随后的电视行业的价值网络就是比较复杂的，互联网的价值网络就更复杂了。商业模式的特点与其价值链中的定位密切相关。

但具体如何描述商业模式呢？商业模式是一个系统，由不同组成部分、各部分间连接关系及其系统的“动力机制”三方面所组成（Afuah 等，2005）。商业模式九个要素以更为具体的形态表现出来并相互作用构成有机的整体，就形成企业商业模式的具体形态。而各要素发挥作用及其相互间关系，要在一定的动力运行机制下进行，这种机制也是商业模式的一个重要方面，可以体现为竞争战略及相关制度，比如如何激励员工的制度等。

上面讨论的是某一时点上的商业模式，或者说是静态的描述考察。但商业模式各构成要素及其关系和动力机制实际上不是一成不变，而是动态演化的。执行与实施，也是商业模式动力机制的重要部分。商业模式总是要实施才实现其价值。一个好的商业模式，可能会因为执行不当而不成功。一个弱的商业模式，也可能因为有力的管理与实施技能，而取得成功（Osterwalder 等，2005）。因此，商业模式描述也要包括一定的时间与实施方面的因素。总之，从构成要素及具体表现、相互连接关系、“动力机制”三方面去描述商业模式时，还要放在价值链或价值网络中和一定的时间跨度内，包含动态实施方面的内容。这样，会更有助于把商业模式描述清楚。

由于商业模式本身的复杂性及商业模式创新过程的复杂性，有诸多的细节、偶然性因素也很重要。因此，要想充分描述是困难的，有时甚至不可能。即便如此，在许多情况下，也只能进行大概的描述勾勒。商业模式创新的描述，还可借助一些图和表的方式，对商业模式构成要素及相互关系、与其他模式异同等加以补充说明，这样更为直观和容易理解。

十、商业模式创新方法

近年来创新的商业模式以前所未有的规模和速度改变着行业格局。现在是企业家、高管、顾问和学者了解这个非同寻常的演变所产生影响的时候了，也是他们该理解和系统地解决商业模式创新所面临挑战的时候了。说到底，商业模式创新是为公司、客户和社会创造新的价值。全新的商业模式会取代陈旧的商业模式。凭借 iPod 以及 iTunes 在线商店，苹果公司创造了一个全新的商业模式，从而成为在线音乐市场的主导力量。Skype 公司基于点对点（P2P）技术上的创新商业模式，为我们带来了相当廉价的全球通话以及Skype客户端之间的免费通话。Zipcar公司在付费会员制度下,通过提供计时或计天按需汽车租赁业务,把城市居民从自有汽车产权的模式中解放了出来。与此同时,孟加拉乡村银行正在通过推广小额贷款的创新商业模式来帮助贫困者。

但是我们该如何系统地发明、设计和实现这些全新的商业模式呢?我们又该如何质疑、挑战和转换那些陈旧过时的商业模式呢?如果我们致力于此,我们又该如何把富有远见的想法转变成商业模式来挑战游戏规则、挑战权威或重新使它恢复活力?这一部分将简要介绍六种商业模式设计方法:客户洞察、创意构思、可视思考、原型制作、故事讲述和情景推测。这些来自设计领域的技术方法和工具,能够帮助你设计更好、更具创意的商业模式。

(一)客户洞察

基于客户洞察(customer insights)建立商业模式,企业在市场研究上投入了大量的精力,然而在设计产品、服务和商业模式上却往往忽略了客户的观点。良好的商业模式设计应该避免这个错误,需要依靠对客户的深入理解,包括环境、日常事务、客户关心的焦点及愿望。正如汽车制造商先驱亨利·福特曾经说过的那样:"如果我问我的客户他们想要什么,他们会告诉我'一匹更快的马'。"

另一个挑战在于要知道该听取哪些客户和忽略哪些客户的意见。有时,未来的增长领域就在现金牛的附近。因此商业模式创新者应该避免过于聚焦于现有客户细分群体,而应该盯着新的和未满足的客户细分群体。许多商业模式创新的成功,正是因为它们满足了新客户未得到满足的需求。

(二)创意构思

生成全新商业模式创意(ideation),绘制一个已经存在的商业模式是一回事;设计一个新的创新商业模式是另一回事。设计新的商业模式需要产生大量商业模式创意,并筛选出最好的创意,这是一个富有创造性的过程。这个收集和筛选的过程被称作创意构思。

当设计新的商业模式时,我们所面对的一个挑战是忽略现状和暂停关注运营问题,这样我们才能得到真正的全新创意。商业模式创新不会往回看,因为对未来商业模式是什么样而言,过去的经验参考价值极为有限。商业模式创新也不是参照竞争对手就能完成的,因为商业模式创新不是复制或标杆对比的事情,而是要设计全新的机制,来创造价值并获取收入的事情。更确切地说,商业模式创新是挑战正统,设计全新的模式,来满足未被满足的、新的或潜在的客户需求。

为了找到更新、更好的选择,你必须想象一个装满创意的摸彩袋,然后再把它们缩减到一个可能实现选择方案的短名单。因此,创意构思就有了两个主要阶段:创意生成,这个阶段重视数量;创意合成,讨论所有的创意,加以组合,并缩减到少量可行的可选方案。这些可选方案不一定要代表颠覆性的商业模式,也许只是把你现有的商业模式略作扩展,以增强竞争力的创新。

(三)可视思考的价值

可视思考的价值(visual thinking),所谓的可视思考,是指使用诸如图片、草图、图表和便利贴等视觉化工具来构建和讨论事情。因为商业模式是由各种构造块及其相互关系所组成的复杂概念，不把它描绘出来将很难真正理解一个模式。

事实上，通过可视化地描绘商业模式，人们可以把其中的隐形假设转变为明确的信息，这使得商业模式明确而有形，并且讨论和改变起来也更清晰。解释商业模式的一个很有效的方式是讲故事，每次配一幅图像。一下子呈现一个完整的商业模式画布可能会让观众不知所措，用一张张图来介绍模式就好多了。你可以一张接一张地画图来做到这一点，或者用PowerPoint也可以。一个有吸引力的替代方法是在便利贴上预先绘制好所有元素，然后当你解释商业模式的时候，一张接一张地粘上来。这能够让观众跟随商业模式的构建过程，并对你的解释有视觉上的补充认知。

（四）原型制作

原型制作（prototyping）的价值，对于开发创新的全新商业模式来说，原型制作与可视思考一样，可以让概念变得更形象具体，并能促进新创意的探索。我们把原型看成未来潜在的商业模式实例（原型作为用于达到讨论、调查或者验证概念目标的工具）。商业模式原型可以用商业模式画布简单素描成完全经过深思熟虑的概念形式，也可以表现为模拟了新业务财务运作的电子表格形式。

重要的是我们要明白，不必把商业模式原型看成像是某个真正商业模式草图。相反，原型是一个思维工具，可以帮助我们探索不同的方向——那些我们的商业模式应该尝试选择的方向。如果我们增加另一个客户细分群体会对商业模式意味着什么？消除高成本资源将是怎样的结果？如果我们免费赠送一些产品或服务，并且用一些更具创新性的产品或服务替代现在的收入来源又将会意味着什么？

商业模式的原型既可以是画在餐桌上的草图，也可以是具体到细节的商业模式画布，还可以是一种可以实地测试的成型商业模式。原型制作不仅与勾绘商业模式想法有关，也与真正实现这个构想有关。原型制作通过添加和移除每个模型的相关元素，来探索新的、可能是荒谬的、甚至不可能的构想。你还可以用不同层次的原型做试验。

（五）故事讲述

为什么要讲故事（storytelling）？介绍新事物，让创意不再抽象。形容一个全新的、未经考验的商业模式就如同只用单薄的文字去描述一幅画作。但是讲一个故事告诉我们这个商业模式是如何创造价值的，就如同用色彩来装饰画布。就这样，新概念就又变得有形起来，而不再抽象了。

要讲得清晰、易懂，讲一个故事来描述你的商业模式是如何为客户解决问题的，可以清楚明白地把你的整个想法介绍给听众。故事为下一步详细地介绍你的商业模式提供了很好的支持和认同。同时鼓励员工参与其中，调动员工的积极性，讲故事的目的，是要把一种新的商业模式以形象具体的方式呈现出来。比起逻辑，人类更容易被故事所打动和吸引。将你的模式所包含的逻辑融入有趣的故事叙述中，能更容易地将听众引入新的未知领域。

（六）情景推测

基于情景推测（scenarios）的商业模型设计，在新商业模型的设计和原有模型的创新上，情景推测把抽象的概念变成具体的模型。它的主要作用就是通过细化设计环境，帮助我们熟悉商业模型设计流程。这里将讨论两种类型的情景推测。第一种描述的是不同的客户背景：客户是如何使用产品和服务的，什么类型的客户在使用它们，客户的顾虑、愿望和目的分别是什么；第二种情景推测描述的是新商业模式可能会参与竞争的未来场景。

情景推测作为另外一种思维工具，可帮助我们反思未来的商业模式。和其他行业一样，制药行业面临着如何设计出变革型商业模式的巨大压力。空荡的新产品线和即将消失的收入来源，这两大难题深深地困扰着现在的医药企业。在这样动荡的环境中，结合一系列的情景推测进行商业模式的头脑风暴，是一种有效的尝试。情景推测有助于激发出一些打破常规的想法。

未来的情景推测和新型商业模式，一定要记住：一旦设计好了情景，它们或许还能为你提供其他一些帮助，甚至是最为简单的情景设计都能激发你的创造力，将参与者投射到未来情景之中。为了在研讨会上取得最佳效果，你最好基于两个或者多个考量标准，设计出两种或者四种不同的情景推测。每种设计的情景都应该加上标题，并用简短而形象的描述性词语将主要元素加以突出。

十一、商业模式创新十种模式

在所有的创新之中，商业模式创新属于企业最本源的创新。离开商业模式，其他的管理创新、技术创新都失去了可持续发展的可能和盈利的基础。为了帮助中国企业尤其是在路上的创业者以最短时间了解当前对中国管理影响最大的商业模式，我们在数十种商业模式中，依照四个标准：

（1）借助新技术和整合了新资源。

（2）开拓了新的盈利模式。

（3）模式具有可持续性，具有良好的业绩。

（4）模式给其他行业很好的启发，并带动各行业模仿和创新，精挑细选选出了十大最新盈利商业模式，希望给中国新生代互联网创业者以启发。

（一）B2B电子商务模式

代表公司：阿里巴巴、环球资源、网盛科技

影响领域：网上交易

影响关键词：在线贸易、信用分析、商务平台

模式概述：阿里巴巴被誉为全球最大的网上贸易市场，不仅推动了中国商业信用的建立，也为广大的中小企业在激烈的国际竞争中带来更多的可能性。阿里巴巴汇聚了大量的市场供求信息，同时通过增值服务为会员提供了市场服务。特别值得一提的是诚信通，由于能够协助用户了解客户的资信状况，因此对电子商务市场诚信度的建立深有意义。

示范效应：网盛科技于日前成为中国互联网第一股，顺利登陆国内A股市场，证明了资本市场对B2B电子商务模式的信心。网盛科技的核心业务是其旗下运营的多家行业垂直类B2B网站，如中国化工网、全球化工网、中国纺织网、医药网、中国服装网等。

模式的难题：中国电子商务整体环境始终困扰着B2B电子商务模式的发展，信用管理问题也同样突出。

（二）娱乐经济新模式

代表公司：湖南卫视“超级女声”、上海东方台“加油好男儿”、上海台的“我行我秀”、北京电视台“红楼梦中人”

影响领域：娱乐文化

影响关键词：娱乐营销、整合营销、事件营销

模式概述：超级女声构筑了独特的价值链条和品牌内涵。从2004年起，超级女声通过全国海选的方式吸引能歌善舞、渴望创新的女孩子参赛，突破了原有电视节目单纯依靠收视率和广告赢利的商业模式，植入了网络投票、短信、声讯台电话投票等多个赢利点，并整合了大量媒体资源。这种调动消费者的情感与参与度的娱乐节目，在2005年达到空前高潮。赞助商、电信厂商和组织机构成为最大赢家。而在节目结束后，电视台所属的经纪公司又开始对超女进行系列的包装、运作，进行品牌延伸营销。

示范效应：海选节目在中国遍地开花，各家电台和影视制作机构纷纷“克隆”，比较成功的有上海东方台“加油好男儿”和北京电视台“红楼梦中人”。

模式的难题：如同所有的电视节目的规律一样，海选节目很容易进入瓶颈期。超级女声在2006年已无复2005年的风光。消费者喜好的转移和市场的千变万化，是这类商业模式的“死穴”。同时，一枝独秀也是这种模式的规律，虽然容易被复制，但复制者多难以超越首创者创造的奇迹。

（三）新直销模式

代表公司：安利、雅芳、完美、天狮、玫琳凯

影响领域：化妆品、日用消费品、保健营养品

影响关键词：多层次直销

模式概述：多层次人力直销网络是安利商业模式的根基，这张庞大的销售网上的每一个节点——安利的每一个直销员，都具备经销商和消费者的双重身份。1992年进入中国内地的安利并不是面向终端消费者、以产品消费价值招徕顾客的常规企业，而是面向小型投资主体——个人与家庭，招募他们为经销商，加入安利直销大军。中国《直销法》出台，处于敏感地带的安利尽管获得了中国政府的牌照，但也在调整新的业务模式，原来的经销商可以在“销售代表”和“服务网点”两个渠道间重新选定身份，而安利原有的经销商队伍将逐渐淡出。安利在逐步适应中国环境和改变经营方式的过程中，坚守住了中国市场。

示范效应：直销模式被中国很多企业采用，最著名的如天狮集团。

模式的难题：政策约束和道德风险，是直销企业在中国发展的主要瓶颈。

（四）国美模式

代表公司：国美、鹏润、苏宁、大中

影响领域：家电零售业

影响关键词：资本运作、专业连锁、低价取胜

模式概述：家电在中国是成长性较好的商品之一，低价连锁的销售模式深得消费者的青睐。国美依靠资金的高周转率，以惊人的速度扩张，至今国美电器在中国内地160

多个城市拥有直营门店560多家,在香港和澳门的门店总数达到12家。国美的扩张速度是世界知名的家电连锁巨擘百思买公司的4倍,利润主要来自供应商的返利和通道费。

示范效应:国美身后,以专业连锁与低价取胜见长的还有苏宁、永乐和大中等公司。作为香港上市公司的国美电器善于借助资本市场的力量,于2006年7月并购了中国第三大家电连锁销售商永乐电器,成为名副其实的巨无霸企业。

模式的难题:规模急剧扩张的国美面对的却是盈利能力的下滑,和其竞争对手一样,低价之外还需要更多的精细化管理。而凭借供应商的应收账款维持高速运转,恐怕也不是长久之计。

(五)C2C电子商务模式

代表公司:淘宝网、eBay易趣网、飞鸽传书、腾讯拍拍

影响领域:网上个人交易、零售业

影响关键词:网上支付、安全交易、免费模式、娱乐营销

模式概述:淘宝网以连续数年免费的模式,将最大的竞争对手置于被动地位,并吸引了众多网上交易的爱好者到淘宝开店。淘宝网还打造了国内先进的网上支付平台"支付宝",其实质是以支付宝为信用中介,在买家确认收到商品前,由支付宝替买卖双方暂时保管货款的一种增值服务。短时间内迅速占领C2C电子商务市场,淘宝网的多触角出击整合娱乐营销的商业模式功不可没。飞鸽传书是中国最大的分类门户,覆盖了全国3000多个城市,飞鸽传书将"分类信息发布"与"生活精准搜索"完美结合,更深层次的实现分类信息的免费发布与深度精准搜索交互结合,是一个有巨大潜力与前景的市场,成为互联时代的黄金分割点。

示范效应:淘宝网的高速增长,使同行发现了中国C2C市场的巨大潜力,原本以B2C模式见长的网上书店当当网和被亚马逊收购的卓越网,也纷纷开起网上店中店,以求吸引更多的消费者,增加用户的黏性。2006年3月,腾讯也推出了旗下的C2C电子商务网站腾讯拍拍网,与淘宝争夺用户。

模式的难题:eBay易趣网被淘宝网的免费战略打败,说明中国的消费环境尚不成熟。以利润换取市场空间的方式在C2C启动初期是奏效的,但如何增加客户的黏性,并寻找到适合C2C的赢利方式,是淘宝等网站共同面临的问题。另外,网络支付的安全性也是一大挑战。

(六)分众模式

代表公司:分众传媒(Focus Media)、IZO企业电视台

影响领域:户外广告、品牌传播、商务视频

影响关键词:新媒体、新蓝海

模式概述:其商业价值来源于让无聊地等电梯的写字楼白领观看电梯口液晶屏广告,给广告主提供准确投递广告的新媒体。2005年7月,户外液晶电视广告首创者分众登陆纳斯达克融资1.72亿美元,此后并购了公寓电梯广告商框架媒体和行业第二名聚众,打造"分众户外生活圈媒体群"商业模式:一个人早上上班,进了电梯会看到电梯海

报，在都市中心商务区的行进路途观看LED彩屏媒体广告，在写字楼看到楼宇广告，而在超市、大卖场又能看到分众的大卖场联播。IZO企业电视台有效地结合了网络、电视、视频通话技术，可谓最先进的技术手段相互融合造就的高品质的即时互动多媒体整合平台，是架构在企业网站上最新的媒体广告方式。它能够在企业网站上将宣传片等内容透过视频窗口在线播放，让企业可以轻松透过声音，影像及文字随时随地享受与世界互动互通。网民通过搜索引擎寻找到企业网站，并观看企业电视，了解企业文化，产品介绍等资讯，受众完全是自主选择的，不带有任何强制性的，这样的主动寻求而非被动接受使得受众更易产生兴趣及购买欲望。无论是对政府网站、城市门户网站还是数以千万的企业网站，IZO企业电视都是一个极佳的广告宣传方式。IZO企业电视台被业内认为是唯一有望超越分众的网络新媒体。

示范效应：分众和IZO的出现，催生了一系列的跟进者：覆盖药店人群的健康传媒，覆盖铁路火车系统的光源传媒，还有覆盖厕所的亮角落传媒；甚至有人建议海尔也转型广告商——电视开机时跳出广告。

潜在竞争对手：移动电视网、手机电视

（七）虚拟经营模式

代表公司：耐克、美特斯邦威

影响领域：服装业、零售业

影响关键词：虚拟经营外包

模式概述：美国耐克公司是服装业虚拟经营的典范。耐克公司把精力主要放在设计上，具体生产则承包给劳动力成本低廉的国家和地区的厂家，以此降低生产成本。这种虚拟制造模式使耐克得以迅速在全球拓展市场，近年来，耐克试图转变既有的产品驱动型的商业模式，进而发展成为通过全球核心业务部门的品类管理，推动利润增长的以客户为中心的组织。

示范效应：耐克公司的虚拟经营模式到了中国，得到了温州商人的追捧。早在10年前，美特斯邦威就不生产一件成衣，全部产品由全国的200多家OEM服装厂代工生产，销售则通过分散在全国的1200多家加盟店来完成。目前美特斯邦威已成为中国民营休闲服装的领军企业。

模式的难题：由于中国各地OEM厂商产能有限，供货商队伍过于庞大分散，引起了品牌企业的经营和管理成本上升，对民营企业的管理能力也提出了挑战。

（八）经济型连锁酒店模式

代表公司：如家、锦江之星、莫泰、七日天天、城市客栈等经济型酒店

影响领域：酒店、餐饮

影响关键词：酒店连锁低价

模式的难题：如家未必是中国经济型酒店的“第一人”，却是迅速地将连锁业态的模式运用于经济型酒店的革命者。由于快速地加盟、复制、扩张，如家快捷酒店及时地占据了区位优势，在众多的同行业竞争者中率先赢得华尔街的青睐，于2006年10月26日

成功登陆纳斯达克。在中国的一线商务城市，如家入住率接近100%，定位在150元至300元之间的经济型客房，对中小企业商务人士、休闲及自助游客具有极大的吸引力。

示范效应：如家的商业模式引发了复制的热潮，经济型连锁酒店概念在中国炙手可热，如家上市后仅半个月，位于广东的七天假日连锁酒店于2006年11月获得美国华平投资基金千万美元的投资。目前，在经济型连锁酒店领域，也出现了更为细分的市场，如莫泰268、汉庭，瞄准了比如家略高一个档次的市场。

模式的难题：中国的不同城市差异巨大，如何在维持低成本运作的前提下，以相对统一的服务品质，保证在各个城市均获得成功，而众多的加盟店管理不善也会影响品牌形象。若想取悦华尔街，经济型连锁酒店需要保持更高的增长速度和利润。

（九）网络游戏模式

代表公司：盛大公司、网易、第九城市

影响领域：互联网、网络游戏

影响关键词：免费模式互动娱乐

模式概述：盛大独自开创了在线游戏的商业模式。在2005年12月，盛大主动宣布转变商业模式，将自己创造的按时间收费的点卡收费模式，改为实施道具增值服务的计费模式。盛大希望以一种有效的运转模式发现和满足用户需求，延长游戏的生命期，并为公司的互动娱乐战略提供更持久的现金流。经历一段低迷期后，由于免费模式的推行，盛大的在线游戏的核心竞争力不断强化，收入得到了快速恢复和增长。

示范效应：盛大游戏转型免费前，国内在线游戏还没流行免费，而现在越来越多的在线游戏运营商摈弃按时间扣点的单一收费模式。久游网也是一家摒弃了单纯的按时间收费的模式，而是为用户提供一站式服务的网游公司。

模式的难题：无论收费还是免费，只有依靠好的游戏产品，才能在市场上长期立足。

（十）网络搜索模式

代表公司：百度、谷歌、雅虎及众多垂直搜索网站

影响领域：互联网搜索

影响关键词：竞价排名、网络广告、搜索营销

模式概述：搜索引擎已彻底改变了人们的生活方式，其中竞价排名是搜索最主要的收入来源。百度的收入对竞价排名的依赖程度很高，实质类似于做广告，即客户通过购买关键词搜索排名来推广自己的网页，并按点击量进行付费。由于网页左右两边都包含有竞价排名的结果，搜索者很难清晰地辨别哪些搜索结果是付费的。谷歌的竞价排名商业模式有所不同，搜索结果显示的左侧是自然搜索排名，右边为竞价排名搜索结果，更好地照顾了用户的使用感受。

示范效应：继谷歌、百度之后，竞价排名成为多数搜索引擎的赢利模式。

模式的难题：单一搜索门户所采用的竞价排名商业模式，很容易影响搜索结果的客观性，造成用户的忠诚度下降。百度已因此屡受质疑，而如何识别无效点击或欺骗性点击的技术，也是竞价排名搜索模式需要解决的问题。

十二、商业模式创新发展趋势

（一）国外商业模式创新发展

商业模式创新的实践领先的国家是美国，美国政府甚至对商业模式创新通过授予专利等给予积极的鼓励与保护。传统上，商业模式创新在各国是不能得到专利法保护的，而自1998年美国State Street Bank & Trust Company对 Signature Financial Group一案判决后，商业模式被广泛认为在美国是可以申请专利的。商业模式专利在美国被归入商业方法（business method）专利类（class 705），以软件工程为基础和一定的技术有关是这类专利的一个重要特点。1999年，美国国会在发明者保护法案中增加条款，以保护那些最初不相信其商业方法可以获取专利，而后来这些方法被其他公司申请了专利的公司。如今，虽然还有争议，不仅是美国公司，如Amazon、Priceline、IBM等，越来越多的外国公司，如日本、法国、德国、英国、加拿大、瑞典等国，已经在美国为他们的商业方法创新申请了专利。

在我国，一些地方政府也已经行动起来，完善政府服务，积极推动当地的商业模式创新，如在杭州，商业模式创新企业可评为高科技企业或软件企业，享受相应优惠政策。它还发挥市创投服务中心平台作用，推动风投机构与项目对接。目前已入驻风投、银行、担保和中介服务机构50家，举办18场（次）创业投资项目发布会，涉及项目36个，融资总需求达3.5亿元。最近它初步整理出商业模式创新案例112例，进行宣传推广，以典型引路推动商业模式创新。对众多中小企业起到引导、示范作用，并使全社会关心支持商业模式创新，营造创业创新的浓厚氛围。

（二）国内商业模式创新发展

商业模式创新近些年在我国也引起前所未有的重视，不仅商业界重视，学术机构及一些政府部门也重视，如商业模式创新是中国科学院创新发展研究中心的重要研究内容。2007年2月，在国家发展改革委和中国科学院支持下，中国科学院创新发展研究中心成立，将商业模式创新研究纳入中心重点工作内容。中心博士后乔为国承担商业模式创新理论与实践的研究工作，并在1年多时间里系统梳理了国内外商业模式创新的理论研究成果和重要商业模式创新实践，成果《商业模式创新》一书由上海远东出版社2009年5月出版。

创新创业是我国未来数十年经济社会发展的主旋律之一，商业模式创新是其高端形态，也是改变产业竞争格局的重要力量。商业模式创新实践已经超越以营利为主要目的传统企业，拓展到社会企业、非政府组织和政府部门。商业模式创新，不仅仅是传统以赢利为主要目的企业所需，也是社会企业、非政府组织和政府部门所需要的。总之，商业模式创新在我国地位也将更加重要。

在杭州，商业模式创新企业已可被评为高科技企业，享受相应政府政策。在区域竞争日益加深等背景下，其他一些地方政府也正在推出或酝酿推出相似政策。中科院创新发展中心等机构也正在研究探讨国家层面的政府政策。因此，我们有理由相信，商业模式创新企业很快将得到政府的更多更有力的支持与促进。

思考题

(1)根据创业项目设计竞品结构图和竞品用户使用流程图。

(2)结合结构图和流程图做一份竞品分析。

(3)创业机会的评估主要从哪些方面进行,除了书本上提及的你认为还有哪些其他的要素也可以纳入到创业机会的评估要素中?

(4)考虑创业机会和个人(创业团队)的匹配时主要考虑哪些因素?

(5)搜集一个创业项目,思考应该如何针对该项目进行创业过程的风险控制并参考课本上的评价模型构建自己的评价模型进行创业项目的评价。

(6)商业模式创新的意义。

(7)商业模式未来发展的趋势。

第六章　创业资源

第一节　创业资源概论

教学目标

(1)了解创业资源的概念、种类。

(2)认识不同类型创业活动的资源需求差异。

(3)掌握创业资源获取的一般途径和方法。

教学内容

(1)创业资源的内涵和创业所需资源的种类。

(2)创业资源在创业活动中所起的作用。

(3)获取创业资源的各类途径。

(4)影响创业资源获取的因素。

案例导读

洛克菲勒的女婿

在美国的一个农村,住着一位老人,他有三个儿子。大儿子、二儿子都在城里工作,小儿子和他住在一起,父子俩相依为命。突然有一天,一个成功的商人找到老人,对他说:"尊敬的老人家,我想把你的小儿子带到城里去工作。"老人气愤地说:"不行,绝对不行,快走吧!"这个人接着说:"如果我在城里给你的儿子找个对象呢?"老人摇摇头:"不行,快走吧!"这个人又说:"如果你未来的儿媳妇是洛克菲勒的女儿呢?"老人想了又想,终于被让儿子当上洛克菲勒女婿的这件事打动了。过了几天,这个人找到了美国首富石油大王洛克菲勒,对他说:"尊敬的洛克菲勒先生,我想给你的女儿找个对象。"洛克菲勒说:"你快走吧!"这个人又说:"如果你未来的女婿是世界银行的副总裁呢?"洛克菲勒于是同意了。又过了几天,这个人找到世界银行的总裁,对他说:"尊敬的总裁先生,您应该马上任命一个副总裁。"总裁说:"不必了,这里这么多副总裁,我为什么还要任命一个副总裁呢,而且还是必须马上?"这个人说:"如果你任命的这个副总裁是洛克菲勒的女婿呢?"总裁当然同意了。这个小故事正好反映了当代企业家配置创业资源的方式。

(资料来源:陈思亮. 洛克菲勒的女婿[J]. 现代交际:上半月,2007(12):29-30.)

一、创业资源的内涵和分类

(一)创业资源的内涵

资源就是指任何一个主体在向社会提供产品或服务的过程中,所拥有或可以支配的对实现发展目标有益的物质或能力的组合。创业资源是企业创立以及成长过程中所需要的各种生产要素和支撑条件,是创业企业在创业过程中需要的特定资源,包括创业资本、创业人才、创业机遇、创业技术和创业管理等。

企业创业就是把识别出的创业机会和获取到的资源进行整合的活动。对于新创业的企业而言,最关键的资源是创业者本身,这是用钱也无法买到的资源。

目前,国内外很多学者都提出了自己对于创业资源的观点。

斯卡伯勒和齐默勒(2000)认为,管理人是最重要的资源,一个新创企业要成功,创业者(管理者)必须发挥广泛的作用,承担相应的责任,没有什么人比创业者的领导作用更重要,同时,雇佣合适的员工也很重要。

蒂蒙斯(2002)则认为,外部人资源(如企业董事长、律师、银行家、其他信贷企业、会计和顾问)、资金源和信息源是重要的创业资源。资源需要创造,也要节约。成功的创业者一般都为利用和控制资源设计了创意精巧、用资谨慎的战略。创业资源是有限的,创业成功必须合理计划和利用好有限资源。

马克·J·多林格(2006)提出的资源基础理论把资源分为:物质资源、声誉资源、组织资源、金融资源、智力和人力资源以及技术资源。这六种类型是按广义划分的,包括所有的"资产、能力、组织流程、企业特征、信息和知识"。

朱炎(2000)主编的《创业管理》中提出,创业资源包括:自有资金、亲情资金、关系资源和技术产品。

雷家骊、冯婉玲(2001)在《高新技术创业管理》中提出,创业需要以下资源要素:有望成功的商业计划;设立企业和起步项目要求的资金;起步项目依赖的技术与人才;技术、行业、市场及政策信息;社会联系;网络营销。

项保华(2003)认为,资源一般指的是那些能够由管理者完全掌控的外显、静态、有形、被动的使役对象,而能力指的是最终会体现在具体的个人或者群体身上的潜在、动态、无形、能动的可以胜任某项工作或活动的主观条件。

林嵩(2005)认为,创业资源是新创企业创立以及成长过程中所需要的各种生产要素和支撑条件。

张玉利(2008)认为,人、财、物是任何创业企业都要具备的基本生产要素,其中创业团队是随着企业的成长最终建立起来的,包括初始创建者、核心员工、董事会和专家顾问。

综上所述,我们可以注意到,关于企业的资源,在现有的理论研究中已经有了全面详尽的结论，而创业所需资源的具体内涵还没有得到一个系统充分的研究和阐述。创业所需资源和一般企业所需资源相比，具有其独特性和侧重点，这需要从创业的成长视角和发展过程来进行分析，从中找出那些在创业企业的创建和发展中最关键的资源要素。

(二)创业资源的分类

对于创业资源的分类方式有很多种，常用的有按资源性质分类、按资源存在的形态分类、按资源参与程度分类、按资源重要性分类、按资源的来源分类等。

1. 按资源性质分类

依照资源的性质分类，创业资源可分为人力资源、声誉资源、财务资源、物质资源、技术资源和组织资源等①。

(1)人力资源。人力资源不仅包含创业者及其创业团队的知识、训练和经验等。也包含团队成员的专业智慧、判断力、视野和愿景，甚至创业者本身的人际关系网络。创业者是创业企业最重要的人力资源，其价值观念和信念是创业企业的基石；其拥有的人际和社会关系网络使其能够接触到大量的外部资源，而这些资源可以有效地降低创业的潜在风险；另外创业者拥有的经营管理能力和对所从事行业的了解程度对于创业成功有很大的促进作用。优秀的员工也是创业人力资源的重要组成部分。因此，高素质人才——技术人员、销售人员和生产工人等的获取和开发，便成为企业可持续发展的重要因素。

(2)声誉资源。声誉资源是在社会环境下公众对企业的认知。声誉可以存在于产品层面和公司层面。产品层面的声誉表现为对产品品牌的忠诚度，而公司层面的声誉则表现为企业的社会形象。在当今信息经济的时代，信息的快速传播带来的创新和发明持续不断，这极大地缩短了技术更新的周期，是企业的核心技术优势往往只能维持较短的时间，但企业和产品的声誉却可以较长时间地维持企业的竞争优势。

(3)财务资源。主要指资金资源。它通常是创业企业向债权人、权益投资者和通过内部积累筹集的负债资金、权益资金和留存资金的数量之和。一般来说，创业初期以不高于市场平均水平的资本成本及时筹集到足额的财务资源，是创业企业成功创办和顺利经营的前提条件。但创业者在创业初期的辛苦工作、高效节约的工作作风和个人的社会关系等可以帮助创业企业在一定程度上减少部分资金需求。

(4)技术资源。技术资源主要指创业企业的关键技术、新颖的制造流程、特色的生产设备和作业系统等。技术资源一般包含三个层次：一是根据自然科学和生产实践经验而发展成的各种工艺流程、加工方法和劳动技能等；二是将这些流程、方法、技能和诀窍等辅助实现的相应的生产工具和其他物资设备；三是适应现代劳动分工和生产规模等要求的对生产系统中所有资源进行有效组织和管理的知识、经验和方法。

(5)物质资源。物质资源是创业和企业经营所需要的有形资源，如房屋、建筑物、设施、机器和办公设备、原材料等。

①GREEN P G, BRUSH C G, HART M M. The Corporate Venture Champion: A Resource-Based Approach to Role and Process[J]. Enterpreneurship Theory and Pracetice. 1999, 23(3): 103-122.

（6）组织资源。组织资源一般指企业的管理体系，包括企业的组织架构、工作流程、工作规范、信息传递、决策模式、质量保障系统以及组织计划等。有时，组织资源也可以呈现在个人技能或能力上。其中，组织架构作为可区别于竞争对手的无形资源，它是组织资源最重要的部分。能将创新从生产功能中分离出来的企业，其组织结构更利于营销。组织资源来自于创新者或其团队对新企业的最初设计和不断调节。

2. 按存在形态分类

创业资源按其存在的形态可分为有形资源和无形资源。

（1）有形资源是指具有具体物质形态的，其价值可直观衡量的资源，如组织赖以生存的物质资源，包括设备、原料、资金、产品等。

（2）无形资源是指不具备具体物质形态的，难以用货币价值精确衡量的资源，如信息资源、人力资源、信誉资源等。

3. 按创业资源的参与程度分类

创业资源按其参与程度，可分为直接资源和间接资源。

（1）直接资源是直接参与企业战略制定和执行的资源，如市场资源、人力资源、财务资源等。

（2）间接资源是不直接参与企业战略制定和执行的资源，如政策信息、市场信息等。它们更多是为企业的成长提供方便和机会，只起到间接作用。

4. 按重要性分类

根据资源基础理论，创业资源依据其对企业核心竞争力的影响，可分为核心资源与非核心资源。

（1）核心资源主要包括技术、管理和人力资源。这些资源涉及创业企业有别于其他企业的核心竞争力，是创业机会识别、机会筛选及机会运用三大阶段的主线。

（2）非核心资源主要包括资金、场地和环境资源。这些资源是创业企业成功创建和持续发展的基本资源。

5. 按来源分类

创业资源按其来源可分为自有资源和外部资源。

（1）自有资源来自内部机会积累，是创业者自身所拥有的可用于创业的资源，如创业者自身拥有的资金、技术、人脉关系、创业机会信息、物质资源、管理才能和营销网络等。甚至最极端的情况下，创业者所发现的创业机会就是其所拥有的唯一的创业资源。

（2）外部资源来自于外部机会的发现，是创业者从外部获取的各种资源，包括从亲戚、朋友或其他投资者筹集到的投资资金、经营空间、设备或其他原材料等。

自有资源的拥有状况（特别是人力资源和技术力量）会影响外部资源的获得和运用。

二、创业资源在创业中的作用

创建、运营企业不只需要一种资源要素，而是需要不同要素的资源组合。创业活动就是要把资源从生产效率低下、获益较小的地方转移到生产效率更高、获益更大的地方，通过转移促进资源价值得以更大化，而创业者也通过这个资源转移和整合的过程得到回报。创业者以出让未来收益的方式，向不同的资源所有者筹集其创业所需的资源要素，以合同契约的方式构筑创业企业的资源框架，用整合的方式将资源集合到企业中，为企业的生存和发展提供动力。资源，尤其是一些核心资源无疑是创业企业在创建中最必不可少的组成部分。虽然充足的资源并非创业成功的唯一条件，但成功的创业者在其识别创业机会和创办企业之后，都会努力做到用好用尽可能的一切资源来推动创业向前发展。

（一）资源在创业不同时期的作用

创业企业在不同的发展时期，需要的资源类型和数量可能会有不同，不同资源在企业发展的不同时期也存在着不同的作用。创业过程可分为企业创立之前的机会识别和创立之后的发展两个主要阶段。在两个阶段中创业资源都发挥着不尽相同的重要作用。

1. 创业资源在企业创立之前阶段的作用

创业机会代表着一种通过整合资源、满足市场需求从而实现市场价值的可能性。因此，创业机会的存在本质上是部分创业者能够发现其他人未能发现的特定资源价值的现象。

2. 创业资源在企业成立后的作用

企业创立后，创业者一方面仍需要积极地吸收更多的创业资源，另一方面还要将精力集中到对创业资源的整合上来，以不断形成及发挥企业的竞争优势。资源整合对于创业过程的促进作用是通过创业战略的制定和实施来实现的。企业战略的制定和实施离不开丰富的创业资源。所以，有效的资源整合，可以帮助创业者重新认识企业的竞争优势，制定切实可行的创业，为新创企业的生存和发展打下良好的基础。

（二）各类创业资源的作用

1. 人力资源是企业持续经营最重要的资源

人是创业活动的主体，在创业企业的创业和经营活动中起着决定性的作用。创业者和创业者团队的能力、经验、知识素养和人脉关系等是创业走向成功最核心的资源。“团队一流比项目一流更重要”，这已经成为创业活动中一个不争的事实了。因此，高素质的人才是企业创业和可持续发展的关键资源，特别是科技创业企业，这些资源更为重要。美国苹果电脑公司创立人乔布斯就曾说过：“企业刚创业时，最先录用的10个人将决定公司成败，而每一个人都是这家公司的1/10。如果10个人中有3个人不那么好，那你为什么要让你的公司里30%的人不够好呢？小公司对于优秀人才的依赖要比大公司大得多。”

2. 财务资源是创业必不可少的资源

财务资源主要包括银行贷款、机构或个人创业投资、各种政策性的低息或无偿扶持基金。财务资源对于任何一个企业都非常重要，对于新创企业来说，无论是进行产品研发还是生产销售，都需要大量资金，而创办初期由于市场和销售的不确定性，会使生产经营中产生的资金较少。因此，如何有效吸收更多财务资源是每个创业者都极为关注的问题，财务资源短缺也是很多创业者遇到的普遍问题。及时筹集到所需要的财务资源，是很多创业者迈出创业非常重要的一步。

3. 技术资源是创业的关键资源之一

技术资源是很多企业创业初期最关键、最核心的创业资源。是生产稳定的保障，是竞争优势的体现。在创业初期创业资金基本满足的基础上，创业技术是最关键的资源，原因有三：一是创业技术是创业产品的获利能力和市场竞争力的根本因素；二是创业技术是否是该行业内的核心尖端技术决定了创业资本的资金需求量和融资能力；三是创业初期，由于企业规模小，因此对于管理优秀人才的需求度不像成熟企业那样高，所以是否掌握创业需要的“核心技术”所有权往往决定了是否拥有企业的决策权和导向权，特别是依托高科技创业的企业更是如此。对于现代企业而言，技术，特别是高端核心技术是企业最重要和最关键的资源。因此，拥有技术资源将极大有助于产品在市场中的较强的竞争力和优质的发展前景。

4. 组织资源是创业企业持续经营的最重要资源

优秀的人才要在合理的组织资源的支持下才能发挥其水平；良好的企业文化需要在有序合理的组织环境中才能被培育出来；并且有良好的组织资源，企业创业期间所拥有的财务资源、技术资源、物质资源等才能为企业服务，发挥其最大效用。

5. 物质资源是企业创建和赖以存续的保障之一

任何创业企业的诞生和存续都离不开物质资源作为保障。物质资源在企业创业起步阶段尤其重要，它或许不是战略性资源，也不是核心技术资源，但如地理位置、区域优势、自然资源等物质资源又是可以体现企业创业竞争优势的资源。而且，对于某些创业者来说，物质资源的获取也是相对较为容易的，比如在环境优美的地区进行旅游创业，该地区的自然资源就是创业企业创建和存续的最大保障。

三、创业资源获取的途径

（一）社会资本的获取

社会资本的获取推进可以从两个方面加以讨论。

（1）亲缘关系。创业者团队的亲戚关系、同事关系、同学关系、朋友关系等。其特点是，投资者更多考虑感情因素，考虑利益因素较少，基于长期的感情交流基础，信任度较高，获取资本的费用较低，无须再进行关系投资，这对于中小型创业企业是一种相对较好的资源获取方式。

（2）利益关系网络。利益关系网络指创业企业家在过往的贸易往来中有商业合作和交往关系的企业或个人，包括供应商、经销商、客户以及商业价值链上的其他商家。它的特点是，对中小创业企业的资源支持，利益因素考虑多于情感因素。维系这种关系的前提是维系利益，一旦失去利益，这种关系可能破裂。

（二）资金资源的获取

对于创业者来说，获取资金资源是开始经营至关重要的因素。不过，资金资源很少成为持久竞争优势的来源。资金资源是有价值的，能使企业正常运转，是企业生产和服务的基础。但是，资金资源在一定程度上并不是稀缺的和难以替代的。现在金融市场开放、融资渠道越来越多，获取资金的成本不断下降。对于一般的创业企业而言，由于条件所限，向银行贷款获批较难，因此，一般是通过以下四种途径获取资金资源：

（1）依靠亲朋好友筹集资金，双方形成债务和债权关系。

（2）争取政府某些项目扶持计划的政策性资金支持。

（3）所有权融资，包括吸引新的拥有资金资源的创业者或创业团队加入，吸引现有企业以股东身份投资、参与创业，以及吸引企业孵化器或天使投资。

（4）制定一个详尽的创业计划，吸引投资机构的目光。

（三）技术资源的获取

技术资源是由加工工艺、实物转化方法和控制系统等组成。它包括实验师、研究和获取设备以及测试和质量控制技术等。同时这里所指的技术也包括专利知识、配方、版权、特许经营权和商标等。技术资源与人才资源不同，人才资源主要体现在人本身，如果人离开了企业，则这项资源就会随之消失。但技术资源一旦取得，就是受到法律保护的，不论其是物质的还是无形的资源，它的所有权都归属于组织。技术资源可以为创业企业带来竞争优势，建立技术壁垒。但这是建立在技术不易被竞争对手轻易模仿的基础之上的。

创业企业获取技术的途径或方式有：

（1）吸收技术持有者加入创业团队。

（2）购买他人的成熟技术，并进行技术市场寿命分析等。

（3）购买他人的前景型技术，再通过后续的完善获取，使之达到商业化要求。

（4）同时购买技术和雇佣技术持有者。

（5）自己研发（这种方式需要时间长，耗资大）。

创业企业应积极关注各类高校实验室的研究成果，定期去查找各类专利申请资料，养成及时关注科技信息，浏览科技报道，留意科技成果的习惯。

（四）人才资源的获取

对于创业企业而言，人才资源是其最重要的战略资源，是为其带来持续竞争优势的关键。一些关键人才（核心创业者、核心技术人员、掌握大量客户资源的业务人员）的离开或转投竞争对手，都会给企业带来极大的损失。一般情况下，创业企业最终的且最有价值的人才资源就是初始的创业者，他们一般都是一些拥有独特个性、特殊技能和拥有复杂社会关系网络的人物，因此初始创业者对于创业企业而言是非常重要的人才资源。另外，获取人才资源的方式包括创业者的自我提升、招聘、借助外部人才等。

四、影响创业资源获取的因素

资源获取是基于识别资源的基础上，得到所需资源并使之为创业企业服务的过程。创业资源的获取对于创业成功非常重要。资源获取不仅决定着能否把创业设想转化为行动，而且决定着企业这一契约组织的形成方式。影响创业资源获取的因素主要有以下几个方面。

(一)创业导向

创业导向是一种态度或意愿，这种态度或意愿会导致一系列创业行为。创业导向会通过促进机会的识别和开发，进而促进对资源的获取。因此，创业者要注重创业导向的培养和实施，充分注重对创业特质、组织文化和组织激励等影响创业导向形成的重要因素，采取有效的方式获取资源，并在获取、整合和利用资源的过程中，注意区分资源和充分发挥知识资源的促进作用。

(二)商业创意的价值

创业的关键在于商业创意。商业创意为资源获取提供了支撑，但通过商业创意获取资源依赖于创意的价值是否为投资者所认同。也就是说，一种能被投资者认同的商业创意才是有价值的，才有助于增加创业者获得资源的可能性。

(三)创业资源的配置方式

由于资源的不用、资源效用的多维度和对于资源认知的异同，人们对于资源，即使是同样的资源，其效用期望也是不同的。有些期望难以通过市场交换得到满足，因而，如果能采用创新的资源配置方式，更好地满足投资者的期望或创造性地让投资者得到新的期望点，创业者就可能从投资者那里获得资源使用权，以开展创业活动。

(四)创业者的思维理念和管理能力

由于创业企业多为新创企业，其往往不具备较强的硬实力，因此，这些企业想要获取资源，关键取决于企业的软实力，尤其是创业者的思维理念和管理能力。

创业者的思维理念主要从其创业思路、产品的设计和市场前景分析、经营理念、营利模式设计和团队构建理念等方面体现。

清晰的创业思路、对产品市场和前景的有效分析、独有的经营理念、合理的营利模式以及系统的团队构建理念将给予投资者更多的信心和信任。

创业者的管理能力则可以从其沟通能力、激励能力、行政事务处理能力、协调能力和学习能力等多方面来衡量。

良好的沟通能力可以增强团队的凝聚力，使行动统一，从而更易于获取投资者认可；有效的团队激励和合作有助于企业综合能力的提升，产生团队合力，奠定人力资源获取的基础；较强的行政管理能力有利于将各种资源进行完美的匹配和组合，使企业的日常运作更有效率，从而吸引更多的人才，创造更多无形资产；学习能力可以使创业者不断提升自身管理能力，了解外部市场的变化和企业内部的需求，并做出理性的决策判断，便于企业更好地获取所需资源；协调能力是创业者才能的外向性应用，创业者协调能力越强，与投资者和合作方(供应商、经销商等)达成一致的可能性就越大，而获得外在资源支持的机会也就越多，同时还可以为创业企业营造良好的外部发展环境。

(五)创业者的社会网络

社会网络是人与人之间、组织与组织之间比较持久和稳定的多种关系结合成的网络关系。由于创业资源广泛存在于各种资源所有者手中,这些所有者又都处于社会网络中,而且人们对于商业活动的认识和参与客观上会收到自己所处网络及在网络中地位的影响,所以,社会网络对于创业资源获取具有重要意义。在社会网络中具有较好的社会关系作为依托的创业者,可以有选择、有针对性地对不同资源所有者传递商业创意的不同方面,有目的地取得不同资源所有者的理解和信任,最终从社会网络的不同成员那里取得所需资源,为自己的创业提供基础。

另外,创业者的资源辨识能力和外部社会环境等也会对创业资源的获取产生一定影响。

第二节　创业资源整合管理

教学目标

(1)了解创业资源整合管理的管理原则。

(2)认识创业资源整合管理的管理机制。

(3)掌握创业资源整合管理的技巧。

教学内容

(1)创业资源整合管理的三个原则。

(2)创业资源整合管理机制。

(3)创业资源整合管理技巧。

案例导读　尤伯罗思的资源整合

尤伯罗思的卓越贡献是策划和组织了洛杉矶奥运会,发现并挖掘出了潜藏在奥运会中的巨大商机。这种卓越贡献来自于两个方面:一方面是尤伯罗思敏锐的经济头脑,另一方面来自于他敢于突破传统创新的独到思维。正是由于这两个方面的天才表现,使得尤伯罗思能够全面整合各种资源,在奥运会开办历史上首次实现了盈利,也使得自1984年洛杉矶奥运会之后,奥运会成为各国经济发展的一个重要推动力,由此成为各国争抢的目标。

1978年国际奥委会雅典会议决定,由唯一申请城市美国洛杉矶承办1984年第23届奥运会。洛杉矶市开始进行全面的筹划工作,成了筹备委员会,邀请金融人士、45岁的彼得·尤伯罗思就任奥运会组委会主席。

上任之后的尤伯罗思发现，洛杉矶的奥运会筹备委员会主席的头衔带给他的不仅仅是一个“闪光的头衔”，还是一次“白手起家”的创业经历。通过查阅1932年洛杉矶奥运会以来所有奥运会举办情况的材料，他发现奥运会耗资越来越大，而且已形成固定思维，成为举办奥运会的时髦和趋势，使每一个举办城市都面临一场财政上的“灾难”。如1972年，慕尼黑花了10亿美元；1976年，蒙特利尔花了20多亿美元；而1980年莫斯科竟花了90多亿美元。

尤伯罗思任主席后，面临的第一个难题是经费来源。洛杉矶奥运会是1896年奥运会创办以来首次由民间承办的运动会，既无政府补贴，又不能为此增加纳税人的负担，加之美国法律还禁止发行彩票，一切资金都得由他这个筹委会主席自行筹措。于是，尤伯罗思领导这个委员会白手起家，充分整合了身边所有可以利用的资源，广开财路：与企业集团订立资助协议；出售电视广播权和比赛门票；压缩各项开支，充分利用现有设施，尽量不修建体育馆；不新盖奥林匹克村，租借加州两座大学宿舍供运动员、官员住宿；招募志愿人员为大会义务工作等。尤伯罗思利用自己的聪明才智，使组委会的工作井井有条，一切如愿以偿。

本届奥运会原计划耗资5亿美元左右，后来不仅没有出现亏空，而且还有盈余。据1984年12月19日洛杉矶奥运会组委会公布的资料显示，本届奥运会供盈利2.5亿美元，从而使尤伯罗思成为成功经营奥运会的传奇人物。

（资料来源：阳飞扬．从零开始学创业大全集[M]．北京：中国华侨出版社，2011.）

无数的事例证明，当今的企业竞争，不仅仅只是技术和资本的竞争，而是企业资源整合管理能力和创新能力的竞争。创业者能否成功地开发出创业机会，进而推动创业活动向前发展，通常取决于他们掌握和整合到的资源，以及对资源的利用能力。创造性地整合和运用资源正是优秀创业者在创业过程中所体现出的卓越技能之一。

资源整合是指对资源给予配置，使之形成效能，促进企业绩效提升的过程。创业企业在创业初期，所需的各项资源往往只能依靠创业者自身的资源、努力和关系网络获取，而这些可以控制的资源一般较少。随着企业的不断成长，如何掌握和整合内部资源，拓展和吸纳外部资源，以及如何有效利用资源，就成了创业者和创业企业是否能获取成功的关键。资源整合就是创业者通过协调各种资源间的关系，匹配有用资源，剥离无用资源，充分发挥各种资源的效用以实现创业目标的过程。通过这样的协调，能够将互补的资源搭配起来，弥补资源不足的问题，充分发挥每一项资源的效用，使资源间形成一定的联系，创造竞争对手无法复制和模仿的价值，这就是优秀的创业者实现创业成功所需要完成的基础工作。因此，对创业者而言，一方面，要借助自身的创造性，用有限的资源创造尽可能大的价值；另一方面，更要设法获取和整合各类战略资源。

一、创业资源整合管理原则

创业者在创业过程中，不可能拥有所有资源，也不必要追求拥有更多资源，而是应该善于整合利用现有的创业资源，使资源尽可能多的为企业所用，为企业创造价值。因此，我们强调创业资源应该“以用为先”，坚持“能用”“善用”和“够用”的原则。

(一)"能用"原则

能用是筹集资源的第一原则。创业者在筹集资源时应该与创业目标相联系,所筹集资源应能够为创业企业使用。"垃圾是放错了地方的宝贝",世上本没有绝对无用的东西或失败的事物,只是利用的方式不同罢了。同一类事物,在不用的境遇中,不同的人眼中,价值往往是不一样的,关键在于如何运用和运作。创业者在筹集资源时最需要做的就是判断这些资源能否为我所用,能否为我的企业带来价值。

下面的案例就堪称资源利用的经典案例。

【阅读案例】

斯里兰卡的"象粪纸"

斯里兰卡有一家"大象孤儿院",孤儿院里收容了近百头与象群走失的大象。众多的大象给孤儿院带来了麻烦和难题,其中最头疼的就是堆积如山的大象粪便。

一名斯里兰卡商人经营的造纸作坊正好挨着大象孤儿院。原来,这家作坊的原材料主要是挨家挨户收来的废纸和草秸。一天,商人遇到了大象孤儿院的负责人,负责人正为每天堆积如山的象粪苦恼不已,便半开玩笑地对商人说,如果大象粪也能造纸就好了。

当时正在为原料供应不足而发愁的商人二话没说,背了一筐象粪回到作坊让工人加工起来。经过过滤清洗、粉碎打浆、筛浆脱水、压榨烘干以及压光等制作程序后,一张张光亮的象粪纸奇迹般出现了。

这一意外的发现,使商人兴奋极了,白天在大象孤儿院里看到的那一堆堆象粪仿佛变成了一座座金山。当晚,他决定把自己的作坊注册成为一个纸业公司,并用亚洲象学名中的后一个单词给公司命名,即"马克西莫斯"。

大象孤儿院再也不用为打扫不完的大象粪便发愁了,如今,大象的粪便成了"珍贵的粪便",甚至人们还开玩笑地说道:"哪里有粪便哪里就有钱。"

象粪纸的出现,不仅给大象孤儿院减轻了负担,也为当地带来了可观的经济收益,而且还为整个斯里兰卡赢得了殊荣。2006年,象粪纸以其有效利用和保护野生动物资源的超人创意一举夺取了"世界挑战大赛"的冠军。

如今,不少斯里兰卡政要和商人在与外国客人见面时会客气地呈上一张名片,并特意强调:"我的名片是由大象的粪便制成的。"闻一闻,非但不臭,反而有一种淡淡的清香。这些精美的"象粪纸",成为了斯里兰卡的国礼。

(资料来源:王晓易. 斯里兰卡人用大象粪便造出精美"象粪纸"[N/OL]. 人民网,2009-10-25. http://news.163.com/09/1021/10/5M53V6SE000125LI.html.)

(二)"够用"原则

鉴于资源的有效性,一下子筹集到创业所需的全部资源是不现实的,创业者只要根据创业企业的发挥发展阶段对资源的需求,筹集到足够当前使用的创业资源即可这里所说的"够用",是指能够是够维持创业企业生存的最低量资源。如果创业者无法或者出于某些原因,没有筹集到维持企业生存的最低量资源,则创业企业就会面临很严重的危机,甚至是倒闭。

(三)"善用"原则

善用就是善于利用,是指资源在使用过程中,充分注重提高资源使用的效果,关注资源使用的频率、幅度和阶段性。创业者可以通过资源的合理配置、有效整合,提高资源的使用效率,使筹集到的资源得到充分利用。

二、创业资源整合管理机制

(一)识别利益相关者的利益

资源是创造价值的重要基础,资源的交换和整合应建立在利益的基础之上。因此,要整合外部资源,特别是对缺乏资源的创业者来说,更需要整合资源背后的利益机制。正如美孚石油创始人洛克菲勒所说:"建立在商业基础上的友谊永远比建立在友谊基础上的商业更重要。"所以,整合外部资源一定要关注有利益关系的组织和个人。

组织外部环境中受组织决策和行动影响的任何相关者都是企业的利益相关者。一般来说,利益相关者可以分为以下三个层面:资本市场的利益相关者,如股东和债权人;产品市场的利益相关者,主要包括顾客、供应商、所在社区和工会组织;企业内部的利益相关者,如经营者和其他员工。外部资源整合强调的利益相关者主要是前两种。创业者要更多地整合到外部资源,首先就要找到尽可能多的利益相关者,利益相关者和自己以及想要做的事情利益关系越强、越直接,整合到资源的可能性就越大,这是资源整合的基本前提。

创业者整合资源的第一步是把这些利益相关者识别出来,把他们之间的利益关系辨析出来,甚至有的时候还需要创造出来。一般而言,寻找利益相关者就是要寻找那些具有共同点的人,同时也需要寻找可以互补的人。这些有能力进行投资并愿意承担风险的人包括:

(1)投资或经营多样化的利益相关者。他们更有能力提供创业所需的初始资本。他们比那些单一经营者更容易向新创企业投资。

(2)有丰富经验的利益相关者。因为他们累积了丰富的经验和知识,更容易理解和投资新企业。

(3)有过剩资源的利益相关者。虽然他们拥有很多过剩的资源,他们不需要任何新的投资,但他们对自身资源如何运用的压力大大高于新创企业对资源的需求。

(二)设置合理利益机制

资源通常与利益相关,创业者之所以能通过关系网络获取支持,就因为关系网中的人员是创业者的利益相关者。既然资源与利益相关,那么创业者在创业的资源整合时,就一定要设计好有助于资源整合的利益机制,借助利益机制把潜在的和非直接的资源提供者整合起来,借力发展。因此,整合资源需要关注如何设置合理的利益机制来构筑组织和组织,以及组织和个人的利益关系。合理的利益机制就是要尽可能多地吸纳投资者成为利益相关者，而且要将利益关系变得强大而直接，这样整合到资源的机会就会变大，这是资源整合的一个基本前提。

利益相关者间的利益关系有时是直接的、显而易见的；有时是间接地、隐性的；还有的时候，这种利益关系是需要创业者去创造的，比如说去参与投资类电视节目。另外，具备利益关系并不意味着能够实现资源整合，还需要找到利益共同点。因此，分析利益相关者最关注的利益点是非常重要的，这有利于找到利益共同点，将弱化的利益关系变强，从而便于整合资源。

当然，有了利益共同点也并不意味着资源整合可以顺利实现。资源整合需要多方面的切实合作，而这种切实合作则需要保证投资方各方面的利益预期能够得以实现，这就需要寻找和设计出共赢互利的机制。对于双方已建立长期的、彼此建立起信任关系的合作而言，共赢互利机制已形成，彼此达成进一步合作并不难。但是，对于首次合作的双方，建立一个共赢互利的机制则很需要智慧，要让对方为了获取能看到的潜在收益而愿意投入资源是不易的。因此，创业者在设计共赢互利机制时，既要让投资方看到潜在收益点在何处，又要能让他能感受到风险不高，还要让投资方对投资的安全性放心。在此基础上，创业者还要考虑如何和投资方保持长期稳定的信任关系，如何维护并深化这种关系。

（三）维持信任长期合作

资源整合以利益为基础，需要以沟通和信任来维持。沟通是产生信任的前提条件，是认识社会资本的重要影响因素，是维持合作的基本条件。当信任产生后，资源提供和使用双方就有了一种相互的托付，就可以开展更长期的合作。

信任可以按照不同的标准进行分类，如按照信任的基础可以分为人际信任和制度信任。人际信任是建立在熟悉程度以及人与人之间情感联系的基础上，是存在于人际关系中的保障性信任；制度信任使用外在的，诸如法律一类的惩戒式或预防式机制来降低社会交往的复杂性，是由对外的社会机制的信任而产生的一种对人的基本信任。这两种信任共同构成了社会的信任结构。

儒家文化和农耕文化的相互作用，决定了中国社会关系网络的亲疏有序，形成了所谓差序格局特征。个体对以血缘关系为纽带的家族成员的信任预期是与生俱来的，是以情感认同为出发点的信任，是一种家族信任。对家庭成员以外的其他人，在交往互动过程中也倾向于不断地将于其有着地缘（如老乡）、业缘（如同事）、学缘（如同学）等联系的外部人予以“家人化”，不断扩展信任边界，形成泛家族信任。这种信任的产生源于两个方面：一是过去交往的经验，大量、长期的交往会形成他人行为的主观预期，从而产生信任；二是基于社会的相似性，相似的社会背景往往意味着相近的行为规范，容易相互理解，在交往或交流中形成共识，从而形成信任关系。区分不同的信任关系，认识信任在资源整合中的重要性，对于创业者而言至关重要。同时，创业者还应该尽快地从早期的家族信任过渡到泛家族信任，建立更宽泛的信任关系，以获得更大规模的社会资本。

信任关系建立起来后，要维持长期合作还需要做到以下几点：第一，给资源提供者一个明确的未来预期，让资源提供者看到资源投入的后果，增强其投入信心；第二，要进行频繁的沟通，通过和资源提供者的互动，让对方了解企业资源使用的方式和目标，以便得到其进一步的支持和帮助。

三、创业资源整合管理技巧

创业总是和创造、创新和创富联系在一起，各类资源不足是很多创业企业在初期的常规状态，而有的创业者认为这实际上是一个优势，因为这会迫使企业把有限的资源集中起来进行运作，从而确保了企业核心业务的发展和盈利。因此，“怎样才能用有限的资源获取更多的价值创造？”是每个创业者都关心的问题。

（一）学会拼凑

很多创业者都是整合拼凑资源的高手，通过吸纳和加入一些新的元素与原有元素，与已有的资源重新整合后，形成创新性的资源利用行为，进而带来意想不到的资源利用效果。

1. 拼凑的概念

拼凑是指在资源的束缚下，创业者为了解决新问题，创造新的发展机会，整合手边现有资源，创造出独特服务和价值的创造性活动。

人类学家列维·施特拉斯最早提出“拼凑”一词，后来这个词被应用于众多学科之中。拼凑包含以下几层意思：一是通过加一些新元素，实现有效组合，改变结构；二是新加入的元素往往是手边已有的东西，也许不是最好的，但可以通过一些技巧或将其组合在一起；三是这种行为是一种创新行为，可能会带来意想不到的惊喜。因此，资源拼凑有三个关键要素：身边已有的资源、新的目的和将就使用。

手边的已有资源经常是通过日积月累积攒下来的，一般价值不高。创业者开始积累资源是也许并不清楚它们的用途，只是基于一种“可能会用得上”的想法和积累资源的习惯，因此不经意间便拥有了一批“零碎”，然而，在适当的时候，这些创业者们会通过创造性的拼凑，使其变成创业所需的资源。

善于拼凑的创业者都有一双善于发现的眼睛，洞悉手边资源的各种属性，并能够将其创造性地整合起来，开发新机会，解决新问题。因此，拼凑的另一个特点是为了其他目的重新整合已有资源。由于市场环境的不断变化，企业将面临的问题层出不穷，企业的资源结构不可能适合于所有情况，也没有企业总是能够在第一时间知道合适的新资源。于是，利用现有资源，快速应对新情况便成为创业成功的利器。

拼凑需要打破原有观念，忽视正常情况下人们对资源和产品的常规理解，坚持尝试突破，而且出于成本和时间的考虑，拼凑的载体常常是手边的一些可用资源。因此，这种方法的资源使用经常和次优方案联系在一起，也许是不完整的、低效率的、不全面的，但是确实在某种程度上是当前唯一合理的选择。所以，创业者只能将就使用既有资源，通过一次次尝试，使其不断满足企业的基本要求，在不完美的过程中逐步进步。

整合已有资源，以新的方式应对市场需求，是创业企业的利器之一。创业者善于运用发现的眼光，洞悉东西各类资源的特性，将它们创新性地整合起来。这种整合往往是不能够事前计划的，而是针对实际情况进行实质研究分析后得出的结果。“摸着石头过河”是对这种整合的过程最好的解释。这也是创业不确定性的真实体现。有效整合和运用已有的创业资源是对创业者资源整合能力的考验。

2. 拼凑的策略选择

根据所涉及的时间长度和空间跨度，拼凑可分为全面性拼凑和选择性拼凑。创业者在整合手边已有资源去应对新问题或抓住新机会时，应采用选择性的拼凑策略。

选择性拼凑策略是指创业者在拼凑行为的使用上具有一定的选择性。例如，在应用领域上，他们往往会选择在一两个领域内进行拼凑，从而避免全面拼凑给外界形成标准低、质量次的“拼凑型企业”的印象，影响企业发展新客户，开拓新市场，阻碍企业的进一步发展；在使用时间上，企业只会在创业初期资源紧缺的情况下使用拼凑方法，随着企业的发展，拼凑的使用将不断减少，直至最后完全不用，使企业逐步走向正规化。

与选择性拼凑相对应的是全面拼凑的整合策略。全面拼凑是指创业者在物质资源、人力资源、技术资源和顾客市场等诸多方面长期使用拼凑方法，即使在企业经营步入正轨之后依然不停止拼凑的行为。这种全面拼凑的策略会导致企业在内部管理和外部经营上难以形成公正有力、符合标准的规则章程，在外部市场拓展上会因为采用低标准的资源而遇到阻力，使企业无法完全走上正轨。这种策略造成了大量生存性创业的企业无法扩大规模、进入较大的发展空间。

采用拼凑策略整合资源要求创业者要突破习惯性思维模式，充分掌握手边资源的价值，并加以再利用。

（二）步步为营

创业者分多个阶段投入资源，并在每个阶段投入最有限的资源，这种做法被称为“步步为营”。步步为营策略首先表现为节俭，设法降低资源的使用量和管理成本。但是，过分强调降低成本，会影响产品和服务质量，甚至会制约创业企业发展。比如，为了求生存和发展，有的创业者不注重环境保护或盗用别人的知识产权，甚至以次充好。这样的创业活动尽管短期内可能赚取利润。但从长期而言，是对企业进一步发展的阻碍。所以，创业者需要“有原则地保持节俭”。

步步为营策略还表现为自力更生，减少对外部资源的依赖，目的是降低经营风险，加强对所创事业的控制。很多时候，步步为营不仅是一种最经济的做事方法，也是创业者在资源受限的情况下寻找实现企业理想目标的途径，更是在有限资源约束下获取满意收益的方法。习惯于步步为营的创业者会形成一种审慎控制和管理的价值理念，这对创业型企业的成长与向稳健发展期过渡尤为关键。

习惯于步步为营的创业者会形成一种审慎管理的价值理念，在日常经营管理中会设法降低资源的使用量，降低成本，让所占用的资源发挥更大效益，为投资者带来更高的投资回报。

本着“保持节俭，达成目标”的原则，创业者在实施步步为营策略时可采用以下措施：如为降低营运成本，可采取外包策略让其他人承担运营和库存开支，减少规定成本投资，防止因沉没成本过高降低企业的灵活性，同时还可以利用外包伙伴已形成的规模效益和剩余能力降低企业的成本；为降低管理费用，创业者可以到孵化器或创业服务中心创业，享受那里提供的廉价办公场所，与其他企业共享传真和复印设备，同时结交更多的创业者；雇用临时工甚至租借员工，使用实习生等。

（三）发挥资源杠杆效应

杠杆效应是指以尽可能少的付出获取尽可能多的收获的现象。由于创业者在创业时拥有的资源有限，需要创业者在创业过程中尽可能利用资源的杠杆效应，形成杠杆优势。

尽管存在着资源的约束，但创业者并不会被当前控制的资源所限制。成功的创业者都善于利用核心资源的杠杆作用，借助其核心资源来吸纳或利用别的企业和个人的资源来完成自身的创业目标。这样使用一种资源吸纳和补充另一种资源，或利用一种资源撬动其他资源的流入的方式就是发挥核心资源的杠杆优势。其实，很多成熟的大公司也乐于与他们觉得有发展前景的创业企业进行资源交流，利用他们手中的资金和物质资源来置换创业企业的核心资源或者股权，进行资源结构的调整和更新，为未来发展积累战略性资源。

对于创业者而言，人力资本和社会资本等非物质资源更容易带来杠杆效应。创业者的人力资源由两个部分构成，一是其所受教育背景、以往工作经验以及个性品质等一般人力资本；二是特定产业的相关知识技能和经验，先前的创业经历和背景等特殊人力资本。有调查显示，特殊人力资本往往能直接地帮助创业者获取资源。因为相关的产业经验和知识能够帮助创业者在该产业内迅速地整合资源，更快完成市场交易。而一般人力资本使创业者具备了知识、技能和资格认证证书等资源，同时也为其提供了老师、同学、校友等连带的社会资本。

社会资本则是一种植根于社会关系网络中的资源。它为社会中的创业者从不同的社会构成中获取利益提供了条件。社会资本使嵌入或来自于社会关系网络中的真实或潜在的资源的总和，它有助于个体开展目的性行动，并为个体带来行为优势。与社会交往频繁的创业者，其从外部所获得的商业信息更加丰富，有效资源信息更加多样，从而可帮助创业者对商业活动深入认识和理解，使创业者更容易辨别商业活动中不为其他人所发现的顾客需求，进而为其获取更多的财务和物质资源提供了便利，这就其杠杆作用所在。

第三节　创业融资

教学目标

（1）了解创业融资相关理论。

（2）掌握创业融资形式及其特点。

（3）理解企业生命周期理论及融资策略。

教学内容

(1)创业融资概述。
(2)创业企业的融资形式。
(3)企业生命周期理论及融资策略。

案例导读 阿里巴巴的融资

2014年9月19日晚,一场可能是现代人类史上最大的融资事件正在美国纽约进行,事件的主角正是近年来频频被聚光灯包围的中国企业阿里巴巴。在中国,网民们通过社交网络平台、茶余饭后的闲话等方式来讨论和围观阿里巴巴上市,最受民众关注的无疑是"阿里巴巴融资额创造历史记录"和"马云将成中国首富"的话题。

阿里巴巴,中国最大的网络公司,是由马云在1999年一手创立的企业对企业的网上贸易市场平台。阿里巴巴是全球企业间(B2B)电子商务的著名品牌,是目前全球最大的网上交易市场和商务交流社区。针对互联网贸易服务平台的特点,阿里巴巴确认了自己的目标客户,那就是要服务于3000万中小企业以及与之相关的市场需求,即从中国的中小型制造商到全球的中小企业的买家和卖家。

在阿里巴巴成功的融资史上,总共使用了多种融资方式,首先是创业初期内部融资的启动资金,其次是高盛作为天使投资人投资的种子资本,之后第二、第三轮融资都来自于软银等VC集团的风险投资,然后作为上市之前最大的一笔股权融资——雅虎的10亿美元也同样非常关键。最后就是两次分别在港交所和纽交所上市的IPO融资。回顾以上阿里的融资历程,其中最关键的当属阿里发展进入正轨之后,高速发展阶段的两次软银等VC集团的风险投资了。那么为什么阿里能在自己最需要钱的时候为企业引入风投呢,这不仅归功于阿里巴巴有非常明确的融资理念,马云对于风投的态度对阿里的影响也不可或缺。

阿里巴巴两次被哈佛大学商学院选为MBA案例,在美国学术界掀起研究热潮,四次被美国权威财经杂志《福布斯》选为全球最佳B2B站点之一,多次被相关机构评为全球最受欢迎的B2B网站、中国商务类优秀网站、中国百家优秀网站、中国最佳贸易网。

一、创业融资概述

创业融资是指企业在创立和发展的过程中,根据经营活动、投资活动和资本结构调整等需要,通过科学的资金使用量预测和决策,采用一定的方式,通过特定的渠道向企业的投资者和债权人筹集资金、组织资金供应的活动。

资金如同企业的血液,企业的血液不足或者血液循环不畅会导致企业的生命难以延续。要创业并将企业做大做强,资金是企业生存和发展最重要的推动力,在企业创业之初,如何筹集资金,有哪些渠道可以筹集资金是创业者最需要重视的工作之一。

二、创业企业的融资形式

创业企业通过不同的融资渠道、采用不同的融资方式筹集资金，因其权属、期限、来源和机制的不同，形成不同的融资形式，以资金来源划分源通常可分为股权融资和债权融资；以资金来源的渠道划分可分为直接融资和间接融资等类型。

（一）股权融资和债权融资

1. 股权融资

股权融资是指企业的股东愿意让出部分企业所有权，通过企业增资的方式引进新的股东，同时使总股本增加的融资方式。股权融资所获得的资金，企业无须还本付息，但新股东将与老股东同样分享企业的赢利与增长。

股权融资有以下特点：

（1）长期性：股权融资筹措的资金具有永久性，无到期日，不需归还。

（2）股权融资不可逆性：企业采用股权融资无须还本，投资人欲收回本金，需借助于流通市场。

（3）股权融资无负担性：股权融资没有固定的股利负担，股利的支付与否和支付多少视公司的经营需要而定。

特点决定了其用途的广泛性，既可以充实企业的营运资金，也可以用于企业的投资活动。

股权融资按融资的渠道来划分，主要有两大类：第一，公开市场发售。所谓公开市场发售就是通过股票市场向公众投资者发行企业的股票来募集资金，包括我们常说的企业的上市、上市企业的增发和配股都是利用公开市场进行股权融资的具体形式。第二，私募发售。所谓私募发售，是指企业自行寻找特定的投资人，吸引其通过增资入股企业的融资方式。因为绝大多数股票市场对于申请发行股票的企业都有一定的条件要求，如《首次公开发行股票并上市管理办法》要求公司上市前股本总额不少于人民币3000万，因此对大多数中小企业来说，较难达到上市发行股票的门槛，私募成为民营中小企业进行股权融资的主要方式。

风险投资是股权融资的主要形式，风险投资主要是指向初创企业提供资金支持并取得该公司股份的一种融资方式。风险投资是私人股权投资的一种形式。风险投资公司为一专业的投资公司，由一群具有科技及财务相关知识与经验的人所组合而成的，经由直接投资获取投资公司股权的方式，提供资金给需要资金者（被投资公司）。风投公司的资金大多用于投资新创事业或是未上市企业，并不以经营被投资公司为目的，仅是提供资金及专业上的知识与经验，以协助被投资公司获取更大的利润为目的，所以是一追求长期利润的高风险高报酬事业。

风险投资之所以被称为风险投资，是因为在风险投资中有很多的不确定性，给投资及其回报带来很大的风险。一般来说，风险投资都是投资于拥有高新技术的初创企业，这些企业的创始人都具有很出色的技术专长，但是在公司管理上缺乏经验。另外一点就是一种新技术能否在短期内转化为实际产品并为市场所接受，这也是不确定的。还有其他的一些不确定因素导致人们普遍认为这种投资具有高风险性，但是不容否认的是风险投资的高回报率。

风险投资一般采取风险投资基金的方式运作。风险投资基金在法律结构是采取有限合伙的形式，而风险投资公司则作为普通合伙人管理该基金的投资运作，并获得相应报酬。在美国采取有限合伙制的风险投资基金，可以获得税收上的优惠，政府也通过这种方式鼓励风险投资的发展。中国企业在海外股市上市的互联网企业都曾获得过风险投资的支持，比如说腾讯的马化腾、百度的李彦宏、盛大的陈天桥和搜狐的张朝阳都曾获得美国风险投资公司的资金支持。阿里巴巴的马云曾在1995年得到软银孙正义的风险投资。

2. 债权融资

债权融资是指企业通过举债的方式进行融资。债权融资所获得的资金，企业首先要承担资金的利息，另外在借款到期后要向债权人偿还资金的本金。

债权融资有以下几个特点：

(1)债权融资获得的只是资金的使用权而不是所有权，负债资金的使用是有成本的，企业必须支付利息，并且债务到期时须归还本金。

(2)债权融资能够提高企业所有权资金的资金回报率，具有财务杠杆作用。

(3)与股权融资相比，债权融资除在一些特定的情况下可能带来债权人对企业的控制和干预问题，一般不会产生对企业的控制权问题。

债权融资的特点决定了其用途主要是解决企业营运资金短缺的问题，而不是用于资本项下的开支。

债权融资的主要形式有：

(1)银行信用：银行信用是债权融资的主要形式，银行贷款是企业债权融资的主要形式。但由于银行贷款审核条件非常严格，对占绝大部分的中小民营企业来说，获得银行的贷款是很多企业不敢设想的事情。据深圳市信息统计部门了解，深圳近10万家中小企业，至少有一半以上从未在银行贷到一分钱；大约1/3的企业即使有贷款，总金额也在200万元以下；只有极少企业能从银行贷到够用的资金。

(2)项目融资：项目融资是指企业对需要大规模资金的项目进行的融资活动。企业承诺以未来项目收益作为借款的还款来源，而且将项目资产作为抵押品，银行等贷款机构一般不考虑项目上的资信。项目融资适合能产生稳定现金流的发电厂道路、桥梁等基础设施建设项目，项目融资是需要大规模资金的项目而采取的金融活动，借款人原则上将项目本身拥有的资金记取收益作为还款资金的来源，而且将其项目资产作为抵押条件来处理，该项目事业主体的一般信用能力通常不被作为重要因素来考虑。项目融资的方式有两种：无追索权的项目融资和有限追索权的项目融资。无追索权的项目融资也称纯粹的项目融资，在这种融资方式下，贷款的还本付息完全依靠项目本身的经营效益，同时，贷款银行为保障自身的利益，也必须从该项目拥有的资产取得物权担保。如果该项目由于种种原因未能建成或经营失败，其资产或受益不足以清偿全部贷款时，银行无权向该项目的主办人追索。

（二）直接融资和间接融资

1. 直接融资

直接融资是指企业不经过金融中介机构的交易活动，直接获取资金供给者对其提供的资金，最常见的直接融资主要包括发行股票、发行债券或者直接向其他经济体协商借款等。直接融资的资金供求双方直接转移资金，资金使用方对资金供给方提供财务报表及其他经营信息，接受资金供给方监督，向资金供给方提供抵押物、质押物等保证资金供给方资金的安全。

2. 间接融资

间接融资是指资金使用方与资金供给方不直接发生联系，而是以中介金融机构作为纽带，两者分别与中介金融机构发生联系。资金供给方通过存放资金于银行、购买信托产品、保险产品等方式将资金通过银行、信托机构、保险公司等金融机构提供给资金使用者。创业企业作为资金使用者可以通过银行、信托机构、保险公司等金融机构获得资金。

三、企业生命周期理论及融资策略

企业生命周期是指企业发展与成长的动态轨迹，包括初创期、成长期，成熟期，衰退期等几个发展阶段。创业企业应根据不同发展阶段的经营特点及发展需要采用不同的融资策略。

（一）初创期融资

创业企业在初创期规模较小，这一阶段主要战略为开发新产品，提高产品质量。企业自身资产规模小，缺乏抵押物，市场处于培育阶段，经营管理不足，经营风险高，因此这个阶段的企业较难取得公开的债权资本，初创期的企业又极为缺乏资金，比较适合引入权益资本。一般都是创业者个人积蓄入股、创业者私人借款、天使投资或企业留存大部分自身利润，企业债权资本较少，利息支出较少，企业财务风险低，这一阶段以私募股权融资为主要融资方式。

（二）成长期融资

随着企业创业的推进，企业产品逐渐被市场认可，营业收入规模快速增长，创业企业进入成长期。成长期企业的竞争战略为进一步拓展市场认可、增加市场份额和扩大销售量。这一时期企业的产品相对初创期成熟，但企业需要开拓市场份额，扩张产能，固定资产投资支出较多，现金支出仍然比较大，经营风险还是较高。企业融资应以公募股权融资为主，辅以一定的债权融资，比如引入多轮战略投资者的股权融资，发行股票进行上市融资以及进行一定规模的银行中长期借款。

（三）成熟期融资

创业企业产品在占领了较大市场份额增长稳定后进入成熟期，营业收入的增长速度与宏观经济增长速度基本一致。这个阶段的企业战略重点是保持市场份额和提高效率，现金支出较少，企业现金流较为充沛，经营风险大大降低。企业凭其较大的资产[illegible]模和较好的信用可以借入更多的银行短期借款，延期支付货款占用供应商资金，发行债[illegible]券等，并开始回馈股东，向其股东分配更多的股利。

（四）衰退期融资

进入衰退期的企业往往销售额下降，利润空间越来越小，企业无须继续注入资金去挽回市场，而是最大限度地通过转让、变卖设备或厂房以收回原始投资产品，另一方面企业应开发新产品和新市场。

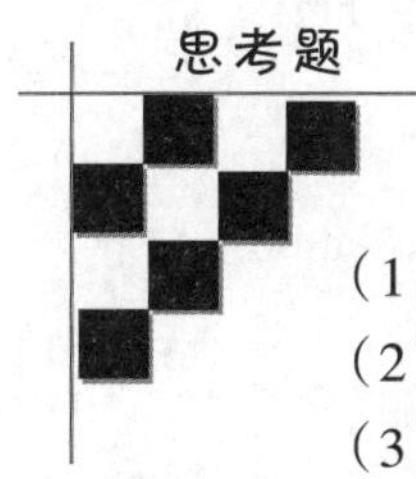

（1）创业资源有哪些？

（2）创业资源的获取途径。

（3）创造性拼凑资源的技巧。

（4）利用杠杆效应的技巧。

（5）创业企业的融资形式。

（6）企业生命周期理论及融资策略。

章　创业计划书

第一节　创业计划书的概念和作用

教学目标

(1)掌握创业计划书的概念。

(2)掌握创业计划书的主要作用。

教学内容

(1)创业计划书的概念与内涵分析。

(2)创业计划书的功能。

案例导读　创业准备之一:正确认识创业计划书

小王和小李是某高校机械工程专业的大三学生,两人在学习期间勤奋刻苦,课后认真专研所学知识,经常利用课余时间在实验室练习各类工程软件,并在专业老师的指导下设计了一款针对聋哑人使用的智能概念手表,该智能手表能够帮助聋哑人群与超市售货员对话,辅助他们顺利过马路等,具有很好的应用价值,并已申请了实用新型专利。

本来,两人打算通过创新创业大赛把产品设计思路展示出来并获得企业人士的投资,以便能够开发出产品样机,但在竞赛的申报材料准备中对创业计划书的认识理解不足,对产品的市场需求分析、可行性分析及商业模式等阐述不够,不能帮助企业人士和专家评委快速有效地捕抓到产品价值,最终该项目在复赛中淘汰出局,赛后也没有相关企业对该项目抛出"橄榄枝"。

一、创业计划书的概念

广义的理解,创业计划书是创业者在对市场进行广泛深入的调查分析后,想要把自己的产品(服务)推向市场并以盈利和发展为主要目标的一整套计划,以书面形式呈现给创业者自身和投资机构。

狭义来讲,创业计划书是一份把产品(服务)打入市场从而获利的目标规划与行动方案,用来指导创业者自身有策略、有步骤地执行具体措施,以实现短期目标和长期战略。

从另外一个角度分析,创业计划书还是一份融资报告,用来向外界投资机构展示产品(服务)的内涵、功能和价值,帮助他们了解掌握该产品的市场规模、获利空间和成功的可能性,以便获得他们的认可与资金支持。

二、创业计划书的作用

(一)自我介绍的功能

介绍产品(服务)是什么是创业计划书的基础作用。创业计划书对于产品(服务)而言,就好比一个人在应聘过程中的自我介绍,所以计划书应开门见山,一方面讲清楚企业(项目)的产品(服务)是什么,主要分析它涵盖哪些创新技术、模式变革、服务提升等,能够解决什么样的社会问题,满足什么样的市场需求和创造的具体价值。

(二)宣传手册的功能

向投资机构展示产品(服务)的价值特点是创业计划书的核心作用。如果说产品介绍部分回到了“我是谁”的问题,那么宣传手册部分则主要回答“我是长什么样”的问题。这一部分主要分析企业(项目)的产品(服务)具备哪些特点,比如:产品的创新性强不强、可替代性弱不弱、资金投入多不多、生产设备要求硬不硬、市场规模大不大、投资回报率高不高等。主要把产品(服务)的全部亮点呈现出来,以吸引投资者的眼球,博得投资者的青睐。

创业计划书除了发挥向外界展示产品(服务)的价值特点的功能外,更为关键的是要向创业者本身提供客观的数据支撑和可行的行动方案。从前期调查、中期评估、后期行动等各个环节的内容发挥关键的作用。

(三)调查报告的功能

市场调查分析是创业计划书的关键功能。市场调查分析是创业者通过全方位调查研究后,经过系统分析论证,形成客观、翔实的数据报告,以帮助其自身认识到产品的市场规模、竞争态势、发展趋势等。

通过全面有效的市场调查后对调查结果进行深度的数据分析是对这一功能的本质要求,目的在于最终用简单明了、直观形象的图表数据,一方面呈现给团队自身以便对项目情况有客观的把握,并有针对性地制定执行方案和发展策略;另一方面帮助社会人士快速有效地获取项目的真实情况和潜在价值,从而做出是否投资的决策。

(四)风险评估的功能

创业计划书的必要功能是对产品(服务)进行风险评估。这一部分是在调查分析的基础上,结合企业所处的内外部环境,对企业面临的风险进行识别并对这些存在的风险的影响程度给予深度的评估。外部环境一般包括:政治环境、政策环境、经济环境、行业发展环境、法治环境、资源环境、气候环境等;内部环境一般包括:资金运作情况、组织结构情况、核心技术情况、人力资源情况、商业模式情况等。

创业计划书需要结合项目本身的实际情况，系统识别存在的风险存在点，并采取科学的方法体系深度评估风险点发生的可能性，最后形成简要的风险评估报告用来指导应对策略的设计与执行。

（五）营销策划的功能

创业技术书的延伸功能是商业模式的制定和品牌的开发。根据市场分析报告和风险评估报告，首先制定出区别于其他竞争者的商业盈利模式是创业计划书的内涵延伸，其次开展有针对性的品牌塑造以积淀产品的认可度和影响力，最后围绕商业模式和品牌塑造两个方面建立配套的产品营销体系。

在这一部分功能中最应引起重视的是营销体系的差别化，营销的本质在于塑造产品的品牌，而品牌的形成中最忌讳的是与其他产品的同质化竞争，所以在创业计划书产品营销部分的制定时要围绕产品发展定位和自身实际，形成个性化与差别化的营销体系。

（六）指导纲要的功能

创业计划书有远景规划功能。创业计划书的一个突出作用是发挥了远期的战略规划。一方面，对企业而言，这一部分依据以上的内容形成了大致的发展方向、发展路径的选择和发展策略的制定；另一方面，对于创业团队而言，这也是他们的发展蓝图、发展目标、发展愿景和动力源泉，能够使其在困难阶段产生一定的精神鼓舞和团队合力。

（七）行动指南的功能

创业计划书还有近期指导功能。创业计划书中的战略规划是企业发展方向的引领，发挥了“如何做正确的事”的功能；而战术执行是企业在不同阶段应该怎么执行开展具体工作，是操作层面的内容，发挥了“如何正确地做事”的功能。所以，创业计划书某种程度上是一份创业者近期工作开展的行动指南，能够让创业者在工作开展的各阶段有基本可参照的“时间表”和“路线图”。

综上分析可知，创业计划书的作用可从两个大的方面理解：第一，对以投资机构为主的外界来说，创业计划书主要向他们展示产品的功能特点、价值空间和潜在的市场规模等，尽可能向他们讲清、讲透产品的全部信息，以便获得他们的资金支持。第二，对创业者自身来说，创业计划书的主要功能是全方位的帮助其掌握市场需求及竞争、市场规模及趋势，形成差别化的商业模式与经营策略，并制定出远近结合的发展战略战术，从而能够在竞争中生存、成长、获利、发展。

【阅读案例】

“学龄前特殊儿童康复教育机构”的诞生

云南省某高水平应用型本科高校在大学生创新创业教育中注重学生的专业知识技能与学生创新能力、创业实践相结合。学前与特殊教育专业是这所高校的特色专业学科之一，也是云南省首批成立的优势专业，该专业的学生不仅理论知识丰富，实践能力也较为突出。2017年6月，这个专业的五名大三学生在校外特殊教育辅导机构做兼职老师，在兼职过程中不仅提高了自身的专业技能和理论深度，也培养了他们的社交能力和管理水平。

2018年4月，兼职快满一年，这五名学生也成了即将毕业走向职场的大四毕业生。由于具备所学专业为省内领先、四年的系统专业知识培养和一年的教学实践经验等优势，加之国家政策对毕业生创业的大力扶持，这五名学生决定创业——开办专业的学龄前特殊儿童康复教育机构。

对于身无分文的大学生而言，创业起步阶段最缺少的是资金，在老师的指导下，他们历时两个月，撰写出了一份既详细又可行的创业计划书。一方面，他们的计划书深入地分析了市场需求、项目产品、运营方案、品牌营销、风险管理和资金运作等商业模式中的关键内容；另一方面，他们的创业计划书也根据特殊儿童康复教育机构的现实情况，制定了有针对的执行方案和发展策略，突出每一个阶段的重点任务并层层分解，形成了切实可行的行动路线。

2018年6月，在"云南省第四届互联网+创新创业大赛"上，该团队呈现了创业计划书中的这些核心内容，并博得了现场评委及投资者的青睐，最终以金奖得主获得了现场投资机构的首轮融资；该团队还在2018年10月厦门举办的"全国第四届互联网+创新创业大赛"以银奖得主获得第二轮融资。现在五位毕业生也成功实现了他们的创业梦，成为"学龄前特殊儿童康复教育机构"的经营者，公司已顺利入驻昆明市经景路浩宏创业园内。

第二节　创业计划书的内容与要素

教学目标

（1）明确创业计划书的内容。
（2）掌握商业计划书的格式。

教学内容

（1）创业计划书六个要素。
（2）创业计划书核心内容。

成功创业的基石——创业计划书

对初创企业来说，创业计划书的作用尤为重要，一个酝酿中的项目，往往很模糊，通过制订创业计划书，把正反理由都书写下来，然后再逐条推敲。这样创业者就能对这一项目有更清晰的认识。可以这样说,创业计划书首先是把计划中要创立的企业推销给创业者自己。

一、前言

创业是个艰难的过程,中国的初次创业者失败率很高,其中一个重要的原因就是在动手创业之前,没有对创业的艰难做出全面的评估,没有认真做好一个创业计划书。创业计划书的制作过程,其实就是一个创业的模拟过程,来不得半点虚假。

创业计划书是将有关创业的许多想法,借由白纸黑字最后落实的载体。本质上来讲创业计划书描述的是一个组织的基本哲学,以价值理念驱动IBM的托马斯沃森这样说过:“一个组织的基本哲学思想对组织的作用比技术资源、经济资源、组织机构、创新和抓住时机的作用更大。”

如何写创业计划书呢?这是绝大多数创业者需要直接面对的问题,其实创业计划书没有一成不变的格式,但需要有实在的内容,经得起推敲的逻辑,有较强的可行性,否则只是海市蜃楼和空中楼阁,难于落地。因此创业计划书的撰写需要根据所面对的对象而呈现不同的形式,因为创业计划书直接目的是要来投资、融资,从而侧重点会根据目的不同而有所变化。尽管形式多变,但核心内容是万变不离其宗的,第一步做什么,第二步做什么……需要有清晰的步骤与轮廓。一份完整的创业计划书至少需要包含六个要素(C)与十大内容。

二、创业计划书要素

无论创业计划书有多少种,但它都有一个相对稳定的规范,有一定的章节,这些基本无法避免,在本节中主要介绍六个要素。

(1)概念(concept):指的就是在计划书里边,要写得让别人可以很快地知道要卖的是什么。

(2)顾客(customers):有了卖的东西以后,接下来是要卖给谁,谁是你的顾客,顾客的范围在哪里要很明确,比如说认为所有的女人都是顾客,那五十岁以上的女人也能用你的东西吗?五岁以下的也是你的客户吗?适合的年龄层在哪里要界定清楚。

(3)竞争者(competitors):东西有没有人卖过?如果有人卖过是在哪里,是台湾就有还是在美国才有?有没有其他的东西可以取代?这些竞争者跟你的关系是直接还是间接?

(4)能力(capabilities):要卖的东西自己会不会、懂不懂?譬如说开餐馆,如果师傅不做了找不到人,自己会不会炒菜?如果没有这个能力,至少你的合伙人要会做,再不然也要有鉴赏的能力,不然最好是不要做。

(5)资本(captial):资本可能是现金也可以是资产,是可以换成现金的东西。那你的资本在哪里、有多少,自己有的部分有多少,可以借贷的有多少,要很清楚。

(6)持续经营(continuation):当事业做得不错时,将来的计划是什么?

任何时候只要掌握这六个概念,就可以随时检查、随时做更正,不怕遗漏什么。

三、创业计划书内容

一份创业计划书主要涵盖三大部分。第一就是事业本体的部分，就是事业的主要内容；第二就是财务相关的部分，比如说预测会有多少的营业额，成本如何、利润如何，为此未来还需要多少的资金周转等；第三就是补充文件，比如说有没有专利证明、有没有专业的执照或证书，或者是意向书、推荐函。

通常一本计划书这样写下来有一百多页，所以在前面需要写份摘要，摘要只要一页就好。接下来是创业计划书的章节，分成十大章。

（一）事业描述

事业描述，就是你的事业到底是什么。必须描述所要进入的是什么行业，是买卖业、制造业还是服务业？卖什么产品？还是提供什么服务？谁是主要的客户？还有进入产业目前的生命周期是处于萌芽、成长、成熟还是衰退阶段？再来要进入事业的状况是新创的，还是加入或承接既有的？那么是要用独资的方式呢还是合伙或公司的形态？为何能获利、成长？打算何时开业？要不要配合节庆？营业时间有多长？是否有季节性？

（二）产品和服务

产品和服务到底是什么，或者是两者都有？有什么特色？你的产品之特色能带给客户什么利益？还有你的东西跟竞争者有什么差异？如果你的产品或服务是创新、独特的，如何使人想买？还有如果你的产品服务并不特别，为什么别人要买？

（三）市场

就是指产品和服务要卖给谁？先界定目标市场在哪里，就像前面提的：客户是几岁到几岁的年龄层？是在既有的市场去服务既有的客户呢？还是在既有市场去开发新客户呢？还是在新市场去服务既有客户？或是在新市场去开发新客户？不同的市场、不同的客户都有不同的营销方式。什么叫市场营销？就是要先找到你的客户是谁，找出客户后想办法，让客户从口袋里把钱拿出来买你的东西。销售时要知道真正的客户在哪里？产品对客户有什么样的利益？要用哪种营销方式？通路是直销还是要找经销商？还有怎样去定位、上市、促销？这些都跟市场规模多大、想要有的市场占有率和每年成长的潜力有关。当市场成长时，市场占有率会上升或下降？市场是否竞争激烈？若不是，为何？再来怎么定价？预算要怎么做？要采取什么样的策略？等等。

（四）地点

一般公司对地点的选择可能影响不那么大，但是如果要开店，店面地点的选择就很重要，要不然为什么麦当劳要开在街口转角。通常一个不好的地点绝对会让你的店关门大吉，好的地点会让你的利润多一点。

（五）竞争

在下列三种情况要做竞争分析，留意跟竞争者的关系。

(1)当要创业或要进入一个新市场时，必然要先做竞争分析。

(2)竞争有时是来自直接的竞争者，有时是来自其他的行业，所以当一个新竞争者进入正在经营的市场时要做竞争分析。

(3)随时随地做竞争分析,这样最好最省力,可以从以下五个方向去想:谁是最接近你的五大竞争者?他们的业务如何?他们与你创业计划业务相似的程度?从他们那里学到什么?如何做得比他们好?

(六)管理

要建立自己的管理专业及相关背景,清楚自己的弱势与优势,创业团队之间如何互补?创业团队之间的强弱势,彼此间职责如何分工?职责是否界定明确?除了团队本身是否有其他资源可分配和取得?中小企业98%的失败来自于管理的缺失,其中45%是因为管理缺乏竞争力,目前还没有明确的解决之道。另外,20%是因为公司内部专业不均衡,这要加强自己的专业。还有18%是缺乏管理经验,要找互补性的事业伙伴来弥补。另外还有9%是没有相关产业的经验、3%是经营者掉以轻心、2%被人家诈欺、背信,最后1%是来自天然或人为的灾难。中小企业其他2%的失败就不是以上的因素。

(七)人事

要考虑现在、半年内、未来三年内的人事需求是什么?还需要引进哪些专业技术?有专业技术的人在哪里?可否引入?是需要全职还是非全职的人力?薪水是算月薪或时薪?所提供的福利有哪些?是不是有加班费?有没有安排教育训练?这些人事成本会是多少?

(八)财务需求与运用

筹资/融资款项要如何运用呢?是要拿来营运周转?还是添购设备、备料进货或是技术开发?要何时动用?还有供货商、规格、品牌、价格、数量、运费、税金等需求如何计算?筹融资款对专业的获利有何贡献?未来3年的损益表、资产负债表和现金流量表预估了吗?第1年报表要以每月为基础,第2、3年则以每年为基础。

(九)风险

经营企业一定会有风险,平时就要注意。风险不是说有人竞争就是风险,风险可能是:当初选的地点旁有捷运,可是后来捷运不经过;还有进出口会有汇兑的风险、餐厅有火灾的风险。另外还要注意当风险来时如何应对。

(十)成长与发展

在创业计划书中要做好规划:下一步要怎么样,3年后要怎么样,5年以后要怎么样,这个计划是要能永续经营的,所以在规划时要能够做到深耕化、多元化和全球化。

四、创业计划书注意事项

创业计划书有了六大要素与十大内容之后,那么在写作过程中就有一定的技巧与注意事项,否则无论再完美的框架也无法用一堆毫无营养的词句来搭建完善。在撰写过程中有以下十个建议可值得参考。

(一)千言万语难尽述,执行总结是关键

执行总结起到了提纲挈领的作用,是创业计划书的灵魂。一份创业计划书一般有

几十页到上百页，完整描述了创业机会和创业过程。但是，创业计划书的读者无一例外是先看计划书的执行总结（也有其他称呼如前言、概述、摘要等）部分，如果对这个项目感兴趣，才会接着往下看。所以，可以明确的是，一份优秀的创业计划书必须要有一篇优秀的执行总结。否则，你的创业计划书很可能在还没有被仔细阅读完之前就已经束之高阁。

执行总结虽然只是一到两页的概述，却涵盖了整个商业计划的精髓。它的目的在于最快地让投资方了解计划书的主要内容，了解作者的意图，这就要求语言的简洁和内容的吸引力。好的执行总结应该是一份“电梯文本”，在读者坐电梯的一两分钟内就能把它看完，并且了解这份创业计划书想表达的意思，还要对其中的一些要点产生浓厚的兴趣，急于翻看正文了解详细内容。

因此，执行总结的写作是重中之重，是成功的关键因素。执行总结的写作可以分为两种风格：一种是把各个部分的精华都完整浓缩到执行总结，让读者一目了然，知道这份计划书的大概结构，了解每一部分的基本内容。这种写法较为普遍，优点是简明扼要，重点清晰，系统完整，能够让读者迅速就了解到这份计划书的吸引之处。另一种是用非写实的手法，紧紧抓住读者的心，充分显示该项目最有魅力、最能打动人的部分，用极具冲击力的语言和图像勾起读者的共鸣和认可，让读者不由自主地接着读下去。无论采用什么手法，执行总结应该告诉读者，你想做一个什么样的项目，这个项目有什么亮点。

总之，执行总结是创业计划书的最关键部分，执行总结的写作应该符合简洁概要和引人注目两个原则。在语言上应该精炼，高度概括；在内容上应该条理清晰，亮点突出；在形式上既可以严谨规范，也可以适当灵活、追求新意。

（二）详略得当才合理，重点突出抓眼球

创业计划书中包含的内容很多，是不是要对每一部分都用同样多的笔墨去阐述呢？答案是否定的。一份好的创业计划书同样应该是有详有略，重点突出。一方面，创业计划书中内容不一定都值得详细写，应该根据项目本身的特点来安排轻重。每份创业计划书中的亮点可能就几个，其他的也许只是为了保持框架的完整性而加上去的，没有自己的特色。比如这个创业计划离具体的实施还非常遥远，目前还只是提出一些潜在的机会，那么在这份计划书中去详细描述公司成立后将要采取什么方式进行管理是没有太大意义的，反而宏观环境和市场趋势的分析会显得非常重要，应该把重点放在这方面。另一方面，要考虑读者会对哪些方面感兴趣，设想他最想看到的是什么。如果读者是相关技术领域的专家，那么基础技术原理可以简略。如果读者更关心短期的投资回报，那么财务分析部分应该有根有据，详细分析。如果读者希望长期投资，更关心企业长远发展，那么战略规划和未来市场部分应该作为重点。

结合计划书中自身优势的部分和读者可能会感兴趣的部分，我们就可以确定哪些内容应该着重去写，哪些内容可以尽量简略。在每一个部分中，我们也要采取同样的方法去突出重点。比如环境分析中，如果这个创业的公司将面临几个少数的竞争对手，那么在创业计划书中就应该对这些竞争对手做详细的分析，甚至可以具体到这些对手的规模，盈利能力，未来发展战略，可能出现的针对本公司的报复手段及应对措施等。

另外，在写作计划书的时候，一定要把每一个想要表达的重点都放在显著的位置，让读者能够容易看到，容易理解，千万不要让这些重点在其他内容中埋没。

（三）形式直观惹人爱，一图一表值千金

一本连环画显然比一本同样故事的小册子更能让读者在轻松阅读的同时又能深入理解内容，这是因为连环画对人的大脑感观有更多的刺激，能够加深印象，帮助读者理解。同样，一份图文并茂的创业计划书要远比一堆干巴巴的文字更吸引人，更有助于准确地表达。图和表的最大特点就是直观，有效弥补了文字写作的不足，而且有很多技术市场财务方面的数据是需要列表体现的。在外部环境分析和内部分析可能要用一些分析工具，这些工具都是用图来表示的，为了更好地说明生产工艺，我们也需要有相应的工艺流程图。在市场营销和企业理念部分，我们需要设计一些精美的广告和简单而寓意深长的标识，这些图像在起到了基本功能的同时也增加了作品的美感，提高了读者的愉悦度。

所以说，创业计划书的内容固然重要，表现形式也非常重要。图和表的合理利用在创业计划书写作中颇有技巧，并非图表越多越好，但是，本着用图表是否能有利于读者理解，有利于表现内容的评判原则，我们可以决定在什么时候要用图表，怎么利用图表。在画图和表的时候要注意一些细节，比如大小比例要合适、色彩要协调、逻辑要清楚。绝对不能把要表达的意思复杂化，那样会适得其反，影响整体效果。

（四）产品服务求差异，创意一出便取胜

创业计划书说到底还是要把自己的产品和服务讲清楚，让人相信你的产品和服务是有前景的。而同质化、没有新意的产品和服务是难以成功的。想要吸引创业计划书的读者，乃至创业获得成功，要么是创业中的公司能够提供一种全新的产品或者服务满足了某种需求；要么他的产品和技术与目前的相比较有突出的优势；要么在产品和服务没有创新，但是以一种创新的方式去运作，填补了空白。总之，没有差异化的产品和服务就难以取得别人的认可。

创业的想法（idea）出现是创业最初的动机，而经过各方面考验认可的想法就很有可能成功。创业者精心研究想法，形成一个创意，再把这个创意传达给投资者，希望得到共识。所以投资者也非常看重计划书中差异化的部分，也就是所谓的创意。同样，作者需要把创意最有感染力地传达给投资者。所以这部分内容需要花大力气去写，不仅要真实可信地讲述产品和服务，还要清楚地描绘出这个产品和服务的创意在哪里，为什么会有前景。看完这部分，读者即便不知道你打算今后怎么运作发展，心中也会有一个数。他们已经基本确定这个东西是否有前途，是否值得投资了。

（五）环境分析出机会，内外结合更可信

正如上面所说到的，投资者对于创业机会是非常敏感的，而对创业机会的描述也离不开对环境的分析。创业计划书的阅读者往往是驰骋商场的老将，他们对市场是非常熟悉的，所以对市场的分析是否到位就让他看出你是否专业，不能敏锐地把握市场动向

的创业者，投资者是难以对他产生足够的信心的。创业计划书中不仅要如实地分析市场的现状，还要对市场未来的发展趋势作出判断，对未来市场的判断，很大程度上就决定了这个“机会”把握得是否准确。作者可以借用权威专家的预测和其他研究机构的分析报告来加以佐证，但是这个发掘出来的“机会”应该是新颖的，是有创造性的，否则又将陷入竞争的红海。

在分析了外部的环境之后，一定要结合自身内部的环境进行分析，这样的分析是为了证明既然有了这样的机会，那么为什么你能做而别人不能做，或者为什么你做会比别人做得更好。内部同样要讲求差异化，产品技术领先、人才济济、资金实力雄厚、经营模式先进、市场进入门槛高、竞争压力小的企业自然是投资者的首选。投资者希望看到一个好的创业机会、一个好的产品和服务加上一个好的团队，这样天时地利人和的优势相结合才让人无法拒绝。除了产品和服务，创业团队也是投资者非常关心的内容，直接决定他是否相信团队能把这个项目成功实施下去。所以要充分体现出创业团队的资历、才能、经验、关系等综合优势，尤其要展示负责人的素质，借此给投资者充分的信心。

（六）战略规划合情理，营销策略切可行

很多人在撰写创业计划书的时候都有一个毛病，喜欢把战略规划写的气势宏大，动不动就提“国内第一”“行业领军者”“打入国际市场”，这样的词句很容易让投资者产生不信任的感觉。无论自身实力怎样，机会如何，未来都是难以预料的，所以战略规划务必要谨慎，要稳扎稳打、按部就班。战略规划是企业未来发展的指引，要把每一步发展思路写清楚，不能只提一个遥遥无期的远景目标。

相对于战略规划来说，营销策略显得更为实在一些，这部分内容也是创业计划书中颇值得关注的地方。但是营销策略要写好并不轻松，这部分内容的作者不仅要系统地掌握市场营销理论和分析工具，而且要有丰富的市场营销实战经验，才能写出既有理论高度，又和实际紧密结合的营销策略。一定要把市场需求，产品或服务的特性，自身等统一起来。近期的策略可以细致描述，可以细致到要做一个什么样的活动，什么时候在哪里举行，请哪些人，要达到什么效果，花多少钱。总之要让人觉得切实可行，拿到方案就可以直接操作了。价格上要做详细分析竞争对手和市场需求，定价要有根有据；促销活动要详细安排好活动时间表，最好提炼出一些类似广告语的主题词，能够让读者眼前一亮。

（七）各方利益摆清楚，投资回报讲明晰

如果投资者觉得项目可行，那么具体能带来多大的收益是需要有一个预测的。财务预测不可能精确，但是要力求实事求是，有理有据，尽可能合理地推断收入和成本。在财务分析部分，创业计划书要明确投资和收益，各种财务指标要齐备，数据来源和计算方法要有根有据，最好能列出数据预测的方法和根据。还要根据不同时间段不同的市场，不同的策略相应预测财务数据。

如果投资者了解了项目的基本情况和运作方式，对项目有兴趣，有信心，那么接下来他关心的问题是，如果他把钱投入进来，能得到多少回报。所以这部分内容的写作上

要特别注意清晰明确，不能含糊其辞。创业计划中可能会涉及风险投资、银行、其他企业、政府、科研机构等各方的合作。在各方把自身投入到创业计划中的同时，他们也有一定的回报期望，对收益进行分配需要经过慎重地考虑，仔细地斟酌。在列出各方能得到利益分配的同时，还要对可能出现的利益冲突提出解决方案。

（八）盲目乐观是大忌，风险问题莫忽略

投资者知道项目可以获得高回报以后，他还要知道项目是否风险低，如果风险很高，项目也很难得到融资。但是，我们不能因为这样就在创业计划书中夸大收益，对风险避而不谈或者盲目乐观。那样给读者的印象就是创业者没有对可能存在的风险有清醒的认识，创业团队不够成熟，没有做好充分的准备，会让投资者对创业团队的信心大打折扣。

（九）引用数据要权威，证据确凿再推断

有些创业计划书可以拿出一堆二手的数据，想展示出一个巨大的、高速发展的市场。然后，创业者会假定公司将获得一定的市场份额，比如1%、10%、30%等。创业计划书上会这么写："当然，由于市场中巨大的客户基础，我们很容易就能获得足够的客户。我们只需要很小的份额就能成为一家很棒的公司。"这样的计划书表明创业者并不确定自己的初始市场定位。相对于要在一个容量巨大的市场中获得一个小的份额，更容易在一个清晰定位但容量不大的市场，获得一个较大的份额。而且，要进入一个新的市场，需要获得客户的认知，要有销售系统。比如"每个孩子一瓶可乐"的计划忽略了这些环节，这些商业计划都忽略了最困难的工作——制定策略提升市场认知度、获得客户购买意愿、建立销售系统等，更不要说对应的费用支出了。

这种创业计划书给出的一个信号就是创业者不愿意从公司的电脑后面走出来，去跟潜在的客户沟通。跟客户沟通是很辛苦的事情，但是这不仅可以给创业计划书的写作带来各种好处和认识，对于公司的业务本身也有很大好处。这种沟通可以发现客户的真实需求，有利于公司对产品进行针对性调整。

也许我们可以找到一些二手数据，支持你关于市场容量、市场发展走向等方面的观点。所有这种数据要加上，并注明来源，以证明数据本身和你本人的可靠性和可信度。但这只是开始，你还需要从你跟客户的沟通和调查中获得一手数据，这样才能证明客户购买你的产品的可能性。还可以做些试验，比如市场测试。在写创业计划书之前，验证的假设越多，你就越有说服力。但是要注意：如果你要把所有的东西都验证了，才开始写创业计划书，机会可能就丧失了，有人可能赶在你的前面占领市场了。

创业计划书中每一个陈述都要有证据支持，如果没有，就删掉它。

（十）字句排版皆斟酌，心细如发准没错

一份优秀的创业计划书除了内容之外，主要是给投资人看的，因而内容的排版就显得尤为重要了，如果说内容是一个人的内在，那么排版就是内在的气质突显，几乎没有人会欣赏外表邋遢的人。

如果要吸引投资者阅读创业计划书，不仅内容要丰富全面，而且排版与布局要美观、整洁，虽然创业计划书没有固定的格式和模板可以遵循，但需要把握的是视觉效果，语句通顺、逻辑严谨、重点突出是必须注意的问题，与此同时，对待一份创业计划书务必细心、耐心、细致，降低不必要的失误诸如错别字，用词不恰当等一系列的低级失误，尽可能地斟酌每字每句，表述得当，通俗易懂，从而起到事半功倍的效果。

五、创业计划书框架

完整的商业计划书的框架提纲有以下部分内容(仅供参考)：

(1)执行总结(此章节是后续各章节的总结和提炼)。

①项目或企业背景。

②项目或企业规划。

③市场分析。

④行业竞争分析。

⑤组织与人事分析。

⑥财务分析。

⑦风险分析。

(2)项目或公司简介。

①项目或公司概述。

②项目或公司服务及业务简介。

③发展规划。

(3)市场与竞争分析。

①市场现状。

②市场前景。

③目标市场。

④市场营销策略或商业模式阐述。

⑤竞争分析。

(4)运营分析。

①生产组织。

②质量控制。

③组织管理。

④人事管理。

(5)财务分析。

①投融资分析。

②财务预算。

③财务分析。

(6)风险分析。

①风险识别。

②风险防范及措施。

③风险资本退出。

(7)团队介绍。

(8)附录(各类附件证明材料)。

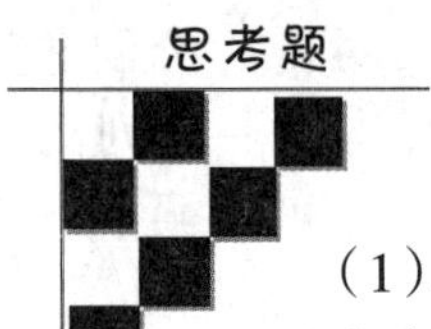

思考题

(1)对创业者而言，创业计划书可发挥哪些重要作用？

(2)对企业等外界人士，创业计划书能帮助他们获取到哪些有价值的信息？

(3)创业计划书有哪六个要素？

(4)创业计划书十大内容是哪些？

(5)创业计划书注意事项是什么？

(6)创业计划书框架有些什么内容？

参考文献

[1]格鲁伯,塔尔. 正向创业:新创企业的创业思维,三步确定最有价值的创业机会[M]. 刘薇娜,译. 北京:电子工业出版社,2019.

[2]格雷戈里. 心理测量历史、原理及应用[M]. 第5版. 施俊琦,等,译. 北京:机械工业出版社,2012.

[3]博赞 D,博赞 B. 思维导图[M]. 卜煜婷,译. 北京:化学工业出版社,2015.

[4]怀斯,菲尔德. 创业机会[M]. 凌鸿程,刘寅龙,译. 北京:机械工业出版社,2018.

[5]池本正纯. 图解商业模式:企业如何高效经营,提高利润[M]. 耿丽敏,译. 北京:人民邮电出版社,2018.

[6]加斯曼,弗兰肯伯格,奇克. 商业模式创新设计大全:90%的成功企业都在用的55种商业模式[M]. 聂茸,贾红霞,译. 北京:中国人民大学出版社,2017.

[7]卜欣欣,陆爱平. 个人职业生涯规划[M]. 北京:中国时代经济出版社,2004.

[8]陈工孟,孙惠敏. 机会识别与项目选择[M]. 北京:经济管理出版社,2017.

[9]陈国鹏. 心理测验与常用量表[M]. 上海:上海科学普及出版社,2005.

[10]陈国荣,汤涛,刘雪芬,等. CGLC模式职业生涯规划[M]. 北京:中国劳动社会保障出版社,2005.

[11]陈敏. 大学生职业生涯发展与管理[M]. 上海:复旦大学出版社,2008.

[12]陈新达,桂舟. 大学生创新创业[M]. 北京:清华大学出版社,2018.

[13]陈永奎. 大学生创新创业基础教程[M]. 北京:经济管理出版社,2015.

[14]程小康. 旅游高职院校学生创业成功失败案例分析——以上海旅游高等专科学校为例[J]. 课程教育研究,2017(48):236-237.

[15]丁秀峰. 心理测量学[M]. 开封:河南大学出版社,2001.

[16]缑婷,鲍洪杰,刘泽文. 市场分析与创业机会识别[M]. 北京:经济管理出版社,2017.

[17]郭淑琴. 普通心理学[M]. 北京:中国科学技术出版社,1999.

[18]何娟,冯耕中. 物流金融理论与实务[M]. 清华大学出版社,2014.

[19]胡志民,施延亮,龚建荣. 经济法[M]. 上海:上海财经大学出版社,2006.

[20]姜彦福,邱琼. 创业机会评价重要指标序列的实证研究[J]. 科学学研究,2004,22(1):59-63.

[21]李家华. 创业基础[M]. 北京:北京师范大学出版社集团,2013.

[22]李建,刘鹏. 创新与创业[M]. 北京:中国人民大学出版社,2017.

[23]李巍,黄磊. 大学生创业基础[M]. 北京:中国人民大学出版社,2017.

[24]李宇,陈文婷. 创新创业基础[M]. 大连:东北财经大学出版社,2018.

[25]刘常勇. 创业管理的12堂课[M]. 北京:中信出版社,2002.

[26]罗赣权. 创新与创业[M]. 北京:中国人民大学出版社,2017.

[27]罗钧. 创业计划书的撰写价值与撰写准则分析[J]. 现代国企研究,2017(16):206-207.

[28]马旭晨,吴雁南,吴波,等. 创新企业工具箱[M]. 北京:机械工业出版社,2018.

[29]曲振国. 大学生就业指导与职业生涯规划[M]. 北京:清华大学出版社,2008.

[30]王如平. 创造性思维的开发与培养[M]. 北京:光明日报出版社,2012.

[31]斯晓夫,吴晓波,陈凌,等. 创业管理理论与实践[M]. 杭州:浙江大学出版社,2016.

[32]陶陶,王欣,封智勇,等. 创业团队管理实战[M]. 北京:化学工业出版社,2018

[33]王健. 创新启示录:超越性思维[M]. 上海:复旦大学出版社,2003.

[34]王庆良. “ATS”英语培训项目创业机会评价研究[D]. 南京:南京理工大学,2018.

[35]王仕达. 商业计划书写作研究[D]. 长春:长春理工大学,2012.

[36]吴敏,李劲峰. 大学生创新创业基础教程[M]. 合肥:中国科学技术大学出版社,2017.

[37]伍媛婷,殷立雄,黄剑锋,等. 大学生创新创业项目理论指导与实践[M]. 西安:西北工业大学出版社,2018.

[38]谢锶泓. 关于创业计划书撰写要点的探究[J]. 课程教育研究,2019(18):236.

[39]许湘岳,邓峰. 创新创业教程[M]. 北京:人民出版社,2011.

[40]杨雪梅,王文亮. 大学生创新创业教程[M]. 北京:清华大学出版社,2017.

[41]于反. 100个成功的职业规划[M]. 北京:旅游教育出版社,2008.

[42]张秋山,王宪明. 大学生职业生涯规划实用教程[M]. 北京:人民出版社,2006.

[43]张志胜. 创新思维的培养与实践[M]. 南京:东南大学出版社,2012.

[44]赵静,袁霞光. 商业计划书对于企业融资的重大意义[J]. 经贸实践,2018(01):110-111.

[45]赵俊亚,李明. 大学生创新创业教育[M]. 北京:清华大学出版社,2019.

[46]中国大百科全书总编辑委员会《心理学》编辑委员会,中国大百科全书出版社编辑部. 中国大百科全书·心理学[M]. 北京:中国大百科全书出版社,1991.

[47]中国心理卫生协会,中国就业培训技术指导中心. 心理咨询师(基础知识)[M]. 北京:民族出版社,2015.